周蓓 主編

『民國專題史』叢書

雷蒙德·G·葛退爾 著　陸國香 馮和法 譯

河南人民出版社

近代政治思想史

敘述近代自孟德斯鳩、盧梭到無產階級的政治思想之變遷，是一部較爲全面研究近代政治思想史的著作

圖書在版編目(CIP)數據

近代政治思想史 / (美)雷蒙德·G·葛退爾著;陸國香,馮和法譯.—鄭州 : 河南人民出版社,2016. 4
(民國專題史叢書 / 周蓓主編)
ISBN 978-7-215-10062-6

Ⅰ. ①近… Ⅱ. ①雷… ②陸… ③馮… Ⅲ. ①政治思想史-世界-近代 Ⅳ. ①D091.4

中國版本圖書館 CIP 數據核字(2016)第 079797 號

河南人民出版社出版發行
(地址:鄭州市經五路 66 號 郵政編碼:450002 電話:65788063)
新華書店經銷　　河南新華印刷集團有限公司印刷
開本 710 毫米×1000 毫米　1/16　印張 31
字數 450 千字
2016 年 4 月第 1 版　　2016 年 4 月第 2 次印刷

定價 : 119.00 圓

出版前言

中國現代學術體系是在晚清西學東漸的大潮中逐步形成的。至民國初建，中央政治權威進一步分散和削弱，加之新文化運動帶給國人思想上的空前解放，新學的啓蒙，新知識分子的産生，民國學術如草長鶯飛，進入一個自由而蓬勃的時代。中國傳統學科乃中國學術之根基與菁華所在，民國學人采用“取今復古，别立新宗”之方法，引入西方的學術觀念，積極改造，使史學、文學等學科向現代學術方向轉型。此外，大力推介西方社會科學的新學科和自然科學，在學習、借鑒乃至移植西方現代學術話語和研究範式的過程中，逐漸建立中國現代學科，使中國的學科門類迅速擴展。一時間，新舊更迭，中西交流，百花齊放，萬壑争流，開創了中國現代學術的源頭。

伴隨知識轉型和研究範式轉换而來的，還有學術著作撰寫方式的創新。中國古代的著作向來以單篇流傳，經後人整理匯編後，方以成册成集的面目出現并持續傳播。直到十九世紀末，東西方的歷史編撰體裁不外乎多卷本的編年體、紀傳體和紀事本末體等，章節體的出現標志着近代西方學術規範的産生和新史學的興起。章節體具有依時間順序，按章節編排；因事立題，分篇綜論；既分門别類，又綜合通貫的特點。以章、節搭建起論述之框架，結構分明，邏輯清晰，較傳統的撰寫體裁容量大、系統性强。它的傳入，使中國現代學術體系從内容到形式被納入了全球化的軌道。民國時期專題史的研究、譯介、編纂、出版恰恰是在這樣的背景下欣欣而發，是學術的實驗場，也是歷史的記録儀。編選“民國專題史”叢書的初衷正是爲了從一個側面展示中國學術從傳統向現代過渡的歷史進程。

專題史是對一個學科歷史的總結，是學科入門的必備和學科研究的基礎，也是對一個時代艱深新鋭問題的解答，是學術研究的高點。民國專題史著作中，既包含通論某一學科全部或一時代（區域、國别）的變化過程的，又囊括對一時代或一問題作特殊研究的，還有少部分是對某一專題的史料進行收集的。原創與翻譯并重，翻譯的底本大多選擇該學科的代表著作或歐美大學普及教本，兼顧權威性和流行性，其中日本學者的論著占據了相當比重。日本與中國同屬東亞儒家文化圈，他們在接納西方學術思想和研究模式時，已作了某種消化與調適，從思維轉換的角度看，更便于中國借鑒和利用，他們的著作因而被時人廣泛引進。

與當代學術研究日趨專業化、專門化、專家化的“窄化”道路迥乎不同的是，中國傳統學術崇尚“學問主通不主專，貴通人不尚專家”的通識型治學門徑，處于過渡轉型期的民國學術在不同程度上保留了這種特徵。民國學術大師諸學科貫通一脉、上千年縱横捭闔之功力自不待冗言，外交家著倫理政治史、文學家著哲學史、化學家著戰争史等亦不乏其人，民國專題史研究呈現出開放、融通、跨界撰述的特點。與此同時必須看到，自晚清以來，中國的命運就在外侮屢犯、内亂頻仍的窘境中跌宕彷徨，民族存亡仿若命懸一綫。這股以創建學科、總結經驗、解决問題爲指歸的專題史出版風潮背後，包裹着民國學人企望以西學爲工具拯民族于衰微的探索精神，及以學術救亡的愛國之心。梁任公曾言：“史學者，學問之最博大而最切要者也，國民之明鏡也，愛國心之源泉也。”這種位卑未敢忘憂國的歷史使命感和國民意識是今人無法漠視和遺忘的。

“民國專題史”叢書收録的範圍包括現代各個學科，不僅限于人文社會科學，學科分類以“民國總書目”的分科爲標準，計有哲學、宗教、社會、政治、法律、軍事、經濟、文化、藝術、教育、語言文字、中國文學、外國文學、中國歷史、西方史、自然科學、醫學、工業、交通共19個學科門類。本叢書分輯整理出版，内不分科，單本發行，方便讀者按需索驥。既可作爲大專院校圖書館、學術研究機構館藏之必備資源，也可滿足個人研讀或興趣之收藏。

與目前市場已有的一些專題史叢書相比，“民國專題史”叢書具有規模大、學科全、選本精、原版影印的特點。本叢書選目首重作者的首創、權威和著作影響力，尤其注重選本的稀見性。所謂稀見，即建國後没有再版，且多數圖書館没有收藏，或即便有收藏，也是歸于非公開的珍本之列予以保存，普通讀者難以借閲。部分圖書雖有電子版，但作爲學術研究的經典原著讀本，紙質版本更利于記憶和研究之用。本叢書精揀版本最早、品相最佳的原版圖書作爲底本，因而還具有很高的版本收藏價值。

“民國專題史”的著作是民國學者對于那個時代諸問題之探究，往往有獨到之處，無論其資料、觀點短長得失如何，要之在中國現代學術史的構建與發展進程中，自有其開宗立論之地位。

譯者小言

人類是政治的動物,這句話是多少有些眞理的。人類爲維持生存起見,不得不參加社會生活;而社會生活中彼此間的安甯與秩序,必須有一種力量來維持與調節,這種力量便是政治組織或政治制度。所以人類在各方面不論是有意識的或無意識的;不論是直接的或間接的,都受政治勢力的支配,都和政治發生關係的。

政治制度不是超然存在的東西,是建立於實際物質基礎之上的;所以一地有一地的政治制度,一代有一代的政治制度。每當社會的物質基礎起了變革的時候,政治制度爲適應新的需要,也必隨之變更。一般人們對於當時政治制度的種種意見,祇是當時實際社會背景的反映;間有少數的烏托邦的理想,或過去時代的向往,不過被證明爲一種幻像而已。

於是,政治思想史的研究發生了重要的意義。人類歷史的演進,不是偶然的事,是受因果律的支配的,換言之,便是史的法則對於社會現象的支配。政治制度亦然,亦是循史的法則而沿進下來的。政治思想史的研究一方面固然在於說明各時代政治制度與當時實際社會情形的關係,各時代思想家對於政治意見的比較;他方面,最重要的還是在於指示政治制度演進的方向,與可能的趨勢,以之來解釋我們今日政治制度的性質,與今後的必然的傾向。思想發生於實際社會情形的啓發,不是憑空而來:有中世紀封建君主的壓迫,才有天賦權利學說的產生,有近代勞資關係的對立,乃有各種社會主義思想的興起。因之政治學的單獨的研究,不足瞭解政治制度的全部性質,必須縱的方面政治思想史來加以補充。

中國自從解脫傳統的政治概念以來,一般人們對於西洋各學者的政治思想有種種憬憧與模倣;但是直到今日,對於歷代政治思想之變遷,有系統的敘述的善本,還不多見,尤其是各高級中學及大學教本,更感缺乏。所以,暫時我們便共同翻譯了這一本書。

本書原名 History of Political Thought,為加利福尼亞大學(University of California)教授葛退爾(Raymond G. Gettell)精心傑構;全書約四十餘萬言,敘述簡潔,條理清晰,國內外各大學採為教本者頗衆。我們在十八年春季,得孫寒冰教授的鼓勵,便共同分章開始迻譯。後因校務過繁,以致時續時輟,到這年冬季,初稿才略告完成。其中曾有數章,脫稿後即發表於十九年上季之國立勞動大學週刊。我們以為政治思想史到盧梭的天賦權利說的興起為一大階段,研究政治思想史者對於近代部份比較古代部份更當注意;又為印刷上方便起見,於是先出版了後半部,前半部於最近也可相繼出版。

這裏我們所當聲明與引為欣幸的,便是對於孫寒冰教授的感謝。孫先生為本書精心校訂,又為介紹出版;所以,本書對於讀者如有少稍貢獻,那全為孫先生之功。

譯者於勞動大學

目　錄

第一章　孟德斯鳩與盧梭　　頁數

(一)　路易十四以後法國的情形…………1
(二)　孟德斯鳩…………5
(三)　盧梭…………14

第二章　經濟發展與政治思想

(一)　經濟思想與政治思想的關係…………27
(二)　重商主義…………29
(三)　重農學派…………34
(四)　亞丹斯密…………38
(五)　人口論…………46

第三章　十八世紀末葉的道德學家和法學家

(一)　十八世紀末葉的情形…………53
(二)　法國的社會哲學與道德哲學…………57
(三)　意大利的法學家…………63
(四)　英國的法律哲學與道德哲學…………6[illegible]

第四章　美法革命的政治學說

(一)　美法兩國革命的性質……………… 79

(二)　美國革命的政治學說……………… 83

(三)　美國的文典和憲法………………… 91

(四)　法國革命的政治學說……………… 96

(五)　法國的文典與憲法…………………100

(六)　英國對於美法兩國革命的反應……103

第五章　唯心倫理的政治思想

(一)　唯心論的政治思想之一般性質……115

(二)　德國的唯心論者…………………… 118

(三)　英國的唯心論者…………………… 130

第六章　革命後之反動的政治思想

(一)　反動的運動之一般的性質………… 137

(二)　美國的反動思想…………………… 143

(三)　歐洲大陸方面的反動思想………… 149

(四)　英國的教會與國家…………………153

第七章　英國的功利主義派

（一） 功利主義思想的一般性質…………163
（二） 邊沁……………………………167
（三） 詹姆斯密爾……………………174
（四） 奧斯丁…………………………176
（五） 約翰斯圖脫密爾………………181

第八章 民主立憲的政治學說

（一） 民主政體和成文憲法的要求………191
（二） 歐洲立憲政體的學說………………195
（三） 美洲民主思想的發達………………201
（四） 十九世紀反民主政治的學說………209

第九章 社會主義的政治思想之興起

（一） 個人主義的學說……………………217
（二） 烏托邦的社會主義者………………223
（三） 無產階級社會主義之興起…………233
（四） 國家社會主義者……………………240

第十章 政治思想的歷史學派

（一） 歷史學派的政治思想之性質………251
（二） 德國的歷史學派……………………255

（三）英國的歷史學派……………………259
（四）美國的歷史學派……………………264

第十一章　國家有機體說

（一）早年的國家有機體說………………269
（二）國家的心理有機體說………………273
（三）國家的生理有機體說………………275
（四）國家的社會有機體說………………278
（五）有機體說的批評……………………290

第十二章　聯邦國家的學說

（一）聯邦思想的發展……………………295
（二）美洲的聯邦政府學說………………298
（三）歐洲的聯邦政府學說………………305

第十三章　民族主義帝國主義與國際主義的學說

（一）民族主義的學說……………………315
（二）帝國主義的學說……………………325
（三）國際主義的學說……………………336

第十四章　心理學對於政治思想的影響

(一)　心理學的政治思想之一般的性質　355
(二)　英國心理學的政治思想…………　361
(三)　法國心理學的政治思想…………　366
(四)　美國心理學的政治思想…………　372

第十五章　多元的主權論

(一)　多元的主權論之發展………………383
(二)　多元主權論之一般的性質…………　398

第十六章　近代無產階級政治思想

(一)　國家社會主義…………………　409
(二)　無政府主義　……………………417
(三)　工團主義……………………………422
(四)　基爾特社會主義………………　427
(五)　布爾塞維克主義………………　433

第十七章　政治思想之一般的趨勢

(一)　過去發展的趨勢………………　441
(二)　現代思想的趨勢………………　446

索引　……………………………………555
漢英人名對照表…………………………573

近代政治思想史

第一章

孟德斯鳩與盧梭

（一）路易十四以後法國的情形

在十八世紀的時候，法國的社會組織是封建的，政府是專制的。當時全國的人口總數約計二千五百萬，而二分之一的土地却爲二十五萬的貴族和僧侶所有；農民的收入四分之一以上是拿來付教會的和諸侯的貢稅的，大部份作爲貴族和僧侶的年金和乾薪，而這般有特權的階級自身則幾乎免去納稅的義務，坐享他人的膏腴。那時在這社會的兩極端之間，有一個小小的中間階級，布爾喬亞西（The Bourgeoisie），逐漸興起，這個中間階級並沒有社會上的或政治上的特權。政府的權力集中於中央,專制腐敗,充滿着封建的殘餘;人民的自由悉操諸君王和官僚的手中,漫無限制。既沒有代議的國會來箝制君王的權力,而司法的權力又完全爲高等的貴族所統治。

不必要的戰爭和宮廷的糜費生活,弄得國庫空虛,債臺高築。政府任意濫募公債,人民賦稅的負擔,既繁重,又不公平。煩苛的捐稅,使國內一個地方的貨物,不能運銷於國內別一個地方,而賦稅的徵收,又由官僚承辦,這些官僚的唯一旨趣,就是在剝削民衆。土地價值低落;政府所採取的政策是重商主義學說所主張的嚴厲限制政策,注重於國際貿易上的"有利差額。"十八世紀中葉,重農學派的著述,[1] 于經濟政治思想方面標出一個強大的反動;他們把天賦權利的學說應用起來,主張放任自由的政策;他們側重農業,視農業爲財富的主要淵源,並且建議徵稅方法之改良。一般經濟學家的著述,影響所及,更激起了人民對於政府的怨恨,使人民與政府日趨於分裂。

路易十四死後,接着就起了一種堅決的反動,反抗法蘭西君主專制的高壓政策。宗教上發生

1 見以下本書第二章,第三節。

了一種懷疑的精神,思想上發生了一種唯理的自由的要求。英國的政治思想,尤其是洛克(Locke)的學說,也輸入於法國的思想界;因瞭解英國政治制度與法國政治制度的顯然不同,遂引起種種的比較,這種比較完全於法國君主政體不利。英國人的自由思想,充溢了法國人的腦海,引起了無限的羨慕。懷疑與唯理哲學的結果,產生了對於教會與國家的憎惡和怨恨,引起對於固有制度的不滿,激動而產生改革之熱望。對於社會秩序的批判,成爲極平常極流行的事情,就是特權級階中的人們,也開始談論他們自身的無用了。這種態度一半是由於感情的衝動,一半是由於少數貴族有意恢復久已荒棄的責任。不過,雖然如此,就一般而論,上層階級仍然是自私而鄙夷,新思想的影響所及,大部份是無特權的民衆而已。

孟德斯鳩(Montesquieu)和盧梭(Rousseau)的政治著述,在法國自布丹(Bodin)而後,雖然是政治哲學上的第一等廣博的研究,同時却也有許多思想家,對於政治哲學,頗有貢獻。芳來倫(Fénelon)[1]在路易十四時代後期所提出要求更維新的政府

1 見他的 Télémaque (1699)

的論辯,路易王死後,受到極大的注意。銳敏而幻想的批評家聖皮耳(Abbé de St. Pierre)[1]任意攻擊法國政府制度的弊端,而主張政府的每一部科都須有會議。他的永久和平的計劃(Projet de Paix Perpétuelle 1713)對於祈求世界和平的種種計劃,有很大的影響,後來至終發生了神聖同盟(Holy Alliance)。阿根生(Marquis d'Argenson)提出一種改良的計劃,其目的在把波旁(Bourbon)的專制政治,轉形爲溫和而開明的君主政治。

這時期最有力量的批評家是福耳特耳(Voltaire 1694-1778),[2] 他曾在英國住過三年,與包林布羅克(Bolingbroke)爲莫逆之交,他也曾讀過倍根(Bacon)牛頓(Newton)與洛克的著作。英國的思想在法國廣播,大半是他的力量。福耳特耳攻擊迷信和教會的專權,他反抗一切的壓迫,力爭知識,宗教,與政治的自由。他力爭出版的自由,選舉的自由,議會的自由;他又爲隨着工商業的隆盛,而新興的中間階級要求政治的權利。不過,他並不相

1 見他的 Discours sur la polysynodie (1718)。

2 見他的 Lettres sur les Anglais (1728),和他的 Idées républicaines; Pensées sur l'administration; 和 Traité sur la Tolérance 都發表於 Oeuvres, V.

信下層民衆能有自治的能力。他贊成仁愛而開明的君主政體;但是君主未必善於治國,所以他以爲共和政體的形式爲最妥當。福耳特耳以爲人人都有自由,財產,和受法律保障的同等天賦權利。他反對封建的稅項,和君父政府廣大的節儉法令。不過,同時他並不希望有人起來革命;而希望各種改良都能由統治者自已去進行。

百科全書派(Encyclopedists)對於這次啓明運動的過程,有相當的推動力,這一派人裏面,狄德羅(Diderot 1713-1784)和達蘭貝耳(D'Alembert 1717-1783)爲最重要的份子。他們編輯了一部偉大的著作,包括二十八卷,其目的是在搜集和編纂科學與歷史的事實,創造一種新的人生哲學和宇宙哲學,以代替從前依據古代權威的舊有思想與信仰。在百科全書裡面,天賦自由的定義,係按照洛克的學說而定,卽是各個人都有隨意處理其生命財產的權利,祇受自然法的支配。人類是天生平等的,在政治社會成立以後,人人都應享有公民的自由。[1]

(二) 孟德斯鳩

法國十八世紀啓明的精神所產生的第一部

1 見發表於 Encyclopédie 的論文 Liberté naturelle et civile。

有系統的政治學著述,便是孟德斯鳩(Baron de Montesquieu, 1689-1755)[1] 的著作。孟德斯鳩酷愛文學和歷史,是一個淵博的學者;他對於當時的智識運動十二分的同情。在一七二一年時,他已在波斯人的書信(Persian Letters)一書中,借託波斯人的言語,諷刺當時法國之政治的,宗教的和社會的制度了。此後不久,他便決意週游各國,研究各國的制度。迨遍遊大陸各國後,他又在英格蘭居住了兩年。在英格蘭的時候,他與有名的政治家往還交好,對於英人的自由概念和英國的政治制度,得到極深刻的印象。孟德斯鳩對於羅馬的歷史和政治,尤有特別的興趣;他發表了一篇文字,[2] 把羅馬國家制度的興亡,作了一個哲學的分析。羅馬的歷史和英國的政制,是他的政治哲學大部份的根源。經過了長時期的預備,他的名著法意(The Spirit of Laws)於一七四八年才與世見面。

孟德斯鳩的方法是經驗的,不是唯理的或理想的;他討論政治的問題,不是從抽象的政治理想

1 De l'Espritedes Lois (1748),英譯者 T. Nugent。

2 Considération sur les causes de la grandeur des Romaines et de leur décadence (1734)。

出發,乃是以實際的,具體的情形做根據。孟德斯鳩和當時的一般學者一樣,也相信法律和正義的基本原則是存乎自然中的,可是他以爲自然的教訓不是從理性的假定上演繹出來的,乃是從研究歷史的事實和考察政治生活的實際情形而得來的。他不相信抽象的正義,也不打算建立一種完全無缺的法律制度。所以,與其說他是自然法學者的一員,則毋寧說他是歷史派的先驅。他的方法是亞里士多德和布丹的方法,不是柏拉圖和洛克的方法。

孟德斯鳩的著述,似乎是超然獨立的,不僅和當時的自然法哲學無關,卽對於當時法國所爭論的問題,也未加入。他的學說,目的在改良,而不在擁護或攻擊現實的制度;在討論正義和政府效能的實際問題,而不在研究關於公民權利或君主特權的理論。在孟德斯鳩的著述裏,絕沒有討論到主權的性質,或人類的權利和天賦的平等。他希望保存法蘭西的精神,并保留君主的政體;不過,爲了保障自由,他主張把政府的立法和行政兩部分立。他的著作的目的,是在解釋一般政治制度的性質與作用,並不祇限於法國的政制;他的著作對於法國的革命,並沒有什麼影響。以範圍而論,他的著作的內容,包括社會存在的一切制度;一方面研究物質環境,種族特性,社會的,宗教的,和經濟的風俗習慣,以及政府制度等等要素的交互關係,他方面又研究政治的和公民的自由。他的著作是在想根據其研究各地方各時代實際制度的所得,來建設一種比較的法律學說和比較的政治學說,以及適宜於各種不同的政體之需求的比較的立法原理。他的著述最重要的部份就是討論自由,和討論爲保障自由所不可缺少的權力分立之價值。

從來一般人對於法律的觀念,不是說法律是存在自然中,可以從理智的指示中演繹出來的,便是說法律是主權者之確定的命令,孟德斯鳩却不然,他擴大法律的概念,把一般的因果關係都包括在內。他確信有一種原則,不斷地在那裏決定一切制度和立法的性質。從國與國的關係,便發生國際法。在任何國家裏,因政府與被治者的關係,便產生政治法。因公民與公民間的關係,就產生民法。國際法是各國一樣的,政治法(即公法)和民法(即私法)却是各國不同的,因各國的情形不同而各異。一國的政體和法律要以適合國民性和環境爲主,所以最能與決定人民的性質和他們所處的環境的各種勢力相符合的政體和法律制度,便是最自然的政體和最自然的法律制度。法律的精神(Spirit of Laws),便是由這些錯綜繁複的勢力和關係所構成;爲討論這些勢力和關係,便使孟德斯鳩除政治學本身外,牽涉到地理學,社會學,經濟學和法學等範圍,把各種社會的科學幾乎都包括在他的研究範圍之內。

孟德斯鳩的企圖,在發現一切政體形式所含的原則。他把政體分作專制政體,君主政體,和共和政體:專制政體是不依法律而一人獨裁的政體;君主政體是一個君主依法律而統治的政體;共和政體是人民享有政權的政體。共和政體則或爲民主的,或爲貴族的。每種政體都和其特殊的原理相關。專制政體的基礎是恐怖(Fear);君主政體的,是榮寵(Honor);貴族政體的,是禮讓(Moderation);民主政體的,是政治道德(Political Virtue)或愛國心(Patriotism)。孟德斯鳩又討論到每種政體所俱有的危險,以及適用於每種政體的制度和法律,并且說明許多重要的政治方法和政治原理,解釋牠們對於特殊的制度和特殊的情形的關係。

在孟德斯鳩看來,沒有一種政體的本身是完全優良的;它的價值是相對的。維持某種政體的精神如果是變遷了,政府的革命就必然地隨着發生。政治道德與平等精神若是消滅,則民主政體便不能存在。統治階級間的禮讓精神若是完全喪失,則貴族政體也就不能延長壽命了。統治者的榮寵的精神若是衰微了,則君主政體的基礎便動搖了。專制政體原來就是不穩定的。孟德斯鳩並沒有把政治的革命看作有一定不移的循環的定律的,由某種政體變成某種政體,完全是隨着當時的情形而轉移的。

有一個要素爲孟德斯鳩所特別看重,就是疆土的大小問題。他以爲專制政體自然宜在國土廣大的國家;君主政體則在大小適中的國家;而共和政體則在國土小的國家。他以爲法蘭西若要建立一個共和的政府,國土便嫌太大了。國境變遷,則政府的形式自然也隨着變遷。國境的增大既使政府的形式會變成不合宜的專制政體,所以孟德斯鳩反對馬克維尼(Machiavelli)的開拓疆土的價值的學說。但國境狹小的共和國家不容易保護其本身,所以孟德斯鳩贊成聯邦的原理。他的學說,如國境的大小與其政府的關係,和聯邦政體的價值,在美國採取聯邦憲法的時候,發生很大的影響。

孟德斯鳩所最注意的題目便是自由的性質。對於這個題目,他的意見大部份是根據洛克的,不過他從不同的立場去發揮,並不注重於天賦權利,或個人主義。他把政治自由與公民自由加以區別。政治自由是因人民與國家的關係而產生的。牠是指人民在法律範圍以內的自由行動得受法律之保障而言。政治自由與專制政體是不相容的。個人自由則由人民與人民之間的關係而產生的。牠與奴隸制度相反,而與自然法極接近。孟德斯鳩竭力批評當時一般擁護奴隸制度的理論,並且竭力攻擊奴隸制度。他主張——雖然語帶諷刺——國際協定,禁止販賣奴隸。

孟德斯鳩的目的,是在建立最能保障政治自由的政府組織。這種政治組織的條件,是在怎樣能防止個人的專橫,怎樣能有法治的精神,而不聽憑於個人的意志。他以爲祇有政府的權力受限制,而後才能有自由。孟德斯鳩深信要防止暴君的專橫,使自由得到最高的保證,是在使政府的行政,立法,司法三權分立,如同他以為採取這種三權分立制的當時的英國政府那樣。每種治權必須由分立的機關來執行,造成一種制衡的制度。行政立法兩權的分立,尤為特別重要,對於刑法及刑事的訴訟手續,也得設法防止濫用,免得發生不公正的流弊。孟德斯鳩以為英國的政體是三權分立的,這實在是誤解英國的憲法,因為英國的內閣政府那時已把行政和立法的職能混合在一起;但這種由誤解英國憲法而來的分權說,在美國却發生了很大的影響。牠應用於美國的聯邦憲法上,也應用於各邦的憲法上,而且又被採用於很多邦的人權議案(Bill of Rights)裏面。牠也被載入於法國革命的國會所草就的人權宣言裏面。

孟德斯鳩和他以前的布丹一樣,極注意物質環境對於政治的與社會的制度的影響,特別的注意氣候和土壤的肥瘠。他以為氣候較寒的地方多政治的自由,氣候較熱的地方則多奴隸制度。多山之區易致自由,平原之地易產暴政。亞洲地理的分域大,故宜於專制,歐洲地域的單位較小,故宜於自由。島國的人民比之大陸的人民,多傾向於民主政體。

社會,經濟,宗教等狀況對於法律的影響,孟德斯鳩也討論得很詳細,他以爲法律應和當地的國情及風俗相符合。孟德斯鳩討論人口,濟貧,貨幣,商業等問題,都本科學的精神;以歷史的事實與當時的情形做根據。他也和赫林頓(Harrington)一樣,承認政權的平衡是和財產的平衡相互關連的。最發達的商業,他以爲是不合於君主政體的;在自由的政府下,不應該容許獨佔的商業公司。他對於競爭的價值與個人的勢力,也和重農學派的意見一樣。

孟德斯鳩雖是相信基督教的,但他討論宗教和政治關係,幾乎有馬克維尼派的精神。他以爲回回教適宜於專制的政府,基督教適宜於有限制的政府,天主教最適宜於君主政體,新教則最適宜於共和政體。他贊成信教自由,并以爲道德與宗教問題的管理,都不是政府權力正當範圍以內的事。

孟德斯鳩繼承亞里士多德,馬克維尼,和布丹的歸納的與歷史的方法之成訓,而且他的興趣也和他們一樣,不在於國家起源,國家性質等一般的原理,而在於實際的政治活動。他推廣歷史和觀察的範圍,直包括遠古而未開化的民族,[1]觀察中國,日本,非洲,及南洋羣島等處的制度,而找出他的結論,不過其所集的材料,未必一定正確,故其結論也未必一定可靠。然而他把政治學和普通社會科學併合,而使政治原理根據於擴大的歸納概論,則確是超出於當時政治哲學的潮流以外。十八世紀末葉的政治運動,都是根據於洛克的天賦權利,社會契約,和革命等學說加以發揮;這些學說,都在盧梭的著作中表示出來。

(三) 盧梭

最能反映當時法國的情形,並且其目的在解決那時社會上與政治上的不公平的著作,爲盧梭(Jean Jacques Rousseau 1712-1778)[2]的著作。大約這個時候,在英國方面,休謨(Hume)的論理正在毀滅社會契約的學說,盧梭却在應用契約說,不過對

1　這裏須注意美洲的發現與新陸的開發影響於歐洲這種思想的傾向。

2　見他的 Contrat Social (1762),英譯者 H. J. Tozer. 又見他早年的二篇論文 Discourse on the Progress of the Arts and Sciences (1749),和 Discourse on Inequality (1754) 盧梭提出其自然世界,和由文明的結果而產生的罪惡學說。他的某幾種政治學說係包含於他的教育著作 Émile (1762) 一書中。

於國家的見解,與浩布思(Hobbes)的專制主義或洛克的穩健的立憲主義,完全不同。他比浩布思更爲獨斷,比洛克更能與時相投,而且善於辯令;他的著作,雖有不確與矛盾之點,但在其公佈以後,却發生極大的影響。

盧梭對於歷史和早年政治哲學家的著作,頗有些淺薄的智識。他羨慕希臘與羅馬的共和國政體,並且使之理想化。盧梭之贊羨小國家與直接民治,一部份是受日內瓦的影響;日內瓦是他幼年所住的地方,那裏的制度與法國很不相同。他的思想有許多是從蒲芬道夫(Pufendorf),洛克,和孟德斯鳩得來的。他的人民主權說有許多地方與奧色斯(Althusius)[1]相類同;不過盧梭到底受了別人的多少影響,卻不容易確定,因爲在他著作裏所提及的人名,都是他所不贊成的學者,至於他自已思想所由來的諸學者的姓名,則往往一字不提。他對於浩布思和格老秀士(Grotius)的學說,特別地不贊同。

他的思想也反映出他個人的人格。他驕矜暴躁,放浪不羈的性情,使他反抗一切慣例和拘束,

1 見本書原文第九章第四節。

輕視權威和文明,倡導人類自由的無限價值。法國當時的情形,以君權神授說爲根據的君主政體,封建社會的階級對立制度,以及腐敗不堪的社會,在在有容批評之隙。不過,盧梭對於溫和的改良,如福耳特耳,百科全書派,和重農學派,所倡導的開明君主政體,以及孟德斯鳩所欲採用的英國憲法之制衡原理,並不表示同情。盧梭所希望的是使農民和工人,也和中等階級一樣,都得享受平等權利。

他對於當時知識份子以爲啓明的結果可得進步這種信仰,加以抨擊。他對於以人類藝術與科學的成功爲基礎的人爲的文明,毫無信仰。他所理想的是直接民治政體與平等,要求社會秩序和政治秩序的急烈改造,使其必然地產生革命。盧梭的學說,是根據一種先政治社會的自然世界的概念的。在這種自然世界裏,人類是平等,自足,而自滿的。他們的行爲,不是根據於理智,而是立基於自利的情緒與憐恤。文明逐漸進步,種種罪惡就跟着發生了。隨着技術的發展,和私有財產之興起而來的分工,造成貧富階級的區別,而毀了人類自然的快樂境況,於是不得不有政治社會的建立。盧梭比浩布思與洛克把自然世界更描寫得儼如實際的歷史情形。他把人類理智看得不足重,這又是他與別人不同的地方。格老秀士,浩布思,蒲芬道夫,洛克等都以爲自然人的理智力,使人類創造社會的與政治的組織。盧梭則謂理智是人類有組織的社會中人爲生活的產物,而其發展的結果便是苦痛。"高貴的野蠻人"(Noble Savage)便是盧梭的理想。國家是一種罪惡,這個罪惡因爲人類間發生了不平等,遂成爲必要了。

政治社會是由於社會契約而產生的,因爲祇有從協約與同意,權力才有根據,自由才得保存。浩布思和洛克兩人對於盧梭這部份的著述,都有相當的影響,浩布思的方法和洛克的結論,是被他很奇怪地,很不合乎邏輯地連在一起了。盧梭以爲每個人把他天賦權利放棄,而交給社會全體。由於這個方法,一個政治的團體於以成立,這個政治團體有其自己的生命與意志,與其組成的份子不同。國內每個人,對於整個主權,都擁有其平等而不可移讓的一部份,並在國家保護之下,各得收回其巳放棄的種種權利。所以盧梭所主張的契約,是社會契約,而不是政府契約。它是個人與國家間的合同,使個人與其他個人相稱,爲主權主體的一份子,個人與主權主體相稱,則爲國家的一份子。人民自身相與立約,又與國家立約,國家便是契約的結果;關於這一點,他的說法實是費解。雖然遵浩布思之說,以這樣建立的人民主權的威權爲絕對,但又遵洛克之說,謂個人仍擁有平等而不可移讓的權利。這裏的荒謬是明顯的。盧梭相人民全體所有的權威,與人民個人所有的自由,是不會有衝突的。法國的恐怖時代使法國人民,都知道事實上主權主體的人民,如果沒有限制,也就同任何君主一樣,會變成同任何君主一暴虐。

照盧梭的說法,成立了契約以後,個人的權利與權力便讓給社會,而個人的意志卽融合於總意(General Will)之內。最初的契約必須全體一致的同意。國家成立之後,大多數的意志就當做總意,少數人而謂他們的願望足以代表總意,實係少數人的錯誤。所以他們與其照他們自已的意思去做,則不如服從多數,比較更爲自由;這就是代表盧梭邏輯的一個例子。不過盧梭却深信有勢力的兩大黨之存在,實爲國家的危險,故國內有黨,寧願其有多黨的實現.

總意即是主權唯一的表示,所以是賦予全體政治團體的。從前學者如布丹,湝布思等,所提出絕對主權與個人主權的概念,是擁護君主政體的,這裏是用來擁護民主政治了。總意與國內一切份子的共同利益,是符合一致的。祇有總意的動作才是正當的法律。因此,法律必須關於大衆的利益,必須由人民產出。任何政府機關的法規,不過是執行眞正立法團體的最高命令的工具而已。盧梭的法律觀念,簡直已達到現代基本法或憲法的概念了。現代一切政府權力的行施,都是根據憲法的。

盧梭指示出國家與政府的區別。國家是全個政治團體在最高的和主權的總意上表現出來,政府則包括社會所選出的執行總意的許多個人。政府的創立,不是如湝布思所想的由於契約,而是由於有主權的人民的行動。他們可以隨意改變政府;政府祇不過是他們的代理人而已。盧梭堅信主權的人民的不可破滅的權利,甚至願將一切權力,交給他們;這種權力的委託,洛克和孟德斯鳩都以爲是危險的。盧梭把行政機關僅視爲民意的代理人,他甚至隱隱地說到獨裁制度。後來公安委員會(Committee of Public Society)統治法國的時候,這個思想就發生了實際的影響。

盧棱把政體分作君主政體,貴族政體,民主政體和混合政體。孟德斯鳩所論政府形式應與經濟的和社會的情形相符合的思想,盧棱採取很多。他又順從當時流行的經濟思想,主張人口的增加,是良好政府的標準。盧棱相信主權者必須直接從事於制定法律,所以他贊成直接民治,而以為代議的議會是政治腐化的標記。政府犧牲民權,而擴張其權力的趨向,遂引起盧棱的理論,謂總意的無上尊嚴,祇有在小的國家裏面,與單簡的情形之下,方能永久保持。欲免去較大而較繁複的國家之政府的專橫,他主張主權者應召集定期會議,以決定他們的是否願意支持現存的政體,和留用現任的官吏。當人民這樣會聚而成主權團體的時候,政府的一切司法權,都須停止。定期的選舉官吏,和定期的修改憲章,這裏已開其先河了。每一世代應有重行審查其憲法的權利這個思想,為美國哲斐孫(Jefferson)所採取,而在規定時期以內,召集憲法會議的計劃,則為美國好幾邦所採取。[1]

1　盧棱對於歐洲聯邦和最後和平的思想,見以下本書第十三章第三節。

盧梭的思想與精神，都在其死後一時期的政治的變遷上反映出來。他的人類平等說，人民主權說，及其回返自然的願望，都極流行一時。他的原理，有許多實用於法國革命的政治試驗上，而且明載於一七八九年的人權宣言[1]上。不過，個人權利法案（Bill of Individual Rights）的思想，與其說出自盧梭，則不如說出自美國。盧梭個人放棄其天賦權利於總意之說，建立了同浩布思"巨靈"（Leviathan）那樣專制的人民主權者（Popular Sovereign）。個人沒有權利可以反抗主權者。雖然如此，盧梭的着重自由，平等，與人民主權，對於法國人歡迎美國權利宣言的思想的熱心，實有很大的力量。

盧梭死後的十年中，法人對於美國各邦脫離英國而獨立的政制，深爲注意。美人的政府似乎是實現了社會契約論內所主張的主權，和人民創造基本法等原則。這些新邦的憲法，規定各種基本問題，并且，在理論上，憲法係肇源於人民而有超優的威權，與建築於其下的政府不同，故滿足了盧

1 第一條說："人類是生而自由，而有平等的權利的。"第六條說："法律是總意的表示。"

梭所謂法律之正常意義的條件。這種偶然的符合,係由於事實上盧梭和美國人的思想,都是吸取十七世紀英國政治的理論與實際而發生,對於法國革命的發展,發生極深刻的影響。

在德國方面,盧梭也發生很大的影響,他所謂祇有消滅權威,才能完全自由的學說,引起康德(Kant),斐希特(Fichte),和黑格兒(Hegel)的唯心超絕論。對於十八世紀的美國,盧梭的思想,比較不大重要,因為美國的革命運動實在是遵照洛克與孟德斯鳩所代表的英格蘭的成訓。可是十九世紀初期哲斐孫派的民主運動,却是受法蘭西思想所激動的。

浩布思,洛克,和盧梭三人的社會契約論,有很大的不同點。浩布思視自然人(Natural Man)全為自私的,而自然狀態為一不斷戰爭的時期。盧梭則視自然人根本是善良的,自然世界則為一理想的快樂時期。洛克對於這一點,則處於他們兩者的中間。浩布思和盧梭都以主權為絕對;洛克則視為有限制的。浩布思以為主權可賦予一人,可賦予少數人或多數人,但一旦由人民出讓後,即不能再行收回。盧梭相信主權永遠在全體人民而法律必須直接表示人民的總意。浩布思對於國家與政府並不加以區別。在他,實際上的政府,就是合法的政府;洛克與盧梭則將國家與政府加以區別,而又分別實際的政府與法定的政府。浩布思以為改變政府不啻是使國家解體,而返歸無政府狀態;洛克以為人民有主權者的權利,可以選擇他們的政府,有不滿意時,便可變換之。在盧梭看來,政府不過是執行人民意志的代理人。洛克和盧梭都贊成主權賦於人民,而將政府的權力加以限制。不過洛克視民權是藏而不用的,祇在極端的情形之下,不得不革命的時候,方始運用。政府一切的行動都是合法的,除非他們損害人民的權利。盧梭視民權是不斷地在活動的,人民對於創制法律必須直接參與。

盧梭而後,社會契約的學說,在德國和美國繼續留存。康德與斐希特雖否認社約論之歷史上的可能性,却承認其為試驗法律的公平一種有效的假設。法律應該為人民所同意。斐希特在他早年的著作中,甚至謂個人得向國家自動撤回其國民資格。社約說在美國有極大的影響。在獨立宣言裏,和各邦邦憲的人權議案裏,都承認這個學說。哲斐孫和馬狄孫(Madison)的著述,都申論最急進的社約論。一個歷史上不可靠而邏輯上無條理的學說,而能成為英國一六八八年革命,法國革命,美國革命的中堅思想,而又能成為現代民治主義與公民自由的哲學基礎,實是政治思想史上一個不可解釋的啞謎。[1]

參考書

J. K. Bluntschli, Geschichte der neueren Staatswissenchaft, 298-316, 334-362.

B. Bosanquet, Philosophical Theory of the State (2d ed., London, 1910), 11-16, 79-117.

H. T. Buckle, History of Civilization in England (2d ed., London and New York, 1876), I, Chs. VIII-XIV.

C. Caird, Essays in Literature and Philosphy (Glasgow, 1892), I, 105-146.

F. W. Coker, Readings in Political Philosophy, Chs. XVII-XVIII.

J. C. Collins, "Montesquieu in England," in Quarterly Review, CXCVII, 331-363 (April, 1903).

W. A. Dunning, History of Political Theory, from Luther to Montesquieu, Ch. XII.

W. A. Dunning, History of Political Theories, from

1 關於社約說的批評,最好見 W. W. Willoughby 的 Nature of State, 第五章。

Rousseau to Spencer (New York, 1902), Ch. I.

W. A. Dunning, "Political Theories of Jean Jacques Rousseau," in Political Science Quarterly XXIV, 377-458 (Sept., 1909).

E. Faguet, La Politique Comparée de Montesquieu, Rousseau, et Voltaire (Paris, 1902).

R. Flint, Historical Philosophy in France (New York, 1894), 262-280.

A. Franck, Réformateurs et publicistes, XVIIIme siècle, 137-379.

L. Gumplowicz, Geschichte der Staatstheorien, 234-258.

W. G. Hastings, "Montesquieu and Anglo-American Institutions" in Illinois Law Review, XIII, 419-430.

A. R. Lord, Principles of Politics, 127-152.

E. J. Lowell, Eve of the French Revolution (Boston, 1892) Chs. IX-X, XVI-XIX.

A. L. Lowell, Essays on Government (Boston, 1889) No. 4.

J. Morley, Diderot and the Encyclopedists (London, 1878).

J. Morley, Rousseau (2d ed., London, 1891).

J. Morley, Voltaire (London, 1872).

J. Morley, "Rousseau's Influence on European Thought," in Fortnightly Review, XVII, 494ff. (May, 1872).

F. Pollock, History of the Science of Politics, 79-89

D. G. Ritchie, "Contributions to the History of the Social Contract Theory" in Political Science Quarterly VI, 656-676 (Dec., 1891).

G. L. Scherger, Evolution of Modern Liberty, Ch. VII.

H. Sée, Les Idées Politiques en France au XVIIIme siècle (Paris, 1920).

A. Sorel, Montesquieu, trans. by M. B. and E. P. Anderson (2d ed., Paris, 1889)

J. Watson, The State in Peace and War, 104-112.

W. W. Willoughby, The Nature of the State 79-85.

P. Janet, Histoire de la science politique, II, 329-477

C. H. Lincoln, "Rousseau and the French Revolution," in Annals of the American Academy of Political and Social Science, X, 54-72 (1897).

第二章

經濟發展與政治思想

(一) 經濟思想與政治思想的關係

自從有政治哲學以來,各時代的大思想家,都知道政治制度與經濟制度,政治思想與經濟思想,它們中間有一種密切的關係。亞里士多德(Aristotle)承認政治學不能和經濟學分離:國家的形式,每依財產的種類與財產的分配而決定;革命的發生,也常起於經濟階級間的相互爭權。他以爲一個治理得法的國家,必靠有一個大多數的中間階級;業農的人民,大抵是穩定的,守舊的,而又勤奮的;經商的人民則不然,他們是騷動的,容易受政治運動家之煽動。馬克維尼(Machiavelli)知道經濟團體的重要,而教導君主怎樣利用一階級,拒抗他階級。赫林頓謂政治的權力,是隨着財產而來的,所以他說政治家之責任,在使財產的分配廣散,而使土地的分配均平,以維持國家的穩定。洛克則以爲財產的保存,是產生國家的原因,而國家存在最大的目的,也是爲了保持財產;政府侵犯人民的財產權,就是革命的起因.

經濟平等的共產主義的思想,與早年的基督教義和中世紀的農民叛亂,有密切的關係;當年的領袖人物,其革新所取的立場,不重政治的平等,而獨重財產的平等,恐怕比其後來翻新的學說,還要高明. 不過,同時他方面又有許多原理,來替"奴隸制度"和"財富不均"辯護,雖則這些原理和當時參合在自然法的觀念裏的正義原則,是很明顯的不相容的. 在實際上和在理論上,一般人無不承認政治之經濟的基礎。幾百年來,各大國都設法使其政府適合於各不同的階級——僧侶,貴族,市民,農民等——這些階級各從事於分別的職業,而有一定的經濟利益。盧梭創立的平等說,天賦人權說,人民主權說,種種抽象的學說見諸實行之前,政治思想固未嘗去棄經濟生活的事實,也並不希望建立民主政體的制度,而不顧到財富的不平等,因爲財富的不平等,實足以妨礙其理想的實現的。

（二） 重商主義

不過，十六世紀以前，經濟學說與政治學說的連帶關係，並不十分顯著；直到十六世紀的時候，因現代國家，貨幣經濟，賦稅，與國外貿易之興起，遂使一般人集中其注意於國家與財富之關係。中世紀的經濟學，與其說它是政治的性質，到不如說它是家庭的性質。那時獎勵農業，輕視工商業。保護與取締限制的觀念，盛行一時。教會，封邑，城鎮，和行會掌握中的習俗，法規，與獨占，是沒有人來疑問的。商業的發達，尤其是在新大陸發現之後，和金銀的輸入，把從前對於農業的注意，轉移到國外貿易與金銀條塊的重要上去，因爲當時有一班人，以爲西班牙的偉大，全係其在美洲採得金銀珍品的結果。民族君主國之突起，將以前中古團體所有的支配權奪了過去，而又利用這種支配權，參與國際間劇烈的競爭。皇家的地產與特權，再也不夠應付政府潛大的費用。常備軍需要大批的金錢供給軍費；而商人階級財富之增加，使他們漸變爲國家的權力份子。殖民地之建立，引起了殖民地與母國經濟關係的問題，當時公認的政策是：殖民地祇能與母國通商,而殖民地的產業,祇限於原料之生產,以供給母國,俾得製就完形生產品,付之銷賣。國外的政策,側重商業利益,而又一致相信政府應與工商業發生關係。當時都以爲一個國家要謀得其商業利益,祇能以他國的利益爲犧牲。十七世紀中葉,英荷兩國的仇視,及其後英法兩國的競爭,都是這種觀念在作怪。

在這種情勢之下,便產生了一種叫做重商主義的見解,這種見解就是代表那時候勃盛的民族主義的經濟一方面的。製造業高出於農業之上,視爲國家財富的來源,國外貿易比國內貿易視爲更有價值。特別注重於出超,因爲出超能夠使錢幣輸入國內。飽藏金銀,視爲首要;人口繁密,視爲實力之源;國家的責任,是在用各種方法,以增長其權力與財富。當時的關稅,獎金,與禁令,極爲繁複。批准種種特許,訂立種種獨佔,而世界乃爲諸大特許公司所分割。殖民地成爲母國商人利益剝削的地盤。這種見解自十六世紀至十八世紀晚年,都很流行。初時特別着重於金條銀塊,後來則以貿易之"有利差額"爲首要。經濟學併入於政治學,而重商主義成爲各大強國興起之工具。它的目的在創立強大的,人口稠密的,經濟自給的國家。

重商主義的實行,始於查理士第五(Charles V),當他於一五一六年即西班牙皇位的時候,施行報復政策,以抵抗威尼斯(Venice)的商業獨佔。重商主義的理論,最初作有系統之論述者為意大利學者塞拉(Serra)[1]。在英國方面,白退(William Petty)[2]重視金銀珠寶積蓄之重要,并提倡統計的調查,改良徵稅的方法,與自然財源的科學方法的開發。東印度公司董事穆恩(Thomas Mun)[3]重視國外貿易與有利貿易差額之重要,但攻擊以金銀為唯一財富之說。荷蘭之興起與西班牙之失敗,予穆恩以很好的論據。穆恩著作在十七八世紀時候,不時再版,亞丹斯密的原富一書未出版之前堪稱當時之權威。

十七世紀後半期,重商主義的學說,在英國頗為盛行,尤以當時民黨為最主張,他們仇恨法國的勢力,欲限制其貿易。皇黨則不然,他們擁護查理

1 見他的 Brief Treatise on the causes which make gold and silver abound in kingdoms where there are no mines (1613)。

2 見他的 Essays in PoliticalArithmetic (1655),和他的 Treatise on Taxes and Contributions (1662)。

3 見他的 England's Treasure by Foreign Trade(約在1630年作,出版則在1664年)。

士第二與法國親善的政策,而反對國會所定的一切保護政策。諸思(Dudley North)[1]和蔡爾德(Josiah Child)[2]的著作,都主張世界爲一商業的單位,而價格與利率都應由供求律去決定,不必由國家規律去規定。這派思想,實爲百年後放任政策及自由貿易說之先導。

重商主義的禁制政策,經法皇路易十四的財政大臣柯爾貝(Jean Colbert 1619-1683)在法國實行後,愈形擴張,國家行使無限權力與任意法權,干涉工商業。柯爾貝又施行保護稅,獎勵法國工業,改良稅則,創設海軍,幷努力於建立大法蘭西殖民帝國。因爲受了他的影響,一六六四年遂有法商東印度公司的成立。在英國方面,穀物條例通航條例,節儉法令,都表現其特性。在普魯士方面,尤其在大選帝候(Great Elector)治下,和腓特烈大帝(Frederick the Great)治下,許多政策,都經採用以獎勵農工業,而支配國外貿易。

在德意志各邦,重商的觀點,由一派學說叫做計臣學(Kameralism)[3]的代表出來。計臣學是政

1 見他的 Discourses on Trade (1691)。

2 見他的 New Discoveries in Trade (1690)。

3 Kammer 是皇家收入貯藏處。

治,法律,技術,經濟等各種觀念之綜合,其目的是在計劃各種方法,以維持皇家的收入,增進皇家的收入,與管理皇家的收入。德國各邦的分裂與產業的落後,使它們陷於中世紀的財政制度。專制君主個人的收入,與國庫的收入,二者竟無從分別。國家的收入,有的取給於"皇家"的領土,有的取給於君主享有的各種特權。當時政府費用之擴大,便須要增加收入,所以有一種"增添皇家特權或私產權之數量與範圍的趨勢。

所以計臣學派的主張,對於國際關係與有利貿易差額的觀念,比之濱海各國——荷蘭,法,英——重商學派爲差。德國學者多注意於國內產業與全國財源之開發,並重視君主所有的財產與特權之精密的管理。不過他們也贊成政府對於經濟事業之嚴厲管理,也重視金銀的重要,也主張人口的增密,經濟的自足,和國家的尊嚴,這些都是和重商主義派相同的地方。英國的重商主義者,都是商人,都是小册子的著作家;德國的計臣學派則不然,他們都是財政學教授,[1] 都寫長篇大論有系統的文章。其最重要的作家有白秀士(Bechers),[2] 郝

1 1727年威廉第一在德國幾個大學裏創辦了經濟學講座和計臣學講座。

2 見他的 Political Discourse (1667)。

尼格(Von Hornig)[1]尤士惕(Justi)[2]和達利士(Daries)[3]。

(三) 重農學派

洛克與休謨在政治學上,倫理學上,所側重的個人主義的觀點,也影響及十八世紀後半期的經濟學說。君父政府的限制與節制,更加變成牢累,而天賦人權之說,又引來擁護個人主義的原則,謂個人行使其經濟活動,國家干涉應愈小愈好。當時以為取消工商業的規約,廢除獨佔的特權,發揚個人的旨趣,提倡自由競爭,則個人與公衆的幸福,兩者都能實現。這種反重商主義的觀點,在法國由重農學派所倡導,[4]在英國則由產業革命時以亞丹斯密為中心的那派學者所鼓吹。

在法國方面,經柯爾貝治下的苛政,奢侈的費用和繁重而不平等的賦稅,立刻引起了一種斷然的反動。當時農民的情形,使許多學者起來攻擊政府約制市場的政策,與獎勵工商業而犧牲農業的政策。此外,大規模大資本與轉種等農耕的利益,已由英國農業革命所證實;這個事實,法國經濟

1 Oesterreich über Alles (1684)。

2 Staatswirthschaft (1755)、

3 First Principles of Kamoral Sciences (1756)。

4 關於重農學派的著作見 Physiocrates,編者 E. Daire (1844)。

學者知道以後,更使重商主義的威信發生動搖,而使法國的思想轉而重視農業。布哇斯基伯(Boisguilbert),佛班(Vauban)和芳來倫等的批評,都含着改良稅制,自由貿易,和發展土地等的建議。闞梯龍(Richard Cantellon)[1]的論文,論土地爲一切財富原料所從出,論國外貿易不如內地貿易的重要;其學說傳遍法蘭西全國。這些學者都不約而同地爲重農學派開闢了一條路徑。

重農學派深染着當時流行的自然法觀念,而將其自然秩序的信仰,應用於國家與工商業的關係上。他們受了當時自然科學發展與笛卡兒(Descartes),洛克,盧梭等學說的影響,使他們以爲財富的生產和分配,應照固定的自然法則進行,不應受政府規約的干涉。他們偏重個人與個人的權利,尤其是私有財產權;他們又主張個人處置其私產,應有相當的自由。他們相信在自然秩序之下,一切的安排,都是盡善盡美,一切的法則,都是上帝的意志;恰恰與實際秩序相反,實際秩序的一切法則,都是當代政府所規定,與人類所創造的不健全的法規。國家應該保護人民的生命,自由,及財產;至

1 Essay upon the Naturo of commerce in General (1755)

於個人的利益,惟個人知之最深,故個人行事,其服從自然法則,必較政府爲尤甚。因此,他們最出名的格言便是:放任(Laissez Faire)和勿拘(Laissez Passer)。

重農學派深信土地是一切財富的泉源,而祇有用於農耕或用於從土地中吸收原料的勞力,才是產生剩餘的唯一勞力。商業與工業,都是不生產的事業,因此,他們贊成將資本盡量應用於土地生產中,又贊成廢除法國境內穀米業的內地稅,而提倡土地的單一稅。他們討論課稅的學說,則竭力批評那時繁重而浪費的稅制,於是引起了當時對於法國君主當局政策的不滿。

重農學派的政治學說,擁護世襲的君主政體,不過他們以爲君主應該英明而賢達。他們對於政治的權利毫無興趣,且極痛恨英國的國會制度。他們相信絕對而不可分的主權;不過對於君主,並不視其爲法律的創造者,而視之爲正義道德的自然法規的執行者。國家的法律,應宣揚自然社會秩序的重要法則。國家的存在,卽在保護個人的天賦權利,天賦權利則係包括個人本身以勞動獲得財產的權利,以及由個人勞力結果所得的財產權利。所以政府不應約制個人的財產,也不應過其結果是國家財富無量增加,而大部份人口卻陷制個人發展其才能的努力。立法機關所能盡的義務,以廢止不必要的法律,爲最有價值。不過,教育卻是國家正當的職務,因爲公民必須明白自然法的基本原理。因是,重農學派財富生產和財富施用的新論,對於自由,財產等自然權利說,又加上了一層擁護。關於國際的關係,他們贊成自由貿易,和平,與國際主義。他們以爲侵略的愛國主義,和當時的國際競爭,實是非必要的罪惡[1]。

重農學派的領袖人物是:魁斯奈(François Quesnay 1694-1774)[2],顧爾奈(Jean de Gournay)[3],厲佛爾(Mercier de la Rivière 1720-1793)[4],杜爾閣(Jacques Turgot 1729-1781)[5],和奈穆耳(Dupont de Namours 1739-1817)[6]。這些學者是最早領會到統

1 法國十八世紀思想的特徵是崇揚中國文化。農業制度與和平政策的流行,似乎和重農學派相符合的。法國的道德學家也主張以中國爲模範。對於中國文化的種種錯誤思想,爲孟德斯鳩所暴露出來。

2 見他在 Encyclopédie 發表的論文 Les Grains 和 Les Fermiers: 又見 Tableau économique (1758),和 Le Droit naturel(1765)。

3 他翻譯 Sir Josiah Child 的英文著作,而影響於 Turgot 的思想。

4 見他的 L'ordre naturel et essentiel des sociétés politiques(1767)。

5 見他的 Eulogy of Gournay (1760),又見他的 Réflexions sur la Formation et la Distribution des Richesses (1766)。

6 見他的 Origine et Progrés d'une Science Nouvelle 和他的 Physiocratie, ou Constitution essentielle du gouvernement le plus avantageux au genre humain (1768)。

一的社會科學的概念,而承認一切社會事實,都受各種一定的法則所連繫。他們創立了經濟科學;雖則他們偏重土地,輕視工商業,然而他們確開了亞丹斯密及亞丹斯密以後的學者的前路。可是,法國大革命的來到,使法國一切的思想,都集中於憲政問題的討論;而發展"政治的經濟的"理論的領導地位,遂轉讓給英國了。

雖然產業革命的性質,使重農學派對於土地和資本相對重要的見解,難以維持,尤其是在英國方面;然而他們的觀念,在法國以外也發生了不少影響。在美國方面,傅蘭克林(Benjamin Franklin)深悉他們的著作,而採取他們一部份的觀念。俄國的加塞林第二(Catherine II),奧國的約瑟第二(Joseph II),和瑞典的巨思泰第三(Gustavus III),都贊美重農的制度,並且做了幾次實行重農原則的試驗。在法國方面,杜爾閣(Turgot),在路易十六治下任財政大臣時,曾擬廢除數項最難堪的禁約,但因僧侶和貴族的仇視,終於阻止了廣大的改革。

(四) 亞丹斯密

十八世紀是英國經濟變遷的一個重要時期,

於悲慘的情形。紡棉織毛等機器的發明,利用蒸氣機供給原動力,以煤及煤炭代替柴及柴炭,鐵產的改良,使十七世紀的家庭手工業轉形爲十九世紀大規模的工廠制度。農業方面也採用了更好的方法:水田則放之使乾,磽田則施以肥料,豢養家畜亦加以改良,而新食物又新行種植。一種新的圈地運動引起了大規模的耕種方法。道路和運河的開築,使運輸迅速,而運費低廉。結果,將一般小農和手工業工人,都驅入都市;而都市遂漸次發達,成爲產業的中心。大地主階級管領田莊,大資本階級管領工廠。國外貿易與國外運輸突然發達。機器的應用使許多人失業無依,而工廠的雇用條件,城市的生活情形,終於形成不可言喻的慘狀。於是,窮貧與犯罪突然高漲了。

產業革命的發生,適在十七世紀重商主義的學說漸漸見棄於世,而放任的學說,一任雇主與勞動者雙方自行解決其事的時候。接着經濟的變遷,促成了重商主義思想的沒落,因爲適用於舊制度的精密的法規,顯然不適用於新制度,幷且廢止舊法規的必要,使許多人相信政府對於產業應取完全不干涉的態度。此外,英吉利需要糧食與原料的輸入,以餧養其生氣勃勃的產業都市;又其生產品價格低廉,長於國際競爭的利益,引起自由貿易的思想,因爲這樣,英吉利便能向最廉價的市場購進原料,而與各國競賣其生產品於世界各地。重商主義的學說,在英國方面大受十七世紀後半葉學者諾思,蔡爾德等的攻擊。十八世紀前半葉,華頗(Walpole)把百餘種商品的進口稅,加以廢除或減輕,又疏於執行通航條例,因爲它不利於英國壟斷殖民地貿易的制度。喬治第三(George III)欲重建君父政體,大受反對,不僅殖民地反對,即大部份的英國人,也承認自由競爭與自由貿易所供獻的機會,而加以反對了。此外,英國當時風行的哲學,也像法國一樣,都着重天賦人權與個人自由;應用這種思想而形成經濟的自由主義,自然是不可避免的事。英國當十八世紀的時候,有許多常常不署名的關於經濟的書籍和小册子出版,而在經濟政治思想發展上,是開新紀元的著作,則屬之亞丹斯密(Adam Smith 1723-1790)[1]。

亞丹斯密的著作,大部份係根據其前輩的作

1 The Wealth of Nations (1776)。又見他的 Lectures on Justice, Police, Revenue, and Arms,輯者 Cannan。

品。他可算集當時最普通的數種原理的大成,這原種理,便是使當時繁累的政府干涉顯露其不合於產業進步的。亞丹斯密熟知重商學派,重農學派,及十七十八兩世紀各哲學家之重要著作。格拉斯哥(Glasgow)大學哈其生(Francis Hutcheson)教授,爲亞丹斯密的先生,哈其生的自然法學(Natural Jurisprudence)的演講,使亞丹斯密受了一種深入的影響,亞丹斯密所得於蒲芬道夫,格老秀士,與洛克諸家之說,亦由哈其生所傳授。亞丹斯密旅法的時候,曾與法國學者迪德羅,魁斯奈,杜爾閣等相交好,又與杜爾閣常討論賦稅問題和國際貿易問題。亞丹斯密的政治,論理,與經濟等觀念,悉得自其同時代學者塔克爾(Josiah Tucker)[1],與費古生(Adam Ferguson)[2],尤其是關於個人自謀利益的重要,與國際自由貿易的價值。休謨對於亞丹斯密尤其有重大的影響;亞丹斯密的一般的哲學思想,人類天性的觀念,歷史的精神,以及其對於社會勢力交互關係的瞭解,都受休謨之賜。休謨也攻擊重商學

1 塔克爾提倡英格蘭和愛爾蘭聯合,並主張承認美洲殖民地獨立。他相信國與國之間,經濟利益有一種調和,而非衝突。

2 見以下本書第三章第四節。

派信仰貨幣的重要,及其限制國際貿易的態度;而以爲鄰國商業的興盛,必能使英國商業獲益。

亞丹斯密在格拉斯哥大學的演講,除講授自然神學,倫理學,法學之外,又考察政治的法規,謂爲非建立於正義的原則上,而係建立於便宜的原則上,其計劃卽在謀國家富力,權力,與財產之增進。在這個觀點之下,亞丹斯密以爲一國的政治制度與其國之商業,財政,宗教,及軍事設施,有重要的關係[1]。亞丹斯密的根本概念,是說個人的利益係社會主要的動力[2],每個人都有其天賦的權利,世界是冥冥中由仁慈的造物所統治的,政府對於工商業的干涉,應縮至愈小愈好。他恰與重農學派相反,以爲財富的主要源泉,不是土地而是勞力;不過有一點他與重農派一致,他也相信人類如果能廢除其一切人爲的限制,則調諧的自然秩序必能實現。他比重農派更講實際,更務實利,凡有用的及便宜的,都爲之辯護,卽與自然法則相衝突,亦所不顧。他因之把自然,哲學,和常識的實利主義,聯合一起。孟德斯鳩的影響[3],及其着重事物的現

1 見Stewart's Works,X,12。

2 這思想受 Helvetius 的著作 De L'Esprit (1758)的影響。

3 在他的晚年,據說 Smith 曾寫了一本 Esprit des Lois 的註解。

狀和環境的重要,似乎抵銷了由先天的玄學與神學出發而假定的神怪之自然的固有秩序。亞丹斯密的信仰以為人類如果撤去人為的干涉,則必能因其自身的利益,而達到自然的秩序,以保證個人與國家雙方最好的效果,從這方面看,亞丹斯密的觀點是樂觀的;從另一方面看,他的理論以為各階級的利益是衝突的,而每個國家有一天必致達到靜止的狀態,則他的觀點又是悲觀了。

亞丹斯密以為國家的活動,應限於防衛他國的侵略,執行法律與掌理司法,及經營道路,商港,學校,教堂等公共事業。有幾種例外的情形,亞丹斯密也贊成政府對於工商業,不取放任政策。比方說,他認為政府得限制銀行,并規定利率,政府得按照本國產品之稅額,課收同類入口貨的入口稅;政府亦得徵收入口稅,以維持國家的自足,如鹽硝稅,海運稅等;又英國貨物如納稅於外國境內,則政府亦得徵收報復關稅。亞丹斯密又承認政府得制定雇主工人雙方關係之有限的法規。

亞丹斯密的著作出世的時候,正是當時新社會秩序已成熟到需要一種解釋的時期,因為產業革命,哲學革命,政治革命,都磅礴於當時的空氣中了。宗教上寬容的運動,也佔重要的一部份。爲自由主義辯護的理由,也很可以適用於政治,經濟,宗教各方面。法國方面的重農主義派,英國方面的自由貿易論者,雙方都贊成信仰自由,那時的地主都是教士,那時的商人大部份都是不信奉國教的新教徒,因之宗教的信仰不自由,實妨礙英國的貿易。新教徒大都是不信任政府的;他們反對宮廷給與其親信寵愛的人的專利特權。他們酷愛自由,而又相信由個人努力而來的商業成功,是上帝恩寵的標記。亞丹斯密的原富一書,當其在世時已印至五版之多,并經譯成數國文字,而議然影響於各國立法。當時英法重要的經濟學家,都立刻採納其觀念;就是在德國,其影響程度較低,但亞丹斯密主義也變爲決然的趨勢。英政治家小畢特(The Younger Pitt)是深究亞丹斯密學說的一人,他依照原富的原則,改正其所取的政策。雖然當時商人階級的守舊,都確信金銀即是財富,而又信商業須受獨佔與政府法規之獎勵,畢特終於施了許多經濟改革。對於殖民地,他贊成取寬大政策,他之所以把英格蘭與愛爾蘭合併者,其目的即在撤銷兩地通商的一切障礙。

亞丹斯密的思想之傳播,也受當時繼起事件的幫助。亞丹斯密初期著作的時候,產業革命使他發生重視分工價值的觀念,并使他斷說英國必須擴充其市場。工廠廠主也歡迎他政府不加干涉的理論,因爲他們可以達到剝削低廉勞動力的慾望,并可以反對穀物條例,因爲穀物條例的規定,使食物價格提高,致工資漸趨增加。美洲的革命,表示殖民地制度有趨向叛變的危險,又證實了保護政策的無用,因爲殖民地獨立以後,英美二國的貿易開了空前的新紀錄。結果,遂起了一個強大的反帝國主義運動。英國過去的殖民政策,都是根據重商主義的商業政策的。當時重商主義的學說已破裂無餘,故許多人都深信爲英國利益計,應丟棄其所有的殖民地。塔克爾與亞丹斯密都否認以殖民地爲商業興盛的要素。功利主義派邊沁(Bentham)與密爾(Mill),以爲殖民地是一筆耗費,是造成政治腐化,和引起戰爭的原因。

繼承亞丹斯密的思想,爲滿切斯達學派(Manchester School),滿切斯達學派裏面的人物,大部份是商人與製造家,柯柏登(Richard Cobden)和布萊特(John Bright)是該派的領袖。他們一方面贊成由工廠法保護童工,一方面又主張個人的天賦自由,而且,他們相信政府的限制,是有害於工商業的。他們特別贊成穀物條例的取消。亞丹斯密的個人主義,實爲反重商主義君父政治論有價值的反動,也是助長英國工商業興盛的重要原素。不過它的實施,引起了一種自私與唯物的觀點,并發生了許多特別有害勞動級階的弊病。現代政府對於商業的限制,對於勞動的規定,以及社會主義的理論的興起,都是反對亞丹斯密的政策實際的結果的。杜爾閣和亞丹斯密兩人,都提起過人口增加對於工人工資的影響,但是他們都沒有把支配人口增加的原則,作過科學的研究;這個工作要讓給後來馬爾薩斯了。

(五) 人口論

十七八世紀有許多著作家,都注意到人口的問題[1],重商主義者希望人口的稠密,謂人口的急增,即國家的興盛。聖經上對於繁衍和蕃殖的教訓,常引來作爲他們的論證;照他們的觀察,以爲第

1 例如 Davenant, Child, Hume(見他的 Essay on the Populousness of Ancient Nations, 1752,)和德國經濟學家 Süssmilch 和 Sonnenfels.

一等富強的國家，必是人口繁密的國家。政府與雇主階級，都特別贊成稠密的人口：前者的希望在擴張它的軍隊，後者的希望在使工廠減少工資。當時獎勵人口：凡人丁興旺的家庭，都予以獎金；德國各邦并有非已婚男子不得充任官吏之規定。

法國的農民狀況，使孟德斯鳩討論到人口問題。英國產業革命的結果，引起了這整個問題的再討論。挨近十八世紀的末葉，似乎人口過多，而土地的生產不夠供給了。糧食價格飛漲；失業，貧乏，疾病等四野廣佈。前半世紀農業的昌盛，至此已形成因人口向都市集中而發生的彫敝的現象。尤其是在愛爾蘭方面，人口的急增激出了馬爾薩斯（Thomas Robert Malthus 1766-1834）[1]的人口論。馬爾薩斯繼承亞丹斯密悲觀傾向的遺教，而謂人口的增加是艱變的淵源。

馬爾薩斯著人口論的近因，是高德文（William Godwin）[2]出版的政治正義之研究（Enquiry Concerning Political Justice）一書。高德文主張開明的無政府主義，以為政府是不可少的罪惡，人類的

1 見他的 Essay on Population（1798 以匿名出版，後數版內容大為擴充）。

2 見以下第四章第六節。

苦痛,人類的不幸,都應歸咎於政府;幷說如果分配平均,則全人類必可豐富。同時在法國方面,堪多悉(Condorcet)[1]對於土地供給人類生活品的能力表示同樣的樂觀態度:他以為科學能增添食量的供給,否則理智必能限制過度的人口。馬爾薩斯答覆說,人類社會上使人口永遠與生活資料保持平衡的原則,是苦痛的原由;幷說,人類的種種制度已把社會的苦痛減輕,而不使變本加厲,但終不能使之完全消滅。馬爾薩斯以為人口的增進,有比食糧增加更快的趨勢,謂人口的增進必須加以限制或由父母方面先見之明,加以節慾等預防的限制否則,如果人口的壓迫,不能由移民或拓殖新地等方法去補救,必受窮乏,疾病,戰爭等積極的限制若是人類因其先見之明,而舉行晚婚,則社會罪惡必致增加;因此,快樂而安全的社會狀態,是希望不到的。不過,馬爾薩斯仍繼承個人主義的遺說,而反對由政府以移民政策,或工廠法規等方法,來防免這種罪惡。他深信個人的智慧,是唯一可能的救濟。馬爾薩斯的著作,引起了不少的討論有真

1 見他的 Esquisse d'un Tableau historique des Progrès de l'Esprit humain (1794)。

多處於反對的地位，也有許多處於擁護的地位。他的學說影響於立法很大，尤其是救濟貧窮與移民政策方面。這些理論一部份是助成達爾文的天擇論。它們也助長了密爾(John Stuart Mill)的個人主義，密爾根據馬爾薩斯的人口增加的學說，放棄其為勞動者鼓吹政府的干涉的主張；後來的經濟史觀與社會主義的興起，也受馬爾薩斯學說的影響。

參考書

C. A. Beard, The Economic Basis of Politics (New York, 1922).

J. Bonar, Malthus and his Work (London, 1885).

J. Bonar, Philosophy and Political Economy in Some of their Historical Relations (3d. ed., London, 1922).

A. M. Carr-Saunders, The Problem of Population (Oxford, 1922).

L. Cossa, Guide to the Study of Political Economy, trans. from 2d Italian ed., with preface, by W. S. Jevons (London, 1880), Ch. V.

W. Cunningham, The Growth of English Industry and Commerce (5th ed., Cambridge, 1910).

A. De Tocqueville, The Ancient Régime, Ch. III.

W. A. Dunning, Political Theories, from Rousseau to Spencer, 57-65.

J. D. Esmein, La science politique des Physiocrates, address at opening session of Congress of Learned Societies (Paris, 1906).

F. A. Fetter, "The Essay of Malthus, a Centennial Review," in Yale Review, VII, 153-167 (Aug., 1898).

C. Gide and C. Rist, History of Economic Doctrines, trans. from 2d rev. ed. of 1913, by R. Richards (London, 1915), Chs. I-II.

G. P. Gooch, Political Thought in England from Bacon to Halifax, Ch. XI.

L. H. Haney, History of Economic Thought, Chs. VII-XI.

W. Hasbach, "Adam Smith's Lectures on Justice, Police, Revenue, and Arms," in Political Science Quarterly, XII, 684 ff. (Dec., 1897).

W. A. S. Hewins, English Trade and Finance Chiefly in the Seventeenth Century (London, 1892).

H. Higgs, The Physiocrats (London and New York, 1897).

J. K. Ingram, History of Political Economy (New and enl. ed., London, 1919), 30-107.

H. J. Laski, Political Thought from Locke to Bentham, Ch. VII.

J. MacCunn, Six Radical Thinkers (London, 1910), Ch. III.

J. Morley, Critical Miscellanies (London and New York, 1886-1908), II, 150 ff.

J. S. Nicholson, Project of Empire (London, 1909).

S. N. Patten, "The Law of Population Restated," in Political Science Quarterly, X, 44 ff. (March, 1896).

J. Rae, Life of Adam Smith (London and New York, 1895).

E. V. D. Robinson, "War and Economics," in Political Science Quarterly, XV, 581-622 (Dec., 1900).

G. F. von Schmoller, The Mercantile System (New York and London, 1896).

R. L. Schuyler, "Rise of Anti-Imperialism in England, 1760-1830," in Political Science Quarterly XXXVII, 440-471 (Sept., 1922).

E. R. A. Seligman, The Economic Interpretation of History (New York and London, 1902).

A. W. Small, The Cameralists (Chicago, 1909).

C. E. Stangeland, "Pre-Malthusian Doctrines of Population," in Columbia University Studies, XXI, No. 3 (1904).

J. Morley, Critical Miscellanies (London and New York, 1886-1908), II, 150 ff.

J. S. Nicholson, Project of Empire (London, 1909).

S. N. Patten, "The Law of Population Restated," in Political Science Quarterly, X, 44 ff. (March, 1895).

J. Rae, Life of Adam Smith (London and New York, 1895).

E. V. D. Robinson, "War and Economics," in Political Science Quarterly, XV, 581-632 (Dec., 1900).

G. F. von Schmoller, The Mercantile System (New York and London, 1896).

R. L. Schuyler, "Rise of Anti-Imperialism in England, 1760-1830," in Political Science Quarterly XXXVII, 440-471 (Sept., 1922).

E. R. A. Seligman, The Economic Interpretation of History (New York and London, 1902).

A. W. Small, The Cameralists (Chicago, 1909).

C. E. Stangeland, "Pre-Malthusian Doctrines of Population," in Columbia University Studies, XXI, No. 3 (1904).

第三章

十八世紀末葉的道德學家和法學家

(一) 十八世紀末葉的情形

盧梭去世的後一年,就是七年戰爭告終的那一年;那次戰爭,英格蘭與普魯士聯盟,戰敗了法蘭西及其同盟奧地利(Austria)。 結果,法蘭西的殖民在聖羅凌士(St. Lawrence)及密士失必(Mississippi)兩河流域所建立的殖民地,完全割讓於英格蘭,其侵略印度的希望,也不得不從此放棄。 此外,法蘭西王國又受累于和奧地利哈布斯堡族(Austrain Hapsburgs)所結的不適民意的同盟,負担了大注的戰債,使法國的財政日益困難,社會日益騷亂,而引起後來的革命。 常常和君主的大臣發生糾紛的法國的高級法院(Parlements),受了孟德斯鳩三權分立的學說的影響,進而要求保障對抗君主的政治自由。然而,在一七七一年,他們即被壓服,而法國君主卒得以專制權力,統御法國,直至最後的破裂。

英國在這次戰爭裏,獲得了許多的領土。她成了海上的霸王(Mistress of the Sea),為世界殖民最大的強國,虎視一世。可是,一七六〇年喬治第三的即位,又有建樹獨立王權,和抑制蒸蒸日上的國會與內閣的地位的企圖。這種企圖的結果,激動了政黨的糾紛,而孟德斯鳩對於英國政制的性質與價值的學說,又引起了一般人的注意,重新加以研究。在殖民政策方面,因為竭力施行各種通航條例(Navigation Acts),及強迫美人担負征伐加拿大各省的經費,致與殖民地人民交惡,而引起美國革命。

那時普魯士已團結而強盛起來了。她的君主腓特烈大帝,為當時開明專制君主的一個標率人物,此外又有俄國的加察林第二,奧國的約瑟第二及西班牙的查理士第三。這些君主受了重農學派及孟德斯鳩的社會與經濟的主張之影響,實行內政的改革。農奴的地位是比較的改善了,征稅的方法是改良了,行政與司法的方法也改進了,工商業的許多繁苛的禁約也解除了,貴族和僧侶的特權也減削了。他們都主張信教自由;對於當時專制的教會抑制知識的生活,排斥其他異教,竭力加以攻擊,而教皇的勢力與耶穌會徒(Jesuits)的活動,因之削減了。

當時頗有一般君主和"啓明運動"(Enlightenment)的唯理哲學家往還,充他們的庇護人。因之政治學者對於政府開始發生實際的影響。杜爾閣被任爲路易十五的財政總長;並且在有一個時期內,他曾把重農學派的理論施諸實行。福耳特耳曾被召入腓特烈大帝的宮廷。盧梭曾被請求對於科西嘉(Corsica)和波蘭(Poland)的政治困難情形,貢獻意見[1]。俄國的加塞林在讀過孟德斯鳩和白加烈(Beccaria)的法律著述,召厲佛爾爲起草俄國法律的顧問。約瑟第二與盧梭和杜爾閣個人相熟。米蘭的白加烈(Beccaria in Milan)和那不勒的飛蘭哲里(Filangieri in Naples)都是公法

1 見他的 Considération sur le gouvernement de Pologne(1771),發表於 Political Writings, 編輯者 C. E. Vaughn.

學家,他們對於政府也有實際的影響。不過孟德斯鳩的原理雖對於社會改良最有影響,而其行政權立法權分立的政治學說,却未曾引起這些開明專制君主的注意。他們願意實行他們的政策,而不改組他們的王國;而代議國會的運動,在法國革命以前,迄未見出現。

十八世紀末葉的外交政策,並不現出開明的痕跡;那時的外交政策對於當時一般人以為國際法所包含的自然正義的法則並不尊重。因英格蘭海上的雄心和誇張而引起的海上中立權的問題,雖也曾稍為受到注意和攷慮[1],但以一般而論,國際法沒有多大的進步。當時列朝皇室的外交是無所顧忌的,任何方法,祇要有利於本國而有損於敵國,便都採用。往往由於小小的藉口,釁起年深月久的慘苦的戰爭;無論何時,祇要國家的利益需要的話,條約卽可違反。擔保皇帝政務詔典(Pragmatic Sanction)的諸國,祇有英國,為了自私自利的動機,還保持其信用。腓特烈大帝的攫取西利西亞(Silesia),和波蘭的被瓜分,都是這時期內

1 在 1780 年武裝中立時期,見 Wheaton 的 History of the Law of Nations, 265頁。

馬克維尼式外交的特徵。

十八世紀末葉的政治哲學,大概都表示樂觀的精神。當時的政治哲學,都相信社會的和政治的弊病可求治於人類理智的實施,都以爲一種萬應的醫藥可從自然法中去找得,而各種基本原則,也必可發現而應用於一切社會現象。他們皆盡心計,草就各種立法,深信完美而永久的制度,得以樹立。簡單而淺薄的信條,在人們的心地裏發生深刻的影響。重農學派的單一稅制,和他們的放任學說,以及自由,平等,博愛等口號,都是很好的例證。幾乎祇有孟德斯鳩一人覺到人事的繁複,與發見而應用萬有原理的不易。簡單的思想和堅信理智力之可以再造各種制度,或許確爲剷除舊惡習所不可少的。但是法國革命後,建設新制度的工作,却更加被自然法哲學家的學說弄糟了。

(二) 法國的社會哲學與道德哲學

自盧梭至法國革命,法蘭西的政治學說大部份是關於社會的,經濟的,和宗教的改良。當時所提出的許多補救方法,都包括政治改良的主張;孟德斯鳩和盧梭的思想博得廣大的贊同,所有的學者都以為法國的情形是不能持久的了,都謂其救濟必須求之於人類理智的實施,與返歸自然所規定的各種制度。重農學派覺得其主要的困難是在決定財富的生產和財富的使用的情況。他們的救濟是:發展農業,抽取土地的單一稅,廢除國內商業上的限制,以及施行一般的放任政策,使自然法則得發生效力。其他的學者,如莫雷里(Morelly)和馬百里(Abbé Mably)都發覺其主要弊病是在財產的私有,尤其是土地的佔有權;他們力主共產主義和社會主義的計劃。

莫雷里的一生事蹟及其著述,很少知聞,但其思想實足以顯出近代思想的一極大進步;他的著述有的用烏托邦的小說[1]方法,有的取分析的哲學的論文方式[2]。他預言波旁王國(Bourbon Monarchy)之衰亡,而建立一無封建特權的國家。他攻擊財產的不均,而贊成土地的公分。他的思想對於法國革命的社會思想,發生一種深刻的影響。

馬百里(Gariel de Mably 1709-1785)[3]發揮盧梭

1 見他的 Basiliade (1753)

2 見他的 Code de la Nature (1755)。Diderot 發表於他的著作第二卷中。

3 見他的 Entretiens de Phocion (1763), De la législation(1776),

的思想,相信財富不均,和有產者獨佔權力,是社會上政治上不公平的淵源。天生人類是平等的。"人類如果有同樣的需要,和同樣的才能,他們應該享有同樣的物質機會和同樣的知識機會。"不平等是不良法律的結果,尤其是那些承認私有財產的法律。救濟的方法則惟有正當的立法;最好由賢明的立法者,受着純粹理智和正義的感應,制定一種法典。他讚美斯巴達與羅馬,[2]在他的著作裏,他引證梭倫(Solon)李克格士(Lycurgus)和加圖(Cato)的行爲。這些往古的政治家對於立法的改革,和對於財産的態度,尤其是對於土地的態度,都影響到他的理論。馬百里對於國際的問題也具有高貴的意見,反對當時馬克維里式的外交。他倡導人類的博愛,尊重條約,和上海戰爭時私有財產的特權。[3] 百科全書派和盧梭所著重的天賦權利和人類平等的思想,經莫雷里和馬百里的發揚擴大,遂造成共產式的法蘭西社會主義。

法國其他的學者,如赫威秀士和虎而培,都攻擊當時盛行的道德觀念和宗教觀念,主張信教和

1 見他的Paralléle des Romains et des François(1740),他讚美羅馬而批評法蘭西。

2 見他的Le droit public de l'Europe (1748)

出版的自由,反對教會操縱法庭,倡導功利論的倫理原理和無神論的原理。他們反對盧梭的感情主義(Sentimentalism)而遵從滸布思與洛克的遺說,使他們的理論得出邏輯的結論。赫威秀士(Claude Helvetius 1715-1771)[1]把自我主義作爲人類行爲的唯一動機,把基於愛快樂怕苦痛的賢明的自利,作爲道德的標準。欲使人有道德的唯一的方法,即是使他能從公共福利中去看他自己的福利,做到這一步的方法,則惟有立法,立法就是賞罰正當的意思。於是,道德的科學就成爲立法的科學了;而最好的政府就是能爲最大多數謀幸福的政府。

赫威秀士以爲人類在智力方面,是生來平等的;他鼓吹教育與文化對於國家發達的重要。凡政府都愛權力,本來都是專制的;最好的政府,就是當權者態度最開明的政府。赫威秀士贊成普魯士,俄羅斯,奥地利各國開明專制君主的努力。他相信人民的罪惡與道德是他們生存在法律之下必然的結果,所以他要求法蘭西社會制度和政治制度的澈底改革。他的功利主義的思想,影響及

1 見他的 De l'Ésprit (1758), 英譯者 W. Mudford, 又見他的 De l'Homme (1772), 英譯者 W. Hooper. De l'Esprit 是企圖對抗孟德斯鳩的 De l'Ésprit des Lois。

於後來邊沁的學說;自加烈[1]曾謂邊沁對於修正刑法的企圖,大半是受赫威秀士的感化。

虎而培(Baron Paul d'Holbach 1723-1789)[2]是德國人而生長於法國的一位哲學家,他與百科全書家,及盧梭稱知己之交,他更進一步地宣揚赫威秀士和其他法國洛克信徒的思想。他攻擊宗教,謂宗教乃人類一切罪惡之母,他希望用一種教育制度來代替宗教,以啓發人類賢明的自利心,他相信科學的研究,能使人類與自然相適。虎而培譏笑盧梭所說的"高貴的野蠻人"但他却採取盧梭社約和總意的觀念,以爲國家是由契約而創立,用以謀得最大多數的最大幸福,達到這個目的的方法,是保障個人的自由,財產,和安全的天賦權利。他把權力放在統治者和公民的契約的基礎上面,主張當權者不顧公共幸福時,公民們卽可不必服從,這一點他是從洛克的學說的。他以爲權力應分配與政府的各機關,以保障自由,這一點他是從孟德斯鳩的學說的。

虎而培相信當時存在的一切政府,就是最受

1 見以下本章第三節。

2 見他的 Le Système de la Nature (1770),他的 Politique naturelle (1773),及他的 Système Social (1773)。

讚美的英國政制,都是有缺憾的,因爲這些政府都是建築在暴力和愚蠢的基礎上邊。他主張依智力指導回返至自然秩序。古代的政制和古舊的法律,必須代以依從理智與正義的新制度。他相信人類的性質和行爲,大部份是决定於他們所附以生存的政制和法律,所以他以爲不公平和不平等都是人爲的無理性的社會制度與政治制度的產物。遵照健全的理智的功利,是試驗這種制度的標準。虎而培對於政府的一般地攻擊,對於澈底改革的熱心鼓吹,以及他的洛克式的哲學,曾指示了革命的思想。

薛佛萊(Chevalier de Chastellux 1734-1788)[1]相信最快樂的國家是享有安樂與自由的國家,和不願改變其現狀的國家。農業的發展與人口的激增,他認爲是幸福的最好標準。"凡是增添國內的人口的,和增添土地的收獲的,其本身都是好的,比之一切事物都好"。物質上的興盛是最所期望的。政府的目的是在謀最大多數的最大幸福,而獲得幸福的方法是在改良物質的情況。他把宗教視爲一種簡式的成見;道德則爲醫藥的一個支

1 見他的 Of Public Felicity (1772)。Chastellux 在革命戰爭時作 Rochambeau 到美洲,以著旅行記得名。

派。他的理想,是在希望世界聯合成一個安樂而豐富的"萬國家庭"(Family of Nations)。

十八世紀法國力主改革的學者,可分爲四大派。前半世紀的自由派,以孟德斯鳩,阿根生,和福耳特耳爲代表,他們的方法是歷史的方法,他們把英國政府當作一個模範,他們的目的是適中而可。民主主義派,以盧梭,狄德羅,赫威秀土與虎而培爲重要代表,他們是理想家,對於現制度極不滿意。他們用由因推果的方法,欲依靠純粹的理智,以建設一個完美的國家。重農學派,以魁斯奈,屠佛爾爲最有勢力和影響;他們是君主政體的擁護者,但是他們主張經濟的改革。革命派以馬白里與鮑多瑟爲代表,他們承認民主主義的前題,以爲要建立人民主權,必須革命。他們大家都贊同人類有天賦權利,天賦權利就成了革命的主要理論。等到這班哲學家過世而後,法國政治思想的統制,即由他們而轉入盧梭所謂最高權力所寄托的人民公意了。

(三) 意大利的法學家

十八世紀後半期意大利有二位法學家,把孟

德斯鳩的精神和方法,應用到迫切的社會改革和政治改革上去,成效頗著。當時全歐的刑法,都是陳腐不堪,刑事審判都是極不公平,刑罰也都是異樣兇殘。告發人都予以奬賞,而微弱的證據就算完足。嚴刑拷打,追寫供詞,而很多種罪犯都處以死刑。就是在英國,其所用的方法,比大陸上要好得多,然而布拉克斯登(Blackstone)還舉出百種以上的罪犯是處以死刑的。

意大利法學家白加烈(Cesare Beccaria 1735-1794)由於其研究孟德斯鳩的學說,而使其興趣轉向於經濟問題和社會問題。他第一次的出版物是米蘭各國(Milanese States)錢幣補救的意見書。但是他最著名的著作是論罪犯與罪犯的懲罰。[1] 在這本書裏,他主張公共審判,而駁斥嚴刑拷打,與秘密控告。他以爲刑罰應減輕其殘忍的程度,而加增其正確的程度;他贊成廢除死刑。他以爲對於各階級的人都應該平等看待,而收沒財產的刑罰應予廢止,因爲這是使無罪的家屬受苦的。他主張防止犯罪比懲罰犯罪更爲重要,要做

1 Dei Delitti e delle Pene (1764)。此書1767年出版於英國,對於福耳特耳有所解釋。

到這一步,最好是使法律明晰,使懲罰正確,尤其是用教育以誘導人心。

白加烈也把當時一般的信仰當做他思想的根本基礎;他相信自利爲人類第一的動力;人類,天生是獨立的,自動地聯合而成政治社會;立法的目的是在謀最大多數的最大幸福。公共的幸福是個人幸福的總和,卽是大多數的幸福。所以法律與懲罰,祇有在其維持國家所必要,受理智所型成的時候,才得公正。白加烈那册小小的書,被譯成了許多國文字,引起歐洲許多國的刑法的改革。他的思想後來影響到英國豪華德(John Howard)[1]和邊沁的著述。

意大利法學家和公法學家飛蘭哲里(Gaetano Filangieri 1752-1788)[2]是一位熱心的改造家,勇於駁斥當時的各種罪惡。他的思想大份取之於孟德斯鳩,但他把這些思想應用於社會改造的實際問題。孟德斯鳩着重法律的精神;飛蘭哲里則在根據經驗與理智,來制定法律的正當的內容。他抱着樂觀的態度,謂歐洲已達到和平的境地,個

1 見他的 The State of Prisons in England and Wales (1784)。

2 見他的 La Scienza della Legislazione (1780), 英譯者 Sir R. Clayton。

人的自由已得保障,而工商業與技術的發展,能使各國臻於興盛之境。因之,創立一種廣博的立法之科學已到了成熟的時期。

他的未完成的著作的第一卷,專論立法應該進行的規則。第二卷專講經濟的問題,主張無限制的自由貿易,與廢除生產上的種種中古時代的障礙。第三卷專論刑法的原則;第四卷討論教育與道德。飛蘭哲里對於刑法和刑事訴訟手續的思想,是採取自加烈的。對於政府的學說,他雖遵從孟德斯鳩,但對於英國的政制,似乎是比較的採取批評的態度。喬治第三治下的黨爭和美國的革命,大大地減少了他對於英國思想的熱心,而引起他對於美國政府試驗的注意,當時美國地方生活的簡樸,已達到哲學家理想中的自然世界。他和孟德斯鳩一樣,也是威廉丕恩(Willian Penn)的欽慕者,把他比作李克格士與梭倫。飛蘭哲里預言新興美國的自然和財富,能使美國脫離歐洲而獨立。

(四) 英國的法律哲學與道德哲學

十八世紀中葉以後,英國的政治思想,開始顯出變化的徵兆。華爾(Walpole)時代的昇平已不大顯明了,尤其是在喬治第三即位而後。法國的影響也開始發生了;福耳特耳,孟德斯鳩,和盧梭的著作,以及其他關於英法兩國政府方法的種種比較的研究,對於英國的政制有了一個明晰的觀察和說明。特別是孟德斯鳩,他的歷史方法,他的以立法爲社會變遷的一種方法,以及他的重視自由,都給予英國思想一種動力,爲白克和邊沁的思想的先導。孟德斯鳩對於英國憲法的讚美,和他的以治權分立爲英國憲法主要原則的信仰,引起英國學者對於他們本國政制,加以研究;布拉克斯登和瑞士法學家得羅爾謨(De Lolme)的著作,就是這種研究的結果。盧梭的思想,則太爲率直,與那時的英國不相宜,故大受攻擊。然而盧梭是洛克的信徒,他的社會改造的學說,後來由邊沁傳述出來,祇不過字句不同而已。那個時候,休謨和布拉克斯登的樂觀主義,以及白克的尊重往古,都取着守勢,於是英國思想界開始了一個新紀元。

在教士布朗(John Brown 1715-1766)[1]的著述裏,孟德斯鳩的影響和繼長不滿足的精神,都表示

1 見他的 Estimates of the Manners and Principles of the Times (1757)。

得很明白。他攻擊當時的政治,教會以及風俗習尙,指謫當時盛行的奢侈和文弱。他把英國和滅亡前的伽太基(Carthage)及羅馬相比較,以爲英國商業的偉大,乃衰頹的徵象,并預言英國如不恢復自然的淳樸,必致滅亡於法人之手。他覺得英人愛好自由的祕密,是由於多霧的氣候和國內的溫和所致。他並不相信民主政府,他對於政治所下的救濟,即在依靠大政治家的賢哲,與包林布羅克所主張的"愛國之君"(Patriotic King)一樣。並且他相信老白退最適宜於這個地位。

孟德斯鳩的思想,經休謨而介紹至蘇格蘭的一般哲學家,結果產生了愛丁堡(Edinburgh)大學費古生(Adam Ferguson 1723-1716)[1]的著作。費古生的著作,並沒有什麼獨創的思想,但是他的文學技能及其善於解釋他人思想的能力,使他的著作極博得大衆的歡迎。他的思想,大部份吸取休謨,亞當斯密,和孟德斯鳩三人的思想。費古生覺得對於自然世界輕作概論,對於社會生活和政治生活的問題,輕下解決,都是危險的。他以爲文明的路徑,是由一定而又繁複的原則所決定的,表現各

1 見他的論文 History of Civil Society (1767),和他的 Principles of Moral and Political Science (1792).

種制度的各種形式,都是同樣自然的。社會組織的產生,不是由於理智,而是由於本能和習慣;人爲的力量,祇不過佔着一小部份的勢力。所以,以立法來控制不可避免的事情,是勞而無功的。國家的成立,並不是由於契約,雖然"同意"是因知識的進步而一天重要似一天。

費古生尤特別輕視盧梭所謂一個穩定而和平的狀態,是人類之自然的和最好的狀態。他以爲反對和衝突,是自然的而又有益的;政治上,工業上,商業上的競爭,甚至國際間的戰爭,都是不可避免的。自由"是由衆人不斷的差異與無數的對抗所支持的"。自利是個人與國家的主要動機。費古生相信國家的威權是受人類天賦權利限制的同時,自由應該謹慎地加以約制,不應使之包含平等。專制政體與民主政體兩者都是不相稱的。由於他的保守而傲世的性格,他不歡喜任何極端的形式,對於社會改造的哲學或革命運動,並不表示多大的同情。

在布拉克斯登(Sir William Blackstone 1723-1780)[1] 的著作裏,仍繼續着一種比較樂觀的傳統

1 The Commentaries on the Laws of England (1765).

觀念。他對於英國憲法和法律的分析是先有一種國家的哲學的,這種哲學,他大部份採取蒲芬道夫,洛克,和孟德斯鳩等的學說。各派思想家的思想,也不顧其一致與否,他都把他們融合在一起。自然法,神法,民法,以及較新的功利主義的學說,在他的體系裏都有位置。他的英國法律釋義(Commentaires)一出版後,卽發生極大的影響;不但在英國如此,就是在法國和美國也有極大的影響。法國人都責備法官和律師,遵照布拉克斯登的法律,而不遵從他們本國的法律。一七七一年出版的那部美國版,預約的有一千四百本之多;約翰亞丹(John Adans)的名字,爲訂閱者的第一人。白克(Burke)說該書在美國銷出的本數,也和在英國所銷出的有同樣的多;在美國革命暴發的時候,極爲流行的天賦權利及人類自由等思想,大半都是布拉克斯登的思想。

布拉克斯登覺得國家的起源,係人類努力追求其最高幸福之自然的結果。他反對自然世界和社會契約等思想,以爲牠們都是沒有歷史根據的。可是他著的書却滿載着契約的觀念。他似乎承認休謨和孟德斯鳩已駁擊了洛克的根本概念;同時他又希望遵從洛克的一般思想。結果就是紊亂。他並不把國家與政府分別出來,以爲政府擁有最高的絕對的主權。這個主權是賦予立法團體的,卽包括君主在內的國會。同時,布拉克斯登相信天賦權利說,他以爲國家最初的目的,是保護個人安全,個人自由,和私有財產等權利,這些個人的權利,不是天賦自由的剩餘,便是天賦自由放棄而後,國家認可的公民自由。佩帶武器,呈訴冤怨,以及傷害時向法庭控告等權利,都是他提出來的附帶權利。

布拉克斯登盛譽英國憲法,稱之爲君主的,貴族的,民主的三種要素的一個完全混合體,而且深信英國的政治自由和公民自由,亦幾近乎完全了。他以爲英國的政制是"調和聯合得這樣可羨,甚至沒有什麽可以危害或傷害它了",除非立法權和其他各權的均勢,是進於消滅。布拉克斯登太滿意於當時的情形,而不懷疑於不合新環境的舊概念。在他的著作裏,並不提及內閣,政黨制度,或國務員的責任。他所主張的皇家特權的思想,完全是古舊不堪的;他所信從的議院能代表一切有產人民的學說,證之於當時新興工業都市無代表列席衆院的事實,完全是謊謬無稽的。

布拉克斯登的著作,包涵很多的深邃實在的學問,正如邊沁所說,是教法律學講學者式的話,和紳士式的話的。同時它是注意形式而不注重實質的,他對於一種曾未實現的制度之辯護,實爲半世紀內法律進步與政治進步的屏障。在政治學說史上,他的著作所以能佔一個重要的地位者,完全是因爲他的著作成爲邊沁的"政府論"(Fragment on Government)一書攻擊的目標的緣故。由於邊沁的著述,以及奧斯丁(Austin)的著述,他的淺薄的法律哲學,是不堪地解體了。

此外還有一種歌頌英國憲法的著述,爲瑞士法學家得羅爾謨(Jean de Lolme 1740-1806)[1]的著述,他因爲他的政治著述觸犯了瑞士當局,曾被迫而移居外國。在他被逐的時期內,他仔細研究英國政府;他的書雖然缺少遠大的眼光和科學的精神,但對於英國政制之所以優良的原因,卻有許多敏銳的觀察。他的著作與布拉克斯登的英國法律釋義(Commentaries)以及休謨的英國史(History of England)共同供給當時政治哲學家對于英國

1 見他的 Constitution de l'Angleterre (1771), 英文版(1772)。

憲法的觀念,而喬治第三與政敵競爭時的政治作品,也大爲採用。

得羅爾謨覺得自由的祕訣,是在君權與民權的憲政的均勢。他着重司法獨立,出版自由,政黨政治,以及民政高於軍政的價值。他覺得英國的陪審官的制度,與無罪赦免的令狀,與大陸制比較起來,格外值得贊賞。他對於內閣與內閣大臣的重要,却沒有注意到,而且他對於民衆並不信任。在他看來,一個平民至多祇能消極的參加政府的事務。由於這個觀點,他對於盧梭所主張的自由須靠每個公民直接參與立法的學說,下了一個嚴烈的抨擊。得羅爾謨深信無組織的和無知識的羣衆,是不能治理的,所謂總意者,事實上就成爲政治家和大的利益團的意志。他以爲自由之最好的保障,是適當地平衡的政治方法;他似乎太偏於視政府爲機器,而視個人不過爲無生氣的附屬物了。

當英王喬治第三的政策,爲全國人民所不滿的時候,盧梭的學說在英國開始發生影響了。尉爾克斯(John Wilkes)在其North Briton一書和別一書 Junius Letters 的匿名著者,即表示當時英民對於自由的要求。因此盧梭天賦人權與人民主權的個人主義的學說,大受英人的歡迎,特別是受新教的民黨(Whigs)的歡迎,他們自然對於政府的干涉是懷疑的。普利斯特利(Joseph Priestley 1733-1804)[1]謂人類是平等的,都有平等的天賦權利,一個人沒有他自己的同意,决不能受治於人的,因為政府係建立于契約之上,有了契約,個人自由遂放棄而代以參加立法的權力。所以人民是主權主體,而個人天賦權利如被侵佔的話,他們便可反抗。而且,政府對於人民的行為,必須干涉得愈少愈好,尤其是在商業上,個人的自動開創比國家行動更為可取。亞當斯密有許多思想已由普利斯特利預先道破了。一國人民大多數的幸福,即是判定政府之成功的標準。邊沁"最大多數最大幸福"之說,就是從普利斯特利氏那裏得來的。普利斯特利遵循盧梭的學說,深信人類的完全性,敬仰理智,以為理智能造成將來的黃金時代。

潑徠斯博士(Dr. Richard Price 1723-1791)[2]也同普利斯特利一樣:是一個著名的新教徒。他為

1 見他的 Essay on the First Principles of Governmnent (1768)。

2 見他的 Observation on the Nature of Civil Liberty (1776),及他的 Additional Observations (1777)。

美國革命所感動。不過他不提及功利主義的理由,而把全部的思想都根據於抽象的權利,特別遵循洛克與孟德斯鳩。他相信自由是靠直接的人民自治的政府;人類是天生自由的,平等的;如果人民的自由或財產,有被剝奪的危機,他們就有革命的權利來拒抗。他對於政府亦持一種個人主義的觀點,深信政府應限制其活動,祇及於某種特定的目的。他不及普利斯特利那樣樂觀,而偏于布朗(Brown)的英國之增長的奢侈爲退化的標記之學說,他用人口的減少的謬誤的信仰,來證明他這個學說。

普利斯特利和潑徠斯在美國革命時代表民黨的態度,Gloucester的教務長塔克爾(Josiah Tucker 1712-1799)[1]則代表皇黨(Tory)和英格蘭的觀點。他代表他那階級的排外成見,仇視玄學,和堅決的膚淺的國家主義。他不耐煩盧梭所謂高貴的野蠻人和自然世界等學說。他以爲人民主權即是暴民政治,並謂人民改革政府的權利,必引起殘暴與無政府的狀態。他雖然否認美洲殖民地有革命的權利,但同時却相信一切殖民地都是無用的,

1 見他的 Treatise on Civil Government (1781)。

以爲英國如能放棄一切附屬地,則英國必能節省金錢,而免去政治上的腐敗。他贊成自由貿易政策,以爲各處殖民地卽使與英國沒有政治關係,他們爲本身利益計,亦必與英國通商貿易。

雖然在美國革命的時候,自由思想在英國有極大的進步,雖然英人的意見起初有贊成法國革命運動的趨向,但是法國民主的流弊;和拿破崙戰爭後的反動精神,却阻止了這種趨勢,而使白克[2]的守舊學說,在英格蘭耀武揚威至二三十年之久。

參考書

J. K. Bluntschli, Geschichte der neueren Staatswissenschaft, 328-333.

A. De Tocqueville, The Ancient Régime, Book III, Chs. I-III.

W. A. Dunning, Political Theories, from Rousseau to Spencer, 46-57, 65-81.

L. Gumplowicz, Geschichte der Staatstheorien, 248-264.

N. Isaacs, "The Schools of Jurisprudence," in Harvard Law Review, XXXI, 373-411 (Jan. 1918).

P. Janet, Histoire de la science politique, II, 478-508, 520-572, 635-682.

2 見以下本書第四章第六節。

H. J. Laski, Political Thought in England from Locke to Bentham, Ch. V.

The Letters of Junius: (Woodfalls ed., rev. and enl. by John Wade, London, 1900-1902; fisst printed 1771).

E. J. Lowell, The Eve of the French Revolution (Boston and New York, 1900), Chs. XVI-XVII.

J. Morley, Diderot and the Encyclopedists.

H. E. Sée, Les Idées politiques en France au XVIIIme siècle (Paris, 1920).

J. Small, Biographical Sketch ot Adam Ferguson (Edinburgh. 1864).

L. Stephen, English Thought in the Eighteenth Century, II, 209-217, 305-328.

G. O. Trevelyan, The American Revolution (2d ed., London and New York, 1899).

H. J. Laski, Political Thought in England from Locke to Bentham, Ch. V.

The Letters of Junius (Woodfall's ed., rev. and enl. by John Wade, London, 1900-1902; first printed 1771).

E. J. Lowell, The Eve of the French Revolution (Boston and New York, 1900), Chs. XVI-XVII.

J. Morley, Diderot and the Encyclopedists.

H. E. Sée, Les Idées politiques en France au XVIIIme siècle (Paris, 1920).

J. Small, Biographical Sketch of Adam Ferguson (Edinburgh, 1864).

L. Stephen, English Thought in the Eighteenth Century, II, 209-217, 305-328.

G. O. Trevelyan, The American Revolution (2d ed., London and New York, 1899).

第四章

美法革命的政治學說

(一) 美法兩國革命的性質

美國革命前五十年間,美洲殖民與英政府駐殖民地的代表,不斷地發生政治的糾紛。不過,種種爭議,都是限於地方的與個人的,所爭的問題,無非是擴張選舉權,罪犯入口,發行紙幣,和征收土地稅等等問題;並沒有引起嚴重的敵意,這是一則因爲殖民地人民都信任英政府的公正,二則因爲華頗與華頗的繼任者都竭力周旋其間,不使母國與殖民地發生對抗的事情。

喬治第三恢復王權的野心,致引起英格蘭舊日統治的貴族之傾覆,而採取嚴厲的殖民地政策。

英國國內對於君主的反抗,都是袒護殖民地的案件,因此,王權的恢復,與維持鎮壓殖民地的威權,成爲關係密切的一回事。這次衝突的發靱,是由於英政府欲執行通航條例(Navigation Acts);是項條例,殖民地人民本多憎之不願的。尤其是新英格蘭(New Fngland)的商人,他們與非洲及西印度(West Indies)通商貿易,早已很獲利益。英政府發行"補助狀"(Writs of assistance)或"搜查證"(Search Warrant),以緝獲嫌疑貨物;這種行動殖民地人民都視爲係不列顚國會非法擴張權力。

不過實際的衝突,還是起於英政府強迫殖民地人民付稅,以支持加拿大駐軍的一部份費用。一七六五年所通過的印花稅條例(Stamp Act),就是這種政策的開始的表記,而殖民地方面,"納稅而無代表權實屬苛政"的呼聲,也由之興起。殖民地人民以爲祇有他們殖民地的議會,才有征收內地稅的權利;于是對於英帝國政府的性質和國會的權力,發生了許多不同的意見。後來印花稅條例取消,而代以殖民地的輸入稅,但是也被殖民反對,並且繼之以殖民地同盟抵制英貨。英政府派兵赴美,強制執行其政策,遂引起殘暴,苛法,乃至戰爭。

當時殖民地各州，都成立了州政府，而又召集了一個大陸會議。於是其開始不過是一種解除痛苦的要求，而戰爭的結果，卒至殖民地宣告獨立而統一。

美國的革命，極引起歐洲各國的注意，尤其是法國。法國的君主及其大臣，深痛七年戰爭的恥辱，對於英國政府這次的困難實抱着幸災樂禍的態度，所以竭力贊助美人的革命，並且予以實力的援助，使美人得到獨立的勝利。法國的政治哲學家，以爲美國革命不啻是當時流行的學說的實際應用。這一羣接近自然的人民，根據他們的天賦權利，推翻了一個舊的政府，而又依據他們自願的同意，建立了一個新的政府。美國人所取以辯護他們行動的理論，都是法國思想上所常聞習見的；因此遂使法國的革命思潮，有了一個強大的激動。

當時法國的政府亦日趨於破產，牠對於美國革命的援助，更促進了其本國國是的進行方向。杜爾閣與芮克（Necker）的財政改革是失敗了，因爲貴族與僧侶不願負付稅的義務，而反對他們的改革。當時提出了各種改革的計劃；最後至一七八九年召集了從前的三級會議（Estates General），這個會議自行宣言爲代表法國國民總意的國民會議;取得政權,進行改革國政。把各種特權盡行廢除,頒佈了一個精密的權利法案,並且爲法國制定了一個新憲法。

不過革命的火燄日益增高,不久即非這班當初發軔的穩健份子所能駕馭了。革命思想的傳佈於民衆,尤其是巴黎的民衆,遂造成無政府狀態,而使激烈份子突然得勢。君主的處死,共和國的建立,執政府的試驗,以及拿破崙的開明專制,都相繼出現。在這個時期內,制定和頒佈了好幾個成文憲法。這種計劃,採自美國,而又受當時對於法典和基本法的一般信仰的促進,後來不久即遍佈於歐洲各處。所以,成文憲法的性質和其產生的方法,便成爲當時政治學說上重要的問題。

一七九〇年法國開國民會議莊重地宣言說:"法蘭西共和國誓不再作侵略之戰爭,并永不再用暴力,剝奪人民之自由"一七九三年格里瓜(Abbé Grégoire)提出一種國際法宣言的計劃,作爲一七八九年人權宣言(Declaration of the Rights of Man)的附錄。這個計劃包含許多關於國際正義的高尙的思想,亦即代表早年法國革命理想的精神.

不過,鄰國君主對於恢復法蘭西王國的努力,以及他們對於法國革命理論傳入其本國的恐懼,卒至引起全歐的戰爭。這裏,革命已證實其理論的虛僞,而法國卽實行其侵略與征服之道,到了拿破崙帝國時代,可說是已達到了極點。英國起初是取中立政策的,後來却成爲歐洲對法大同盟之領袖,而把法國新得的領土,重新剝奪下來。在這些戰爭的時候,國際法的基本原理,尤其是海洋法,是完全被英法兩國所破壞了,而中立國的商業,也都被摧殘了。這種情形,激動了主要的海上中立國美國的反抗,卒引起一八一二年的戰爭。拿破崙戰爭終結後的維也納會議,以守法的原理爲根據,並不顧到民主主義與民族性等有力量的勢力,並且,充滿着反動的精神,一直延至十九世紀爲止。

(二) 美國革命的政治學說

美國革命的政治學說,並沒有作成什麼有系統的文章。有的也不過種種小册子,演說辭,報紙上的討論,議決案,和憲法而已。美國革命的擁護者,並不是頭腦冷靜的哲學家,而都是革命政綱的倡導者。在鬥爭的初期,殖民地的理由,大部分都是憲法上的,都是關於殖民地與母國政府的法律上的關係。他們向君主請願,他們根據他們的憲章,他們根據從前承認的課稅自主權,他們根據英人應享的傳統的權利,來反對國會向殖民地課稅的主張。到後來他們的理由,漸漸依據於當時天賦權利,社會契約等普通學說;於是他們的理由不復着重英國人民應享的法定權利這一點,而着重殖民地人民不可讓與的人權這一點了。有些人說,君主已經破壞了他與人民所訂的契約,所以他們的反抗是正當的。又有些人說,社會契約的本身已經被破壞,社會已恢復到自然世界的狀態。因此,美國人民應得建立一個新政體。

殖民地人民的政治思想,大部份是吸取英國十七世紀歷史上的先例,和那時的革命黨所發揮的學說。彌爾敦(Milton)西烈(Sydney)赫林頓(Harrington)和洛克等所主張的天賦權利説,社會契約説,人民主權説,和革命權利説,都是常常被他們引用。格老秀士(Grotius),蒲芬道夫(Pufendorf),和華德爾(Vattel)等的思想,因為是着重自然法,所以也很受他們歡迎。當時也有幾個激烈的思想家,提出與英國尼微拉派(English Levellers)相像的共產主義的思想,但照一般而論,殖民地的理論都是英國很早就有的思想。不過殖民地獨立以後,這些理論,在他們建設程序裏,實際應用的時候,他們制定的政治制度,比英國所可有的更爲民主。法國的激烈思想對於美國的影響是很微的。孟德斯鳩研究英國政制而得的學說,很受美國人的歡迎,有些還被訂定在美國政治制度裏。盧梭的思想到不大受人注意。

殖民地人民所提出憲法上的理由,以爲英國國會沒有向殖民地課稅的權利。他們以爲他們應該直接服從君主,因爲批准他們的憲章的是君主,而不是國會;他們以爲他們自己的議會,在殖民地的地位,與國會在英國的地位相同。有些人把國外的課稅與國內的課稅,加以區別,而謂國會可以限制殖民地的貿易,但不得在殖民地內課稅。還有人這樣說,殖民地人民本是英國人,除非國會裡有他們的代表外,他們是不能受國會課稅的;現在殖民地在國會裏既然沒有代表,所以祇有殖民地的議會,才得在殖民地課稅了。

殖民地人民所提出憲法上的理由,也有弱點;[1]

1 C. H. McIlwain教授在他的 The American Revolution (1923) 一書裏,對於殖民地憲法的理由,大有議論。

他們誤以爲英國政制的君主與國會相對的關係，還和舊日一樣，不知道國會的權力已在那裏大大地增高。他們所主張的國會代表制的學說，也是一種未成熟的學說，因爲當時英國方面議員的產生，是根據階級制度，而不像殖民地方面根據人口的，所以英國大部份的人民，在國會裏並沒有代表，這種沒有代表的人民，其數目之大，正不下於殖民地的人口。殖民地人民最初所提出法律上的理由，[1]在奧替斯(James Otis)，亨利(Partrick Henry)等的演說辭裏和約翰亞丹(John Adams)，[2]詹姆斯威爾遜(James Wilson)，[3]霍布金(Stephen Hopkins)，[4]布蘭德(Richard Bland)[5]等的著作裏，以及維基尼亞州議會(1765)的議決案裏，與印花稅例會議的權利宣言(1765)裏，都可以找出種種的例子來。

與這種根據憲法的理由一同發生的，還有種

1 最初在1644年匿名刊發，一本小册子題名爲 A. Declaration setting forth How, and by what Means, the Laws and Statutes of England, from Time to Time, Came to be of Force in Ireland 的裏面，提出否認不列顛國會對愛爾蘭的立法權是同樣的憲法原則。

2 見他的 Works, IV, 1-177。

3 Considirations on the Nature and Extent of the Legislative Authority of the British Parliament (1774)。見 B. Wilson 所編 (Phila., 1804)，第三冊，199-246。

4 見 Rights of the Colonies Examined (1764)。

5 見 An Inquiry into the Rights of the British Colonies 1766。

種根據抽象的天賦權利說而出發的理由[1]。根據憲法的理由,弱點百出,已如上述,而這些根據抽象的天賦權利說的理由却是異常精密。這些理由,包括普通的信仰如下:在原始的自然世界裏,人類是"自由的和平等"的;政治社會的建立,是由於自願的同意,其目的是在增進公共的幸福;個人所有的權利,政府不得干涉;最高的主權在人民;而政治腐敗的時候,人民便有革命的權利。所謂人類天賦的與不可分的權利,通常的解釋是指"生命,自由,財產和幸福的追求"等權利。此外,普通又要加上信仰自由,言論自由,以及由陪審官"審判罪犯須有公平與迅速的保證"等權利。他們又都主張"凡能充分證明其對於地方有永久的共同利益,而發生關係者"[2]都有選舉和就官的天賦權利。保障個人的自由與財產,既爲政府的最大目的,所以對於政府不應該舉辦的事,比之政府應得舉辦的事,更加注意,政府的干涉是大家都不贊成的,他們以爲個人應享有大量的公民自由。

1 John Wise 的 Vindication of the Government of New England Churches 的流行,給予這些思想一個鼓勵,是書新版本發行於 1772 年。

2 Virginia Declaration of Rights.

人類既然生來就是自由的和平等的,所以除自願的同意外沒有什麼權威可以強制他們順服。因此政府的基礎是放在被治者的同意上的。一切立法,特別是課稅一項,必須根據那些服從法律的人民的同意,因此"納稅而無代表權,就是苛政"。主權是出諸人民的,雖然當時對於"人民"這兩個字,到底包括那些人在內,並沒有清楚的說明。美國的學說,和十七世紀奧色斯的學說一樣,也是把廣大領域裏的主權人民,視爲團體的集合,而不視爲個人的集合。這種思想和當時的各邦權利說,與後來的聯邦原則,有密切的關係。政府權力的執行者爲人民的代理人,而對人民負責。他們如果濫施職權,或侵犯人民的天賦權利,人民卽可隨時罷免他們。革命是愛自由者的責任,也是愛自由者的權利。

殖民地人民所主張的天賦權利說,在獨立宣言(Declaration of Independence)裏說,得最爲明白。其餘如各殖民地議會的議決案裏,及初期各州憲法裡所定的權利法案裡,也有類似的記載。在一七六一年的時候,奧梯斯就已提出革命的學說了。[1]

1 見他反對 Writs of Assistance 的演辭,又見他的 Right of the Colonies Asserted and Proved (1764) 和他的 Vindicaiton of the British Colonies (1765)。

篤肯生(John Dickinson)[1]撒母亞丹(Samuel Adams)[2]約翰亞丹(John Adams)[3],詹姆斯威爾遜(James Wilson)[4]和哲斐遜,(Jefferson)[5]等輩,對於當時的哲學,也發表過明晰的意見。

糾紛初起時,美洲方面,很少人反對君主政體,而且並沒有多少獨立的願望。美國當時的學者,也和英國方面的學者一樣,都以為英國政制,是世界最好的政制,布拉克斯登在殖民地方面有很大的影響,奧替斯和約翰亞丹二人,都熱烈地贊美英國政制的長處。共和政體的情緒,是由戰爭的激動而產生的,尤其是受佩因(Thomas Paine 1737-1809)[6]的著作的影響。佩因竭力攻擊君主政體和世襲的貴族制度。他把君主當作浪費而無用的傀儡看。他蔑視君權神授的思想,並且說一個誠實的

1 Letters of a Pennsylvania Farmer (1768)。

2 Rights of the Colonists as Men and as British Subjects; Natural Rights of the Colonists,見 Cushing 所編的他的論文集 (1908)。

3 Thoughts on Government (1776)。

4 Considerations on the Nature and Extent of the Legislative Authority of the British Parliament (1774)。

5 Summary View of the Rights of British America (1774); Virginia Declaration of Independence (1776)。

6 Common Sense (1776); The Foresters' Letters (1776); The American Crisis (1776-1783)。關於 Paine 對於法蘭西大革命的思想,見以下本章第六節。

人,比從來一切加冕的強徒要有價值得多。在他看來世襲制度是選擇統治官吏最荒謬的一種方法。他促進殖民地人民宣佈獨立,他的理由是:殖民地人民如果承認順服英國君主,外國决不會幫着殖民地出來調停的。後來美人對於君主政體與貴族制度的態度,對於普通選舉的着重,對於獨立的思想,實大半是受了佩因的影響。

佩因又攻擊英國政府的性質,批評孟德斯鳩所頌揚的制衡原則。他以爲政府的職能,祇有兩種:一是法律的創制,一是法律的執行;所謂司法的執行,不過是執行權的一方面而已。對於這一點,他同美國諸領袖的思想不同。他相信英國政制,沒有成文的憲法,是其最重大的缺點,至於政府所依據的成訓和習俗,不能稱爲正當的憲法。美國成文憲法的創制,與平常立法的步驟不同,他以爲是政治制度上開新紀元的進步。在佩因看來,最好的政府也不過是一種不可少的罪惡而已。所以政府的職能的範圍,應該竭力加以限制。人類的權利,比之政府所給與的任何實惠,更爲重要。

當時美國的意見,並不是一致贊成反抗的。也有許多忠臣,反對革命,有的是以利益爲立場,有的是爲個人的原由,有的是根據政治的原則。 皇黨的觀點以維其尼亞州教士部社(Jonathan Boucher 1738-104)[1]的著述爲代表。 部社的理論,大體根據非莫(Filmer)的君父論(Patriarcha)的。 他以爲政府係上帝所創造,君主係以神權治國。 他不承認政府是罪惡,反之,他視政府爲幸福的淵源。 生來平等和人民主權等思想,他最爲痛恨。 他相信民主政治卽等於無政府。 而固有的權威應該受人民的服從。 在他,革命的權利似乎是可惡的理論,是由反叛之父琉息斐(Lucifer)而來的。

(二) 美國的文典和憲法

美法兩國革命的時期,產生了許多重要的政府的文典, 這些文典, 實爲當時政治哲學的結晶。在美國方面最重要的,有:獨立宣言,殖民地各州議會的議決案,各次大陸會議的議決案,各州的憲法,聯盟公約(Articles of Confederation),和聯邦憲法等。在這些文典裏面,關於種種個人自由的說明,實都是依據英國大憲章(Magna Carta),權利請願書(Peti-

1 見他的 View of the Causes and Consequences of the American Revolution (1797)。

tion of Rights), 權利法案(Bill of Rights), 人身保護律(Habeas Corpus Act), 及其他類似的文典的傳襲;再加上從洛克的不可讓與的天賦權利說蛻化而來的個人自由的主張。獨立宣言當時公認爲公民自由與革命權利的經典文字。

把這些文典當做政府的組織大綱看,則頗似克林威爾的政府條約(Instrument of Government)。殖民地的特許狀,也曾充作各州的成文憲法;而社會契約說已爲"政體的建立應本人民的公約"這種觀念立下了一個哲學的基礎;美弗羅爾公約(Mayflower Compact),和康湼狄格的根本法令(Fundamental Orders of Connecticut)都早已應用這種民約的觀念。美國的各種憲法,卽代表人民有意識地,精審地創造一種政府體系的企圖的第一次的成功,也就是把政治哲學的原理制定在法律裏面的嚆矢。國家基本的文典,須由一個特別的代表團創制,而又須經人民正式的通過,這種思想,是這個時期最重要的一種貢獻。當時對政府的專制所感受的恐懼,遂引起美國的民主主義,在他們的政府上又加上了一種基本法的限制,這種基本法非普通的政府所能任意更改;而且又使一種權列法案成爲這種基本法律的一部份,以保證他們的自由。

美國的成文憲法,不僅是代表發源於英法的政治理想,而且也是代表由特殊的美國社會制度所產生的幾種原理。社會情形和經濟狀況的一般的平等,封建習俗的不存在,以及教會組織的自治制度,都是決定美國政府理想之性質的重要因子。所以君主政體和權族政體,以及官吏任職的世襲原則都是不許的。他們竭力計劃採取制衡原則,以防免政府機關的越權包辦。他們把政府視作一種不可信任的僕人,常常置於懷疑的地位,而無處不需要限制。其中特別可怕的爲行政權,而最高的信任則委之代議國會。普遍選舉和縮短官吏的任期,亦經規定爲防止暴政的保障。強大的常備軍是認爲危險的,所以有軍政隸屬民政的規定。反對中央集權而着重地方自治;遂使聯盟結合的困難,由這種態度而更深一層。

破壞的革命的理論是極端民主的,但到了實際應用的時候,却加上種種的限制。選舉和做官,大概都要財產的資格,最好還要不動產;這樣一來,所謂政治的"人民",顯然是祇限於少數人了。有許多州還規定宗教的資格,排斥天主教徒或無神論者做高級官吏,就是一個例子。為要防免教會與國家的聯結太密切起見,教士們大概是不准做官的。大批奴隸人口之存在,並不算為與天賦平等說不符,婦女選舉權則簡直沒有聽到[1]。

美國的文典極受歐洲哲學家的深切的研究。在英國方面潑徠斯(Richard Price)[2],謂美國革命開了世界史的"新紀元。在法國方面,多半是由於傅蘭克林[3]的影響,美國的思想傳佈得很快,思想家如杜爾閣(Turgot)馬百里(Mably)龔多瑟(Condorcet)和彌拉波(Mirabeau)等,都對美國的思想加以十分的注意[4]。有許多法國人,有的還是出身貴族的,在戰爭時幫助美國人作戰,回到法國以後,就熱心宣傳美國人的自由與平等的觀念。拉發夷脫(Lafayette)把美國獨立宣言,加以解釋,而為法

1 英國 Godwin 的夫人 Mary Wollstonecraft 在她的 Vindication of the Rights of Women (1792) 中,提倡女權。

2 見他的 Observations on the Imporance of the American Revolution (1777)。

3 Franklin 把獨立宣言,各邦憲法,以及其他關於美洲事件的文字,譯成法文,傳遍法國。

4 John Adams 在他的 Defence of the Constitution of the United States (1787-8) 和他的 Discourses on Davila (1790) 二書中,答辯那些批評美國制度的學者。

人留着發表類似的人權宣言的餘地。這個時期法國人的許多著作,表示出他們對於美國事情的注意。

在歐洲人看來,美國革命是宣示自由的曙光。就是在德國方面,政府和智識階級也都與殖民地表示同情的,這個當然一部份是因爲嫌惡英國,和雇傭的海斯軍隊。美國人的演說詞與文典,德國的報紙都廣爲刊佈,由美國回去的海斯人,都很熱心於美國的情形。美國權利宣言的思想,備受歐洲人特別歡迎。共和政體的形式,應用在人口這樣多而土地這樣廣的國家裏,完全與民主政體宜於小國的政治格言相反,遂引起很多的討論。革命的理論在法國傳佈之迅速,以及十九世紀初年在歐洲各處所見的對於成文憲法與代議國會的一般的要求,大部份是受美國革命思想的影響。一七八七年爲了創設一個新的美國聯邦而召集的非列得爾非亞會議(Philadelphia Convention)和他們所草成的文典,以及聯邦論叢(The Federalist)

1 例如,Clavière 和 Brissot 的 De la France et des États Unis (1787);Abbé Raynal 的 Observations on the Government and Laws of the United States (1785), Mirabeau 的 Considerations on the Order of Cincinnatus (1785);及 Marquis de Chastellux 的各卷旅行記.

裏面對於聯邦原則的討論和發揮,對於法國一七八九年的三級會議的召集,是直接有影響的。

(四) 法國革命的政治學說

在法國也和在美國一樣,自盧梭的著作以後革命的哲學的發揮,大半都是在政治的小册子上,激烈思想都匿名發表;貴族僧侶和縣令等都竭力擁護舊制度。很多學者相信他們能夠用純粹的理智,解決社會問題和政治問題,祇要別人肯放棄他們的成見。討論的中心點不外乎三級會議的召集,封建流弊的革除,和法律手續的改良等。書鋪的戶檐踏穿了,閱報室開設了,英國式的政黨俱樂部成立了。海覆山倒的小册子在巴黎分發,數量之大,甚至印價倍增。卽以一七八八年年底數目而論,爲數也有幾千之多[1]。

一七八九年春季所見的種種陳情表(Cahiers),似乎比較的穩健些。這些都是地方選舉區所提出的疾苦的說明和改革的建議,目的在使三級會

1 特殊的題目爲 Plan for a Matrimonial Alliance between Monsieur Third Estate and Madam Nobility: Te Deum of the Third Estate as it will be sung at the First Mass of the Estates General, with the Confession of the Nobility。

議有種種遵循的方針。固然這些陳情表的內容差異很大,往往所論的是各地的流弊,然而也有幾個相同的要點。如待遇不等與征稅過度是共鳴的不平;自然法哲學及其所信仰的社會契約,人類權利,和人民主權等,也是這些陳情表中所常常提起的。農民們的陳情表大部份是關於社會改革和經濟改革的要求,僧侶們的陳情表是專論他們自己的事情的,貴族們的陳情表則集中其注意於施政綱領。不過,各階級都贊成一個新政體之建設;有些時候,派選的代表常受着不成立憲法即不討論改革細目的囑付。

他們希望要建設的政體的要點,大概都是同意的。君主應該照舊存在,但君主的立法權應付之代表全國的國會。不過三級會議的代表應採取分院表決制,或一院表決制,則為爭執最烈之點。君主的行政權,應由各大臣執行,各大臣則對民事裁判所或三級會議負責。三級會議應不時開會,而定期表決賦稅。各省應成立省議會,而施行廣大的行政權,法庭手續應從簡單,而被拘犯人應加優待。法律應纂成法典,也是常常所要求的。

改良派的政治思想,西耶士(Abbé Siéyès 1784.

1836)[1]的那篇名著,就是最好的代表。他攻擊僧侶與貴族的特權,而謂構成人口大部份而經營全國一切有用事業的第三階級,應得享相當的政權,西耶士相信國家是個人自動聯合其分意而組成總意的結合,這是他遵循盧梭的政治哲學之點,他和盧梭不同之點,即他以爲在大國裏面,也可由代表全體人民的代議上來表示國民總意。

國家建設的正當步驟,爲召集國民會議,草就成文憲法。是項基本法不能束縛主權主體的人民,因爲人民舉行第二次大會時,便可提出修改;然而照基本法的規定而成立的政府,則必須受基本法的限制。在三級會議的正當組織發生糾紛時,西耶士在當時所寫的小册子裏,主張第三階級的代表,另開會議,而組織全國制憲會議。全國制憲會議這種思想在美國早已見諸實行,西耶士用透澈的見解,詳論由特別制憲會議表示人民主權的學說,這在政治思想上,確是有價値的貢獻。三級會議改作制憲會議的實際步驟差不多是依照他所提出的辦法的。

1 Qu'est-ce que le Tiers-État? (1788),又見他的 Essai sur les Privilèges (1788)。

成文憲法的學說，龔多瑟(Marquis de Condorcet 1743-1794)[1]言之更詳。龔多瑟熟悉美國的實施，而完全相信由制憲會議制定成文文典以表示國民總意。他以爲應用唯理的哲學，能夠成就完全的政制，而獲得個人天賦權利的完全保證。他以爲人權宣言應包括在憲法裏面，而修改的條文也應在憲法內載明，并且規定國民大會得自動召集。他以爲前代的祖先，不能約束後代的子孫；每一代應自行决定其政制的性質。他批評美國的制衡制度，說是對於國民總意的自由的和直接的表白干涉太甚。

盧梭以爲遠古是人類的黃金時代而文明祇使唯理制度進於罪惡和腐敗；龔多瑟的意見却與盧梭這種思想相反，他抱着樂觀的歷史見解，確信變遷是有利益的，而人類發展的路程是使人類向前進步的。在他看來，美法兩國的革命，是應用人類理智所得的進步的例子。他對於歐洲大事之進行，實有先見之明，例如自由思想之蔓延，美國的地位之日漸重要，商業上的禁條之廢除，以及歐洲

1 見他的 Plan de Constitution (1788)，又見他的 Esquisse d'un tableau des progrès de l'esprit humain (1795)。

的勢力之擴展至亞洲和非洲,這些都被他預測到。

(五) 法國的文典和憲法

法國革命也產生了許多偉大的文典和憲法。三級會議開會之前,拉法夷脫,西耶士,龔多悉和彌拉波等公表了很多權利宣言的範本。法國有許多領袖,也像美國人一樣,都相信他們所主張的政治哲學,應成爲他們基本法的一部份。有許多陳情表都訓飭三級會議擬定一種美國式的民權保證書;拉法夷脫曾竭力唆使法國議會,效法美國人準備他們的天賦權利說明書。僧侶們以馬洛伊(Malouet)與格里瓜(Abbé Gregoire)爲代表,都反對這種見解,他們的理由是:法國的情形與美國不同,政制與法律的改革,比不能實現的玄妙的平等說,更爲緊要,而義務書應當與權利書同樣着重。

然而人權及公民權宣言書(Declaration of the Rights of Man and of Citizen)終於在一七八九年草就了,而且來也歸入憲法裏面作爲憲法的一部份。是項宣言,直接仿照美國的權利法案,不過較爲精密,較爲正確,並且較爲有條理而已。它着重自由也比了着重平等爲甚,且把自由和民主主義混在一起。結果,主權在民的絕對權力,實際上對於自由發生了不少的阻礙。法國人覺得世界都注意着他們,他們"一七八九的原則"將賡續生存至不少年代。這個宣言對於歐洲政治思想的影響,誠是很大。

法國第一次的成文憲法,產生於一七九一年。這個憲法,採取盧梭的主權在民說;孟德斯鳩的制衡原則;西耶士的委主權的行施於代議士的手中,與憲法修改須經過繁複手續的主張。君主是仍舊保留的,但使一個獨院制的議會成爲實際的統治團體。歷代延用的省界,都經取消,而重新以人爲方法,把法國分作許多地方區域;每個地方區域,都有廣大的自治權。選舉權是有限制的:注重財產的資格,採用間接選舉制。

議會裏面政黨糾紛的產生,戰爭的暴發,德國君主干涉法人內政的企圖,以及巴黎民衆增長的勢力,卒推翻穩健份子的統治,而助長了主張共和政體的領袖們的勢力。至一七九二年,第一次憲法由立法機關一紙命令,即行廢止,並不顧及修改的法定手續;而和平共和黨(Girondist)制定了一種新的文典,這個文典極受龔多瑟和佩因的影響。

不久雅各賓黨登台,是項草案亦卽廢止,君主判處死刑,共和新國以是成立。立憲元年(1793)的憲法把選舉權推廣至一切成年的男子,而年選的獨院議會,操有政府的實權,但議會的一切法令,人民都有否決權。這次憲法放棄了分權原則,採用了直接民治。行政權付諸一個對立法團體負責的委員會。這個憲法雖經人民投票追認,但從未發生效力;國民公會不依照憲法的手續,而以一紙令文,卽把牠宣佈暫停,其理由則謂法國垂危,在戰爭尚未終止以前,政府必須取革命的步驟。

迨一七九五年軍事上已大獲勝利,於是國民公會重行着手編訂憲法,頒佈了一個較前守舊得多的文典。權利法案的許多條文,都經删去;選權的財產資格,實行恢復,重新採取了分權的制度;設立了一個兩院的立法議會;行政的事務則由一個獨立的,中央大權的執政府(Directory)來執行。在執政府和繼起的拿破崙帝國時期內,根據政治學說而制憲的事情,已形停止。這時期內通行的文典是根據"皇帝代表法國人民治國"的學說的;而一八〇〇年的憲法,大半由西耶士設計,祗稍行修改以迎合拿破崙的意思,實爲圖謀一個有實效的中央集權政制之極靈便的計劃。此後拿破崙成立世襲的帝國,重樹貴族新制,革命的哲學似乎完全朦混不淸而復舊的理論便佔了上風。

(六)英國對於美法兩國革命的反應

英國方面對於美國革命的政治意見,甚爲分岐。有許多民黨人物,覺得殖民地人民,反抗喬治第三和英國方面爭獲英人的權利,是同一戰線。他們對於自然權利與革命權利等理論,表示誠心的同情[1]。他方面皇黨則擁護君主,視美國革命黨人無非是對於英王的反叛[2]。就大體而論,殖民地人民所提出的關於不列顛帝國的性質,代議制度與課稅權利等憲法上的議論,在英國方面,並沒有得到多大的贊助。不過,仍有許多人覺得英政府的殖民政策,雖曰合法,實屬苛政,也有許多人反對以武力來壓迫美人。這種觀點,當推查塔姆(Chatham)伯爵庇得(Pitt)和白克(Edmund Burke 1729-1747)[3]的著作及演說,爲最好的代表。

1 見以下本書第三章第四節 Priestley 和 Price 的學說。

2 見 Samuel Johnson 的 Taxation no Tyranny (1775)。

3 見他的 Speech on Conciliation with America (1775),和他的 Speech on American Taxation (1774)。

白克研究國家,也和孟德斯鳩一樣,不根據哲學,而根據歷史。他着重經驗,反對武斷。他不同情於社會契約說,以爲社會契約說誤解國家爲一種人造的結構。他[1]覺得國家是一種有機的生長,牠的淵源已久,它的根基可追溯至遠古。它是過去,現在,及未來的人類間之"聯合"(Partnership),他也不贊成自然權利的思想,他以爲自然權利說把社會裂成一盤散沙的個人,造成無政府的現象。白克最初的事業,是以政論家的態度,仿傚包林布羅克的文體,諷刺自然法哲學,他相信社會得由抽象的人類理智去改造。白克相信事實,不相信學理,他以爲理想必須應用於實際情形,而施用於實際政治,俾發生效果,他承認政治必須以便利爲立場;同時他設法使便利的,與公正的和正當的相符合。在他的實際政治理想背後,有一種形成人事的神明(Divine Providence)的神祕信仰。

白克的政治思想,雖然是極爲守舊的,但他的實際行爲却處處顯出一種對於自由主義的努力。在民黨與喬治第三抗爭的時候,白克爲民黨中最

1 見他的 Vindication of Natural Society (1756). Godwin 的 Political Justice 頗受這書的影響。

能幹的代言人;他對於愛爾蘭,印度,美洲的意見,表示出他政治的機敏。他反對合法與合宜相混,他以爲無論國會的法定權利如何,它的殖民政策終不能說是對的。他相信美洲殖民地人民之成功,對於維持英國人的自由,至爲重要。白克的治理殖民地的學說,和待遇附庸人種的理論,實超過他的時代半世紀。不過,雖然如此,他的最大旨趣,還是在維持秩序與穩定。他確信改革的步驟,必須應用立法的手腕,按着事情的趨勢,緩緩前進的。他并不信任民衆;他的理想是國家應由擁有土地的貴族階級所統治,使財產得以安全,國教得受人尊敬。他察覺英國的憲法,是一種慢性的自然的進化,深信英國憲法比之任何人定的文典要好得多了。它的制衡的制度,它的自由與權威的調和,以及它的代表各種階級和各種利益,似乎特別是有價值的。[1]

所以白克是一個極端反對法國革命的人[2]他反對法國革命之擾亂秩序及其酷愛抽象的理論,

1 見他的 Causes of our Present Discontents (1770)。

2 見他的 Reflections on the Revolution in France (1790); Appeal from the New to the Old Whigs (1791); Thoughts on French Affairs (1791)。

其攻擊宗教制度,并其企圖消滅法國的過去而加以重新建立的主張。他擁護法國的貴族政體,鼓吹英人仇視法國的過激思想。他污辱盧梭的著述,謂爲"白紙黑字的人權";法國革命的人權宣言,不啻是"無政府的綱領"。白克抨擊平等,民權,革命權等學說。他以爲人類生來是不平等的,而最適宜於公共職能的人們,當然是統治者。義務之重要不下於權利,而義務之於人,不問其同意與否,總是應該盡的。人類自呱呱墮地,便跳不出國家的範圍,便應盡尊重國家的制度與國家的威權的本分。國家的存在,是在供給人類的需要,而不在保障人類的權利,所以最適合於這個目的的方法,就是正當的方法。國家必須把它視爲一種施行必須的調劑與調和的實際機關,而不是一種純粹理智的抽象觀念。白克堅說各國根據其本國的歷史和成訓自有其特殊的民族天才;任何模仿他民族的企圖,或採取以理論的武斷爲根據的新計劃,都可預料其失敗的。他預料法國的民主主義結果必致成爲獨裁政治。

白克重視研究實際政制的價值,主張有效的改革之演化的性質,這是他對於政治思想的貢獻。

和他同時代的學者,沒有一個對於政治生活的繁複,有他那樣的充分瞭解。他的缺點就是在他對於固有制度的崇拜,和其輕視思想的價值不知思想實爲激進進步者。他不知道他所贊美的許多政制,已都是陳腐不堪的了。他的態度,表示在他下面的一句話裏面:"我們畏懼上帝——我們敬仰君主,我們愛護國會,我們順服官吏,我們崇拜牧師,我們尊重貴族"。白克爲英國復古哲學的代表,這種哲學在恐佈時代,和拿破崙戰爭後,遍佈歐洲各地。在他的歌頌熱情,和幻想人類邏輯的理智方面,他是屬於德國的黑格兒薩維尼(Savigny)和法國的麥斯特(De Maistre),波那爾(Bonald)一派的

法國革命的初期,英國民黨的領袖,非國教的大臣們,和英吉利的詩人,都說這種運動是對的,他們幷相信歐洲大陸將見啓明與自由的新紀元。英國成立了一種革命會社,福克思(Fox)輩都贊許革命領袖的行爲。法國革命的過激思想,在英國贊助者爲佩因——一七八七年由美歸國——高德文,和瑪金叨斯(James Mackintosh)[1]等。

佩因發表袒護法國革命的文字,[2]與白克答

2 見他的 Vendiciae Gallicae (1791)。

1 The Rights of Man (1791)。第二卷1792年出版。

辦。白克力持成訓之延續與國家之繼續生長,以爲國家本身的統一,比其個人份子的利益,更爲重要。佩因則謂各時代的事,都應歸各時代自已處理。各時代沒有尊重舊制度法律的義務,如果舊制度舊法律已成爲牽累或不合的話。他仔細地分別白克所不能分辨的國家與政府的不同。國家,他以爲是人類天性和需要的必然結果,但政府則是一種人爲的創造,是爲約制人類的罪惡而成立的。政府很容易落在歹人之手,或形成霸占的權力。所以,他以爲現存的政治制度,不是神聖不可侵犯的,就是最好的政體,在他看來,不過是一種不可少的罪惡而已,因此,政府的活動,應予限制在最小的範圍內。

佩因以爲國家所根據的契約,是一羣平等的個人間的契約,不是如白克所說的,治者與被治者間的契約。凡人民同意的正當組織,必須採用共和政體與成文憲法。君主,教士,和狡詐的戰爭經手人(Diplomatic War-mongerers),都是人爲的和危險的產物。佩因竭力擁護人權宣言的自然法哲學。他相信人類是自由的平等的,人類都有安全,自由,財產等自然權利,而且一切權力都出自人民。

他力謂國家之成立係爲人類，政府應爲人民的公僕。政府而組織正當，則進行改革，或能獲得相當的善果。在"人權論"(Rights of Man)的第二卷裏，他提出一種實際的建設的政綱，裏面包括強迫教育的實施，救貧法的改革，和國際聯盟的計劃。

高德文(William Godwin 1756-1836)[1]是一個哲學的無政府主義者，他不願與國家妥協。他以爲一切政府，卽使不受迷信和暴君的牽累，也都是不必要的。他有一種求正義的熱情，以公用事業爲正義的解釋，確信在正當的教育和制度之下，人類是可以達到完全的。他覺得使人類愚蠢而卑賤的社會制度，是一切罪惡的淵源。如果人類是有知識的話，一切強制力的需要，就會雲消烟散的。所以高德文並不注意當時社會契約和自然權利等論爭。他以爲在現有的蠢惡情形之下，某種威權是必要的，但是這種威權，應以地方爲本質，且其活動，絕對應以保持和平與秩序爲限。高德文尤其憎惡國家富有和國家光榮等野心的經營，因爲這是使政府可以施行廣大的權力的。

高德文又攻擊私有財產制度，以爲財富的不

1 見他的 Enquiry Concerning Political Justice (1793)。

平等,是和人類天賦平等的原則相反的。他相信人類智力的進步,能使財富與財產的弊病,以及法律與政府不公平所發生的罪惡,統統自動地消滅。高德文的著作,實爲各種思想的混合物,包括柏拉圖與謨耳(More)的烏托邦,十八世紀的自然法哲學,以及與產業革命同時並起的功利主義和個人主義的思想。他的學說,雖然爲大陸思想家[1]所採取,但在英國並不著名。在英國,他的影響大部份由其兒壻雪萊(Shelley)的著作而發生;雪萊是一個詩人,他的渴求人道的熱情,和反對壓迫的忿恨,是受高德文的感化的。

因爲拿破崙戰爭,把法國革命的精神,從革命的理想主義,變成了侵略的帝國主義,所以英國人對於自然法和人權的同情,就沒有了。佩因和高德文的過激思想與烏托邦思想,對於戰爭危急的國家,情勢不合;於是白克的保守主義,便代表了一般的國民性。法國一七九二年國民公會的命令,攻擊一切君主國的政制,而以戰爭的要挾,推翻所有的君主國,建設共和國;這個令文引起英人的大驚。路易十四的處死,使英人胆戰心裂,民黨不敢

1　尤其是聖西門和普魯東。

側擊,卽福克思那樣的人,也以爲這是內殘與不公正的行動。結果,英國一切圖謀改革的企圖,都無聲無息了。貴族的領袖們,深恐其和思想的深入人心,故對於每種擴大選舉的建議,或改革國會的提案,都加以抑制。因爲恐懼革命,所以國會通過排斥外人的法律,限制討論的自由,而嚴懲反對法律的人民。

同時,由於經濟變遷而產生的產業都市,和新興的實業階級,一經反對保守的態度,和地主貴族的統治。雖然實業家不是哲學的理論家,對於高德文和雪萊的無政府主義,無所用處,但他們絕不容忍布拉克斯登所歌頌的舊制度和拙劣的法制。他們希望實行自由貿易取消法律幹涉。他們的要求政治自由,是他們商業放任論的結果。這種觀點,以邊沁的學說[2]爲代表;在滿切斯達學派的信條裏,和十九世紀中葉的改革運動裏,便見其發展完全。

參考書

J. E. Acton, Lectures on the French Revolution, ed. by J. N. Figgis and R. V. Lawrence (London, 1910).

2 見以下第七章第二節.

R.G. Adams, "Political Ideas of the French Revolution," in Nineteenth Century, XCII, 410-423 (Sept; 1922).

H. E. Barnes, "Sociology before Comte," in American Journal of Sociology, XXIII, 174-247 (Sept., 1917).

C. Becker, The Declaration of Independence (New York, 1922).

C. Borgeaud, Adoption and Amendment of Constitutions in Europe and America (New York and London, 1895), Chs. III-IV.

H. N. Brailsford, Shelley, Godwin and Their Circle (New York 1913), Ch. I.

I. Brown, English Political Theory (Lodon, 1920), Chs. VI-VII.

C. D. Burns, Political Ideals, Ch. VII.

I. H. Clapham, The Abbé Sieyès (London, 1912).

F. W. Coker, Readings in Political Philosophy, Ch. XIX.

W. A. Dunning, Political Theories, from Rousseau to Spencer, Ch. III.

R. Flint, History of the Philosophy of History (Edinburgh, 1893), 325-339.

F. J. Giddings, "Sovereignty and Government," in Political Science Quarterly, XXI, 1 ff. (Nov; 1906).

W. Graham, English Political Philosophy, 88-173.

W. B. Guthrie, Socialism before the French Revolution (New York and London, 1907), Chs. VI-VIII.

C. D. Hazen, Contemporary American Opinion of the French Revolution (Baltimore, 1897).

D. P. Heatley, Studies in British History and Politics

(London, 1913), Ch. II.

G. Jellinek, Declaration of the Rights of Man and of Citizens, trans. by M. Farrand (New York, 1901)。

A. H. Johnson, "Alexis de Tocqueville and the French Ravolution," in Nineteenth Century, XCII, 410-423 (Sept., 1922).

H. J. Laski, Political Thought in England from Locke to Bentham, Ch. VI。

E. J. Lowell, Eve of the French Revolution, Chs. XVI-XXII.

J. MacCunn, the Political Philosophy of Burke (London, 1913).

C. H. McIlwain, The American Revolution (New York, 1923).

C. E. Merriam, The Political Theories of Thomas Jefferson," in Political Science Quarterly, XVII, 24-45 (March, 1902).

C. E. Merriam, A History of American Political Theories (New York, London, 1903), Ch. II.

C. E. Merriam, "Thomas Paine's Political Theories", in Political Science Quarterly, XIV, 389-403 (Sept., 1899).

H. Michel, L'Idée de l'État (Paris, 1898) 89-104.

J. Morley, Edmund Burke (London, 1898).

J. Morley, Critical Miscellanies, II.

H. Niles, Principles and Acts of the Revolution in America (Baltimore, 1822).

H. L. Osgood, "England and the Colonies", in Political

Science Quarterly, VII, 440-469 (Sept. 1887).

A. K. Rogers, "Burke's Social Philosophy", in American Journal of Sociology, XVIII, 51-62 (July, 1912).

L. Rosenthal, America and France (New York, 1882)

G. L. Scherger, Evolution of Modern Liberty, Chs. VIII-XII.

A. M. Schlesinger, "The Colonial Merchants and the American Revolution," in Columbia University Studies, LXXVIII (1917).

H. E. Sée, Les idées politiques en France au XVIIIme Siècle (Paris, 1920).

A. Seibel, "Thomas Paine in Germany", in Open Court (Jan., 1920).

J. A. Smith, Spirit of American Government (New York, London, 1907), Ch. II.

L. Stephen, "Thomas Paine," in Dictionary of National Biography.

M. C. Tyler, Literary History of the Americon Revolution (New York, 1897).

第五章

唯心倫理的政治思想

(一)唯心論的政治思想之一般性質

唯心倫理派的思想,在柏拉圖和亞里士多德的著作裏,已有其根本的基礎了。他們以爲政治哲學本來就是一種倫理的研究:這種研究把國家看作一種自然的社會,而探究其求得道德準則的方法。他們以爲:人類天生是政治社會的一份子;國家的目的是道德生活的聯合;法律是純粹理智的表現;善良生活卽係各人各盡其社會生活中應盡的義務。

在十八世紀的末葉和十九世紀的初年,德國產生了一種政治哲學,把這種唯心倫理的政治思想,加以發揮;而十九世紀晚年,在英國方面,又把牠加以擴展和修正。兩國提倡是項學說的人,都是佔有學術地位的學者,與實際的政治生活似乎沒有什麼關係。他們從盧梭的"道德的自由是人類的特質"這個觀念出發,研究國家和這個道德的自由的關係。道德的自由是指個人自決的權利,和決定自課的職分之命定的責任而言。這個說法可以發展成爲消極的自由之個人主義的學說,置國家的地位,次於個人的自由,如康德的主張;也可以發展成爲積極的自由之國家主義的學說,認國家爲自由意志所產生,爲社會道德之最高的表現,如黑格兒的主張。而從前希臘人對於自由的重視,及其同時對於個人在社會生活裏應循分盡職的主張,却可作這兩種結論任何一種的護符。

德國的唯心論哲學,是十八世紀後半期啓明運動(Aufklärung)之唯物的唯理主義的反動。洛克,休謨,和費古生等的影響,造成認人類的歷史與人類的制度爲一種必然的順序的概念,即認人類的歷史和人類的制度爲人類理智的表現。人類都是平等的,都擁有各種天賦的權利。國家的存在是由於人與人間相互訂立的契約,組織國家之最大目的,即在消滅不合理的原素,剷除迷信,并應用邏輯的思想,以臻於至善之境。虎而培的著述,和開明君主的各種政策,都可算是這種觀點的代表。這種觀點竭力尊崇知識,誇耀人類的文明和進步的成績。它期望着人類由其自已的思慮的和理性的努力而來的人性和社會制度的達於完美之境。

這種態度,極受盧梭的駁斥;盧梭以爲藝術與科學是道德淪喪的淵源,而要求返於自然的淳樸。他不依據人類的智識,而依據人類的道德性質,來定人類的價值,他着重情感,而不着重理智。他以爲祇有善良意志的情操,才有絕對的價值;國家的目的即在求公共意志的實現。盧梭又抨擊唯物主義,而承認宗教是心靈的事,不是頭腦的事。他的思想在德國發生極大的影響,康德自認其對於理智,進步,和常人等態度,都受盧梭的矯正。所以德國對於唯理主義的反動,其所取的形式,不是英國的白克和邊沁所代表的那種經驗的功利主義,而是一種神秘的唯心主義,把人類的理智,作一個批判的考察,并且尊重更高一層的真理,而不重科學的知識。他們把由觀察現象而發現的真理,和由抽象思想所達到的眞理,加以明顯的區別。在這個歷程裏,政治學說就成爲超絕的形而上學的一部份了。康德,斐希特,洪保德(Von Humboldt),和黑格兒輩的著作,就是這種觀點的代表。

(二)德國的唯心論者

康德(Immanuel Kant 1724-1809)[1]並沒有參加過實際的政治,但對於美法兩國的革命,却感受深切的興趣,并對於英國的政治情形,很爲注意。他對於政治思想,並沒有新穎的貢獻。他的政治原理,大率採自盧梭和孟德斯鳩,他的著作,即在把他們二家的思想,配合在他的批判哲學的範疇之內。他對於分析基本的概念,比探討政治和行政的實際問題,更有興趣。德國全國的採取康德哲學,對於自由思想的提高,對於代議制度與全國統一的促成,都很有幫助。

康德以爲人類天生是自由的平等的,國家在原則上係代表一種契約,由於這種契約,各個人的

1 康德的政治思想大部發表於他的 Metaphysical First Principles of the Theory of Law (1796) 英譯者 W. Hastie; 和他的 For Perpetual Peace (1795). 英譯者 M. C. Smith. 又見他的論文 The Principles of Political Right,和 The Natural Principle of the Political Order。

自然權利,遂放在全體人民的保證之下。他否認社會契約是一種歷史的事實,祇是一種理想上的懸揣。主權是在全體人民;人民的公共意志,就是法律的來源;公正的法律,就是全體人民可與以理智的同意的法律。憲法的成立,即代表建立國家,和表示公共意志的歷程。國家的職能,爲立法,行政,與司法;立法權與行政權的分立,是爲自由所不可少的。

國家有獨裁,貴族,和民主的不同;政府有專制與共和的區別,專制與共和政體的區別,全在分權原則的應用與否。人民的權力,可由選舉的代議士來代表,也可由一個君主與一羣貴族來代表。康德雖承認人民的公共意志就是主權者,但當時普魯士的情形却使他持調和之說,以爲理想上的主權,爲人民之公共意志,事實上主權之行使則可操之君主政體。他的哲學上的理想與實際之分別,免不了引起多少混淆。他的理想上的國家,成於人民自願的同意,國家的主權,表示在抽象法內,來自全體的意志。他的實際上的國家,則是歷史情形的結果,以武力與理智爲依據,其主權則操之有實權者的掌握中。康德祇惡殘暴與擾亂,且驚心於法國革命之過度的殘酷,於是否認革命的權利,而謂憲法的修改,必須由主權者本身以合法手續進行之。

康德很少民族國家團結生活的思想。在他的思想中,最佔上風的是個人的自由意志。他想發現潛伏在道德,法律,和政治下面的各種抽象原理。這種原理,他覺得係在各個人之行施意志的權利與課定其自身限制的權利內。人類團體生活相互的限制,是由法律所課定,法律卽代表公共意志。這樣,康德便把威權與完全自由相調合了。自由根本是主觀的,個人的本身就是一種目的。理性人(Rational man)的最高價值,是康德哲學上的主要思想。所以康德對於國家的態度是個人主義的;國家決不應該決定公民之全部的生活。

康德對於國際關係也應用同樣的思想。他以爲歐洲的均勢制度,必不能成爲永久和平的基礎;世界上各國對於其國外的事務,沒有一國能完全獨立,完全不依靠他國。他倡國際聯邦之說,主張各國隸屬於一個國際聯盟,在這個國際聯盟之下,各國應受全歐公共意志的裁判。他以爲人類之應該立卽聯成一世界國家,實爲神意。欲救濟歐洲的無政府狀態,須有一種"由具有權力的公法所建立的各國都必須服從的國際權利制度。"康德相信經濟的條件,會迫着有理智的人去消滅戰爭。康德在世的時候,適值七年戰爭,與拿破崙戰爭的時候,兩次戰爭,德國都受到莫大的痛苦,這樣情形自然影響及他對於國際關係的態度。

斐希特(Johann Fichte 1762-1814)的唯心論的哲學和康德是一致的;他相信思想世界(World of Thought)比感覺世界(World of Sense)更正確地代表實際,這和康德也是同一意見。不過,他對於實際政治問題的興味比較濃厚得多;而拿破崙之蹂躪普魯士和當時跟着興起的民族觀念,對於他都是非常有影響的。在他早年的著作裏,[1] 他信從盧梭的自由的與個人主義的學說,側重自然法,個人權利,與人民主權。在他晚年的著作裏,[2] 則着重民族國家的重要,並主張擴大國家的活動,以達到一種國家社會主義的制度。

斐希特在早年的著作裏,發揮康德派的自由

1 Beiträge zur Berichtigung der Urteile des Publikums über die Französische Revolution (1793); Grundlage des Naturrechts (1796), 英譯者 A. E. Kroeger。

2 Der Geschlossene Handelsstaat(1800);Die Staatslehre(1813)。

理性人(Free, rational beings)的觀念,承認他們的自由,是受他人自由的限制,他們的意志,由社會契約結合而成爲一個公共意志,使法律所加於他們之自由活動的種種約制,可以成爲自課的約制。不過,斐希特否認政治社會以前的自然世界的觀念,以爲國家的本身,卽是人類的自然狀況。他把社會契約再分作三種懸程:第一種爲財產契約,在這個契約的條件之下,人類互相同意,限制他們在感覺世界內自由行動的權利;第二種爲保護契約,各人互相同意,供獻他分內的力量,以維持前一種的契約;第三種爲聯合契約,使全體聯合而成一個主權的國家,以執行前二種契約。除了保護個人權利而外,國家不應干涉其公民的自由行動。

在他晚年的著作裏,斐希特承認國家的威權,有較大的範圍,以爲個人的財產,如果沒有國家,便不得存在,國家的義務便在與個人以應得的,而保護其所有權。他受了德國政治情形和經濟狀況的影響,深信每個國家,必須在經濟上能夠自給。國家應該把其全部人口,分作農工商三種生產者,應該規定價格,應該擔保個人在其全國財富中應享的部份。國際貿易應盡力避免;卽使在必要的時候,也應由政府自已來舉辦。經濟獨立,他以爲是民族國家分立的自然結果。當時英人自由貿易的思想,於經濟未開發的德國不利,故斐希特竭力反對。他以爲合理的國家,必是一個經濟的單位,圈定在自然的地理的境界內,祇有在不可免的地方,方與鄰國發生關係。他以爲世界商業的野心和競爭,是戰爭的主要原因。他也和康德一樣,想望世界聯盟的最後理想,在這個世界聯盟內,每個民族所貢獻的文化,都能徧佈於全球。

斐希特深信每個國家,對於文明進步,應有其特殊的貢獻,也正如各個人在其國內應有其正當的地位與職業一樣。他覺得普魯士之所以不敵拿破崙的原因,卽在普魯士人民缺少政治的意識。據此,他設法喚起,[1] 其國人的愛國心,幷擁護德意志統一的理想,謂德國的使命,卽在恢復其國家的存在,與獲得世界領袖的地位。要達到這個目的,他鼓勵國家從事建設一種道德訓練與知識訓練的健全制度。

康德一方面主張人民主權說,一方面又要保存強有力的而不負責任的君主制度,這種周旋兩

1 見他的 Reden an die deutsche Nation (1807-8)。

兩說之間的調和論,就引起許多困難,斐希特對於這個使康德爲難的問題,却供獻出一個非常的解決案。他覺得基本法或憲法所代表的人民的主權意志,難免有被政府機關忽視的危險,所以他主張創立一個"護法團"(Board of Ephors),[1]"護法團"的唯一責任,即在決定憲法的是否遵行,而預備可以使人民於必要時得表示其主權意志的方法。如果這防免政府濫使職權的限制失敗的話,全體人民便有革命的權利,因爲人民是一切權力的來源,他們祇對上帝負責的。

德國唯心論的政治思想,在黑格兒(George Wilhelm Hegel 1770-1831),[2]的著作裏,是登峯造極了。康德的自由說,及其永久和平的理想,係受一七八九年法國革命思想的感動。黑格兒著書的時候,反拿破崙的聲浪已經高漲,而忠君愛國的思想亦已復興。所以,一般人對於國際道德,都置之度外,

1 注意斯巴達的 Ephors 制,奧色斯的 Ephors,以及 Pennsylvania (1776) 和 Vermont (1777) 最初憲法所規定的 Council of Censors。後來責成這些團體負檢閱憲法之有無受人破壞的責任。Pennsylvania 的 Censors 於一七九〇年取消;Vermont 則維持至一八七〇年;曾開會十三次而提議修改憲法者凡十次。

2 見他的 Grundlinien der Philosophie des Rechts (1821),英譯者 S. W. Dyde.

而民族國家的人格,其重要凌駕乎其各個個人之上,是昇騰到不可思議的高度了。

黑格兒的國家起源說恰與革命的人定契約的國家起源說相反,他以為國家是一種自然的有機體,代表歷史上"世界歷程"(World Process)[1]的一種狀態。他不承認國家是一種各有天賦權利,各有一份主權的個人的集合體,他視國家為一"眞實的人"(Real Person),國家的意志是至善理性的顯示——卽普遍的自由與個人的自由的綜合。個人祇有成為國家的一份子,才有實體(Reality);至善的生活,卽在遵照普遍的意志而生活。黑格兒醉心於古代希臘的理想,且受其"公民是為國家而存在"的理論的影響。他竭力要把內在的道德與外表的法律調和起來,藉以指明眞正的自由是在理智所主觀要求的之外表的實現。他相信要完成這步,祇有靠法律,靠道德的規則,和靠為正義而成立的全體社會制度。在這個範疇以內,國家是一切社會職能的調和者,佔着最高的地位。

1 第一次敘述這思想者為 Friedrich Schelling 在他的 System of Transcendental Idealism (1800) 一書中。

國家是一個法人,主權係在這法人的國家手中,而不是在與君主相對待的個人集體的國家的人民手中。不過,黑格兒以爲人格必須藉一個個人來表示;所以君主即成爲國家的人格的執掌者。因他重視君主爲國家的人格化,所以他的學說的直接效果,便是把他的國家主權說,一轉而把主權與君主混爲一體。黑格兒把國家理想化,而謂君主立憲政體比民主政體好得多。

黑格兒謂每個國家的憲法,應是歷史進化的結果,爭辯憲法的優劣,或圖謀創造一種憲法,都是無用的。他對於政府的分析,發現出三種權力:立法權,行政權,和君權;司法權則包括在行政權以內。立法行政兩權之分化,即代表有價值的"差別原則"(Principle of Diversity);君權則代表同樣有價值的"統一原則"(Principle of Unity)。立法部代表衆人;行政部代表少數人;君主則代表一人。這樣,君主,貴族,民主,三種原素便都很適當地聯合在一起。黑格兒反對分權的原則,他以爲君主與行政部,都應該參加立法,藉以保存國家意志之有機的統一。

國家對外的關係,黑格兒以爲每個國家是獨

立的,不服從法律,祇服從它本身的意志。他重視國際間各份子的完全的個性;以爲平常個人間的道德規則,決不能應用於國際關係上。國際間的契約只是臨時的。條約的目的,在求得國家的特種利益;環境一遇變更,條約便可無形取消。戰爭是國家不可免的,並且也不是完全沒有用的活動,戰事可以完成和維持國家的生存。永久的和平可引起內部的腐敗;勝利的戰爭,能免除國內的擾攘,而伸張國家的權力。一個奮勇,好戰,而肯爲國犧牲的,特殊的公民階級,是國家最所利賴的。

黑格兒和斐希特一樣,也相信每個民族都有其特殊的精神與文化,而各對於世界文明有其特殊的貢獻. 歷史的進步,便代表這種宇宙精神之逐漸展開;[1] 在每個時代內,必有幾個民族代表當時啓示的世界精神。黑格兒把理想的自由,當作國家生活所朝向的目標,於是覺得政治的進化,有四個階段:一爲東方的國家,在這種國家裏,祇有專制君主是自由的;二爲希臘的國家,三爲羅馬的國家,在這種國家裏,少數人是自由的;四爲德意志的

1 見他的 Philosophie der Geschichte (出版於他死後,1832年),英譯者 J. Sibree。

國家,在德意志的國家裏,一切人都是自由的。他把他本國在他那時的政制理想化,而稱爲人類進步的最高成績。他的國家人格說,和有機體說,促進政治研究之歷史的探討。

當時康德,斐希特,黑格兒輩所發揮的德國的政治哲學,固然拋棄天賦權利與個人主義,提倡國家神化,及國家活動之擴大;然而反對方面的趨勢,却在洪保德(Wilhelm von Humboldt 1767-1835)[1]的著作裏,宣露出來。洪保德採取國家由個人與個人間的契約所創立,而爲人類謀公共幸福的學說,但他却以爲國家本身並不是目的,祇不過是人類求謀其最高幸福的許多工具之一種。他重視個人之完全的發展的價値,以爲國家應使個人愈自由愈好。國家的活動,應限於剷除自由的障礙,和禁約國民間的衝突。國家不應從事於提高公共幸福的職責。國家的干涉必致抑制個人的創造力,而引起呆滯的齊一。國家祇應在防護外國的攻擊和維持國內的正義時,行使其職權。

1 見他的 Ideen zu einem Versuch die Gränzen der Wirksamkeit des Staats zu bestimmen (1792年出版了一部份,全書出版於1851年),英譯者 J. Coulthard, 改名爲 Sphere and Duties of Government (London, 1854)。

洪保德把以前許多思想家的學說溶於一爐。"彌爾敦排斥政府干涉公民的言論自由;洛克排斥政府干涉公民的物質財產;福耳特耳及很多其他學者,排斥政府干涉公民的宗教崇拜;重農學派和經濟學家,排斥政府干涉公民的工商業生活"[1]。洪保德的結論顯然與英國的密爾和斯賓塞所得的結論相類似。洪保德雖主張個人主義,重視個人的價值,他却並不信任民主主義或革命的權利。他的思想是對於他那時君父論的不負責任的官僚政治,所下的一種知識的和貴族的反動。在他晚年任普魯士文化教育總長的時候,他的政策顯然是和他早年擁護的原則相反了。

德國唯心論者的政治原理,都是根據純粹思想的概念,而不根據觀察與經驗。他們發揮意志的概念,認其爲政治的最終的原素。他們從法國革命的自由主義與世界主義出發,却向着反對的方向發展,傾心於民族國家的光榮,而迷信德人之神聖的使命。他們的心目中祇有威權,幷沒有自由。他們的思想,對於德人統一的要求,國家社會

1 W. A. Dunning 的 Political Theories, from Rousseau to Spencer, 153。

主義的生長,以及後來政治學家所持德國優越的侵略思想,給與一種明顯的推動力。

(三)英國的唯心論者[1]

英國的唯心主義的政治哲學,發生稍遲,而其由來則半自希臘的思想,半由盧梭和德國唯心論者的著作。其最好的代表著作,爲格林(T. H. Green 1836-1882),[2]布拉得烈(F. H. Bradley 1848-)[3]和鮑生葵(B. Bosanquet 1848-1923)[4]諸的著作。英國的唯心論大部份是牛津大學(Oxford University)的產物,在牛津大學裏,柏拉圖的共和國,和亞里士多德的倫理學,都是當作課本的,他們所着重的學說,便是人類天生是政治社會的一份子,國家是一種有意志的有權體,其存在的目的是在謀善良的生活。

盧梭意志和自由的道德觀念,經德國唯心主

1 依着年序,這點要討論英國的唯心論,因爲英國唯心論的學說和德國唯心論的學說是相聯接的。本節須在第七章以後重讀。

2 見他的演講 Principles of Political Obligation (1879-80),又他的演講 Liberal Legislation and Freedom of Contract (1881)。

3 見他的 Ethical Studies (1877) 書中"My Station and its Duties"章。

4 見他的 Philosophical Theory of the State (1899)。

義者的發揚,重視國家爲一種自然的有機體,爲公共意志的倉庫,以及一切權利的淵源,這種思想,爲英國唯心主義者所採取。不過,在許多方面,德國的學說都經英國的唯心主義者之修改。德人對於絕對君主政體的信仰,和忽視國際道德的傾向,都與英國的成訓相反。康德和黑格兒都不相信代議制度,不喜歡英國的政治制度。黑格兒的重視國家的尊嚴,與英人的酷愛自由,是不相容的。所以英國的唯心論者,其接納德國的學說,是有條件的;他們信從康德,不信從黑格兒;並且,他們從不忽視個人的權利與國家威權的限制。

英國的唯心論完全是對於功利主義派之樂觀的與唯物的個人主義的反動。[1] 它代表對於國家的一種重新信任;因爲繼着放任政策而來的窮乏與經濟壓迫,已使英人受極大的恐慌。它放棄了自由的個人和契約的權利等機械的觀念,而着重國家自然生長的有機性,並注重由政府機關所行使的集團的責任與統治的價值。它把政治學說視爲道德學說的擴大,而認國家爲個人權利的保護者,不是個人權利的仇敵。個人與國家之打

1 見以下本書第七章。

成一片，政治與倫理之聯結一起，便是這一派的基本學說。

格林的學說的出發點是：國家是一種自然的生長物，其目的完全是倫理的。所以個人的各種權利並不是訂立契約的結果；個人權利是自由道德意志的必需條件；由公共的道德意志結晶而成法律，這種結晶便是個人權利的代表。人與人間對於共同目的有了一種有意識的覺悟，便創造主權，主權卽是用武力來保證權利和保障自由的權力。國家除非是明白地違反一般公認的道德觀念而外，各個人都應無條件的順服。格林並不把這個學說推至一個極端理想化的不受個人權利限制的國家主權。他區別法律權利與道德權利的不同，深知法律所表示的道德理想，往往是不完全的。他主張國家的活動限於行使掃除自由的障礙的政策；他願意承認國家內部各團體的權利；他並且歡迎世界聯盟的理想，在這聯盟裏面，各國的權利將顯然地受限制。戰爭，他以爲是不完全的國家制度的一種不合宜的屬性。他以爲強迫教育，禁酒條例，和土地擁有制之國家管理，都是國家的正當職務。保障私有財產爲國家的重要義務。格林的政治哲學實即功利主義與新黑格兒派唯心主義之混合。

後來的牛津派的唯心主義者,比較傾向於黑格兒的國家觀,視國家自身即爲一種目的,有絕對的主權。布拉得烈視國家爲一種道德的有機體,它的意志即代表社會正義的原則。個人爲國家中之一份子,生長在國家中,其人格亦得自國家;這個人格即是國家制度與國家精神的結果。個人之道德義務,即在盡其在國家內的「應分職責,國家即是代表各個人全體之道德的意志的併合。因之國家是一種有意識的道德的有機體,由各個有意識的道德的各個體所結成。個人的意志集合而成民族的精神,以制度與法律爲其代表。

鮑生葵則更近於黑格兒派的學說,他把盧梭的總意,和視國家爲最終的道德體的玄學的國家觀,聯串起來,謂個人與社會是不會有衝突的。國家是一個有機體,自有其人格與意志,牠吸收個人的意志,而儼然爲一個"新巨靈"(New Liviatham)。因之,他承認更擴大而更積極的國家行動,政府的權力便有了強大的擁護。鮑生葵又相當地採納了黑格兒的學說,謂國家不能受個人道德的規則所束縛,更不能受其課諸國民的權利和義務制度所限制。民族國家的價值,及其特異的民族精神他也很爲看重。

也和在德國一樣,形而上的學說把國家的地位,遠超乎個人之上,視爲人類組織之最高的成績。這種學說加強了貴族政府和官僚政府的思想,擁護特權階級和有產階級,注重於民族的自我主義。英國唯心論國家主權說的實際效果,是拋棄個人主義的運動,而傾向於集產主義的運動[1],並傾向於從前理想的共產主義所轉形而成的國家社會主義的集產主義,要求生產,分配,交換等手段的國有。因之,便予中央集權,和國家職能之擴張,以及軍國主義,帝國主義等政策以有力的推動。和這種趨勢相對待,爲基爾特社會主義[2]——基爾特社會主義反對萬能國家,而贊成權力的分散——與多元主權論。

參考書

E. Barker, "The Discredited State," in the Political Quarterly (Feb., 1915).

1 見 A. V. Dicey 的 Law and Opinion in England (1905)。

2 見以下第十六章第四節。

E. Barker, Political Thought in England from Spencer to To-day (New York, 1915), Chs. II-III

J. K. Bluntschli, Geschichte der neueren Staatswissenschaft, Chs. XII, XIV, XVIII.

B. Bosanquet, Philosophic Theory of the State, Chs IX-X

B. Bosanquet, Social and International Ideals (London, 1917), Ch. XIII.

E. Caird, Essays on Literature and Philosophy (Glasgow, 1892), II. 392-442.

V. L. Chin, The Political Theory of T. H. Green (New York, 1920).

J. Dewey, German Philosophy and Politics (New York, 1915).

L. Duguit, "The Law and the State," trans. by F. J. de Sloovere, in Harvard Law Review, XXXI, No. 1, 40-144 (Nov., 1917), Chs. III-VII.

W. A. Dunning, Political Theories, from Rousseau to Spencer, Ch. IV.

W. A. Dunning, "The Political Theories of the German Idealists," in Political Science Quarterly, XXVIII, 193-206, 480-495 (June, Sept., 1913).

R. Flint, History of Philosophy of History (Edinburgh, 1893), 388-405, 496-541.

A. Guillard, Modern Germany and her Historians (London, 1915).

L. Gumplowicz, Geschichte der Staatheorien, 272-300.

W. Hastie [tr. and ed.], Kant's Principles of Politics

(Edinburgh, 1891).

L. T. Hobhouse, The Metaphysical Theory of the State (London and New York, 1918).

R. F. A. Hoernlé, "Bosanquet's Philosophy of State," in Political Science Quarterly, XXXIV, 609-631 (Dec., 1919).

P. Janet, Histoire de la science politique, II, 574-627.

H. J. Laski, The Problem of Sovereignty (New Haven, 1917), Ch. I.

I. MacCunn, Six Radical Thinkers, Ch. VI.

J. S. Mackenzie, Introduction to Social Philosophy (2d ed. rev., Glasgow, 1895).

C. E. Merriam, History of the Theory of Sovereignty since Rousseau (New York, 1900), 39-51, 90-96.

G. S. Morris, Hegel's Philosophy of the State and of History (Chicago, 1887).

J. H. Muirhead, The Service of the State (London, 1908).

D. G. Ritchie, The Principles of State Interference (3d ed., London and New York, 1902).

D. G. Ritchie, Darwin and Hegel (London and New York, 1893).

M. M. Waddington, Development of British Thought. (Toronto, 1919). Chs. II, IX-X.

W. Wallace, Lectures and Essays (Oxford, 1898), Part II, Nos. 1, 7-9.

J. Watson, The State in Peace and War, 112-146.

第六章

革命後之反動的政治思想

(一) 反動的運動之一般的性質

拿破崙初爲首席執政,繼爲皇帝,集大權於彼一人之手;這種舉動,實在是很爲當時法國一般人民所贊成的。他的軍事上的成功,使他備受那般渴望法蘭西之擴張的人們的愛戴;皇黨則希望他逐漸恢復舊秩序;而飽受許多年的革命騷擾和恐怖的人民,都抱厭亂之心,所以寧願在一人的統治之下,度昇平的日子,而不願在多頭的政黨之詭計百出,互相傾軋的騷擾的局面之下,過苟安的生活。法國自內部秩序恢復後,爲自利計,即進而向歐洲各國傳播自由。接受其革命的原則的國家,如荷蘭和瑞士,卽與交好,結爲同盟。反抗其革命的原則的國家,如普魯士和奧大利,卽加以征討。到一八〇〇年的時候,法蘭西共和國的疆土已達到其"天然的境界;"一八〇一年歐洲遂成息爭昇平之局。德帝國所派的分配領土的特別委員會,把歐洲中部的疆土,重行分配,消滅了德國數百的封建大城和自由都市,把教會的領土移讓給世襲的非教會的諸侯。拿破崙此舉之本來用意,原想減削普魯士和奧大利之勢力的,然而從此却伏下了德意志後來統一之機,這就不是拿破崙當時意料所及的了。拿破崙復轉而注意國內問題,整理法國的財政,改良法國的行政,并與羅馬教皇締結了一個宗教協約(Concordat),在這個協約內,承認天主教,恢復從前政教的密切的關係,於是教會便被利用,成爲一種有力的政治工具了。民法,刑法,商法等都經修改,纂成法典,而著名的拿破崙法典(Code Nopoleon)便遠播於歐洲各國。

拿破崙覺得和平使他在法國的地位不穩平。他的野心想做歐洲的大皇帝;其統制大陸和發展商業的努力,極引起英國的反對。一八〇三年戰事重起,英國與奥國兩國聯合,後來普魯士又加入他們的聯盟;海上的英格蘭與大陸的法蘭西雙方爭雄,不相上下,對持有十餘年之久。美國為當時首要的商業中立國,極受兩交戰國的損害。在這個時期內,拿破崙的政府,愈加專制,各種君主的理想,也重新復活了。歐洲所受的拿破崙的大陸封鎖政策的痛苦,和各國因受拿破崙的屈辱,而蒸蒸日上的民族精神,更有一日千里之勢,終於引起了歐洲的大同盟,合力擊敗拿破崙,而於維也納會議(1815),重行修訂歐洲的地圖。

維也納會議以英,俄,普,奥四國處領袖的地位,全會議的精神,顯然都是反動的,它的目的卽在戰勝國分割戰利品的贓物,並不顧及人民主權的理論,和民族性的新精神。它竭力主張重建歐洲的君主政體,並恢復法國革命以前的舊制度。俄,普,奥三國的神聖同盟(The Holy Alliance),是專為消弭此後革命的思想而組成的。英國對於它的極端反動的態度,和它所取的政策,幷不表示同情。它所企圖復活的重商主義原則,和英國的自由貿易政策,背道而馳,它所擁護的神權的君主專制政體,和英國有限的君主立憲政體的成訓,兩不相容。

法帝國主義的危險免除後,英國已經獲得很多殖民地的利益,於是轉而注重商業的發展和國內的問題,與大陸上的混沌的趨勢,便各異其方向了。

同時,反動的外交家覺得對於革命時期歐洲政制及思想所誕生的有幾種變革,不能置之不聞。拿破崙所宣告終結的神聖羅馬帝國,是不能恢復的了;德意志各邦的統一,或教會土地的收歸公有,也不能不實行了。拿破崙法典傳播於大陸各國,造成了一種更自由的法律制度。成文憲法的思想,已很普遍;各種憲章,或由君主以寬大的特許的形式,自動頒佈,或由各級人民與君主以契約的形式頒布,在許多國家裏都經實行。不過這種文典,都不是根據於人民主權的學說,也不包含任何天賦權利的保證。這些都是王家的恩賜;這種恩賜反動份子對之都想漠然置之,民黨份子對之則決定想代以更急進的文典。

神聖同盟以"上帝之萬世不易的宗教所指示的崇高眞理"爲標榜,在宣言上"公告全世界,謂其堅定的目的,在求其國內的行政上,及其與別國的國際關係上,除神聖的宗教教訓而外,不得有其他的規則;"這些都完全是代表反動運動的一種重要狀態。很多人都覺得革命時期的混亂,是唯理運動攻擊教會的結果。所以反動的政治哲學,當然是極傾於神學方面和玄祕方面的了。這種趨勢都被當時外交家巧妙而奸滑地利用,以撲滅自由思想。

在政治學說方面,反對革命時期天賦權利哲學的反動,有好幾派並起的理論。歷史學派攻擊其國家爲人力的創造,與政制得由意志定取舍的思想。他們着重無意識的生長的原素,視國家爲歷史發展的產物,不是個人間契約的結果。英國的白克,德國的薩維尼,便是堅持這種主張的。

超越的唯心主義者,雖從契約說出發,但不久便把契約的主張放棄了。他們所採取的立場是:國家的基礎不是人類之深思熟慮的有意識的選擇,而是道德的需要。他們的傾向是重視理想的與普遍的國家意志,而不重視獨立的個人意志。他們的絕對的哲學,和他們的國家的神化的發達,把個人的權利完全消滅。康德,斐希特,黑格兒,以及他們的信徒[2],都是這方面發展的代表。唯心

1 見以下本書第十章。

2 見 Fr. Schleiermacher 的 On the Idea of the Various Forms of the State (1814); J. J. Wagner 的 The State (1815); K. S. Zacharia 的 Forty Books on the State (1820-1832);和 Fr. Schmitthenner 的Principles of Ideal or Gerneal Public Law (1840)。

主義者把國家當作有機體看,這完全是他們的國家之人格與意志等概念的結果,這種國家有機體的觀念,受了生物學進化論的影響,便更進一步,後來又經孔德(Comte),斯賓塞(Spencer),伯倫智理(Bluncbili)和謝富勒(Shäffle)[3]等加以發揚廣大。

對於革命時唯理論的傾向,和無神論的趨勢的反動,便是強固的宗教學說的復活。此說謂人類的力量,不足裁定威權,國家的主權,純出神賜,非人力所能創造。此說以爲國家是上帝命令的結果,不是人類契約的產物。法國的麥斯特(De Maistre)和波那爾(Marquis de Bonald),和德國的史推爾(Stabl)都是取這種論調的。[4] 與此類似的,則爲君產說(the patrimonial theory)之復活,此說屏棄社會契約說,而謂國家的來源,係在個人與團體的財產所有權,這種理論爲瑞士的哈勒(Ludwig Von Haller)所主張。

以上各種學說,都傾向於守舊的國家觀。他們祖護威權,反對革新,側重穩定與秩序的價值,在英國方面,除白克及其信徒的守舊觀點外,又有

1 見以下本書第十一章。

2 見以下本章第三節。

比較更奮勇的功利主義派[1]，始自休謨，由邊沁與密爾諸發揮而廣大之。這派反對國家契約說；他們在法學上信從實證主義，在倫理學上信從功利主義。他們以爲人類之所以順服權威，不是因爲他們自願這樣，而是因爲他們覺得國家能爲他們謀最大的幸福。不過，這個學說的應用，並沒有造成守舊的和權威的態度，卻引起了個人主義的觀點，而努力於實際的法律改革和社會改造。

（二）美國的反動思想

在美國方面，革命後的反動運動，其所取的方式爲：要求對於無限的人民主權，加以限制，要求建立一強有力的政府，幷要求財產權的保障。當革命的時候，所需要的是一種批判的破壞的政治哲學，藉以辯護殖民地人民對母國的反叛。所以那時所着重的是人類權利與革命權利。把政府視爲一種，害物，其活動的範圍須限之至最低限度。對於行政權尤其是懼怕，恐怕牠流於專橫；對於人民主權說則無條件地接受。一般人都信任常年選舉制與權力之完全的分立。獨立宣言卽代表

1 見以下本書第七章。

這個時期的理論,其自由的成訓在哲斐孫領導之下,繼續維持下去。

美國在一七七六至一八八七年這個時期中所發生的事情,使革命理論引起很多的修正,而使另一種領袖當道得勢。那時所需要的是實際建設的治國之才,而不是過激的理論了。當獨立戰爭的時候,殖民地諸邦莫不同心協力,一致抗英,迨革命大功告成,聯合的精神便形消滅,所設立的政府,則位同傀儡,處處受各邦之牽制。這樣一種制度,既不能應付國外發生的嚴重困難,又不能救濟國內的經濟紊亂。各邦財政幾瀕破產,八年的戰爭造成了一個鉅大的貧困萬狀的負債階級,亟待救濟,加之紙幣的濫發,更使財政淪於山窮水盡之境,而社會革命的恐怖,因之以起。許多能幹的領袖,把當時的紛亂,都歸罪於民主主義的擾亂和放肆,都主張建立一更健全有力的,更專權的政府。他們特別地希望公共信用的恢復,債主階級的財產權的保障,和工商業的發展。這種觀點,在憲法上,在聯邦論叢(Federalist)的文字中,和在約翰亞丹與哈密爾敦的着作裏,都有表示。

1 尤須參閱他的 Defence of the Constitutions of Government

聯邦憲法規定負政治責任者之較長的任職期限,增高行政和司法的權力,並且在聯邦憲法中當初幷不包含任何權利法案。它修正分權的學說,使政府各部都有干預他部的權力。在聯邦論叢裏面,所注意的都是實際政府的實際問題,不是抽象的理論;天賦權利和民主主義等狂熱,絕無插足的餘地。他們所着重的是法律與秩序,而不是自由;對於財產權與自由權則相提幷重,加以討論。當時一般信從孟德斯鳩學說的人,力論民主政體祇適宜於地域小的國家,而不宜於大國。對於這種反對的論調,聯邦論叢答辯道:第一,古時的直接民主政體,因凡是公民都須直接參加會議,所以在事實上祇適宜於較小的境域內;近代的代議制度已打破這個難關,使民主政府可以管轄領土廣大的國家了;第二,在地域較大的國家,必有更多的機會,可以選擇賢能;第三,國家的地域愈大,所包含的利益團愈是多方面,一國所包含的利益團愈是衆多,則各方面彼此互相牽制,就不致有爲一方面或少數特殊的利益團所包辦的危險。聯邦論叢竭

of the U. S. (1787-8)、和他的 Discourses on Davila (1790);包含於他的Works內,輯者 C. F. Adams (Boston, 1856)。

2 見他的 Works, 輯者 J. C. Hamilton (New York, 1850)。

力贊成憲法上所規定的政府各部的相互制衡的關係,其理由是:絕對的分權是不可能的,而且各部彼此有互相控制的權利,實爲自由之最好的保障。他們更希望各邦權力與聯邦權力的平衡,作爲防止暴政之又一保障。

各州立法部的過度行爲,引起了一種對於從前無限地信任人民議會的反動。憲法的草擬者深恐衆議院議員率性的和狂猛的行動,故希望上議院(Senate)來代表"更穩健更尊貴的公民團體,"以防止盲撞的行爲。他們又希望行政權的獨立,以阻遏民情的狂潮。前此對於行政權的恐懼,和萬能政府危及自由的信仰,現在則代以穩定的有力的政府,爲自由的最好保障的信仰了。他們以爲從前的各種權利法案,都祇是倫理學論文中的格言而已,不適爲政府的憲法。

約翰亞丹在早年時代是革命思想最熱心的擁護者,但他受了美國後來的事變的影響,遂變成強力政府和貴族政治原則的勇猛的辯護人。他否認人類的平等,以爲財富,門第,和教育,創造出一種天然的不平等的貴族政治。他不相信直接民

1 注意他同時的 Edmund Burke 的哲學中,也有同樣的變革。

治政府,而希望一種精密的制衡制度,以限制民衆的權力。約翰亞丹雖承認人民是主權之最終淵源的理論,但他相信民治政府應加以限制與約束。他的計劃是:一個二院制的議會,一院代表人民,一院代表貴族;此外,加上一個強有力的行政者,爲兩者間的仲裁者。

哈密爾敦(Hamilton)對於實際的統治權應放在貴冑的手裏這一點,也持同樣的意見,並且他對於需要一個強有力的政府這一點,更爲毅力主張.他對於民主主義,是一個不妥協的反對者,以爲英國政府及其世襲君主政體與貴族制度,實是從古未有之最完美的政制。他提議一個終身職的,有絕對的駁議權的行政元首。最高法院有宣佈國會法律爲違憲的權力,便是哈密爾敦學說的一重要部份。他贊成選舉的財產資格,贊成強大的常備軍,贊成工商業的開發。哈密爾敦任財政部長時所擬的國債設計,關稅設計,和國家銀行設計,其心地裏是把財政的利益和聯邦新政府放在一起的。

美洲新興國在其憲法的發展上,和外交的政策上,都受歐洲事變的影響。從拿破崙手裏獲得路易斯安納(Louisiana)地方的機會,加強了聯邦政府的力量,而低抑了哲斐孫派從前贊成嚴格建立憲法的理由。在拿破崙戰爭的時候,美國的商業極受雙方交戰國政策的損害;法國駐美的機關,又竭力鼓動反對聯邦政府的中立政策。最後美國便非出本願地被牽入了戰爭,那便是一八一二年沒有結果的戰爭。戰爭以後,神聖同盟想把拉丁亞美利加諸共和國,恢復到以前的地位,使牠們附屬於西班牙與葡萄牙的計劃,和俄國在太平洋海岸的擴張勢力,致引起孟祿主義(Monroe Doctrine)的成立,其目的卽在謝絕歐洲人干涉美洲的事情,幷禁止歐洲人再到美洲大陸拓殖。這種政策英國很爲贊成,因爲她是反對神聖同盟的反動態度的,並且她與美洲各新共和國自由貿易,獲得不少利益。美洲新與國,由於她困難的國際經驗,由於她地理的位置,由於她的政治理想與歐洲各君主國的政治理想的不同,結果,使她對於世界的政治堅决地採取了閉關政策。目的在發展美國實業,以圖對歐洲經濟獨立的保護關稅政策,也卽代表這種觀點。雖則美國戮力開拓東方,並且把孟祿主義擴大,而成爲一種對於拉丁美洲的積極的侵略的政策,但對於歐洲的均勢所採取的避免牽入的原則,一直到一八九八年,和西班牙戰爭爲止,還是竭力遵守的。當時美國注全力於西進運動,以達到天然國界,幷注全力於開發天然的財源,和求工商業與都市的發達。

(三) 歐洲大陸方面的反動思想

因爲法國革命的反宗教的趨勢而反對法國革命的原則的政治哲學,其最好的代表便是法蘭西的一般天主教徒麥斯特(Joseph le Maistre 1753-1821),[1]波那爾(Marquis de Bonald 1754-1840)[2],和拉梅內(Robert de Leamennais 1782-1854)[3]等的著作。他們的理論,代表被放逐的貴族的觀點,和其他怨恨革命與教會爲敵,幷怨恨拿破崙利用教會,以遂其政治野心的人們的觀點。他們以爲所謂革命,祇不過是"無政府"的降臨;所謂人權,祇不過是君主的殺害,和貴族的被放;所謂理智的主權,祇不過

1 見他的 Essays on the Natural Laws of the Social Order; Primitive Legislation; 和 Theory of Political and Religious Powers, 包含於見的 Works 第一卷到第五卷 (第二版, Paris; 1817)。

2 見他的 Considérations sur la France (1797); Essai sur la Principe générateur des constitutions politiques(1814); Du Pape(1817)。

3 見他的 Essay on Indifference in Matters of Religion(1817-1821)

是教會的受迫。他們的目的,即在恢復君主政體,解脫教會之受國家的支配,而建立最高的教皇主權。他們追承鮑照(Bossuet)的學說,而謂一切權力都來自上帝。他們眼見政治上和宗教上都受了個人主義的騷擾,深爲恐惶,所以他們要把威權說與神權說重新恢復起來。他們重成訓與武斷,不重理智,深信國家的意志,應反映上帝的心靈,不應表現人類的學說。波旁君主政治的復辟,他們視爲是返歸於上帝的計劃,法國革命則視爲係背棄上帝的一種波瀾。

麥斯特相信應用人類理智,以搆造法律與憲法,是無效的。一切社會制度應按自然的環境,而逐漸發展;法律應代表累積的風俗與成訓。人爲的設計是不會如願發生效力的。民主的憲法不能使一國獨立的,人權的宣言也不能給人民以自由的。美法兩國的革命文獻,以及當時的成文憲法,都激起他的奚落,也猶之他譏笑當時對於政府組織的基本原理,與共通原理的流行信仰一樣。麥斯特也和孟德斯鳩一樣,相信各民族的法律,都應由他們特殊的環境中產生出來;他又憑着他淵博的歷史知識,搜集例證,以證實他的主張。

可是同時麥斯特的政治哲學,却大半是中古的與神學的。他深信君主政體對於教會和國家,都很重要,他擁護教皇的"完全無誤"與君主的絕對主權,以爲是代表上帝統治世界的計劃的靈和肉的兩方面。威權來自上帝;國家的存在,決不賴人類意志有意的選擇。人類是不自由的。祇有他們的行動與神的意志調和,才有成功之可能。以宗教爲依據的威權,便是當時罪惡的救濟;惟有羅馬天主教才掌有爲秩序的穩固基礎的統一,久遠,和威權;教皇必須擁有最高的主權。十九世紀教皇想賴以恢復其威信的教皇至尊論,卽以麥斯特的著作,爲其根據。

波那爾依據他的三一範疇——原因,中介,和結果,——討論國家。家庭,教會,國家三者每一個都表明(一)主權(二)奉行主權者意志的執掌者,和(三)服從者的三重原則。在國家裏面,主權出自上帝,而以君主爲其代表。主權者權力的代理人,便是貴族,貴族的職能,卽在當國。消極服從便是人民的天職。所謂天賦權利,實是欺人的夢想;不平等却是自然的法則。人類審愼周詳地創造

1 參照 Campanella(本書選文第九章,第五節)的三種範疇,和 Vico(本書原文十四章第二節)的三種範疇。

新制度,計劃新憲法,都是無用的。聖經和固有的成訓,都應該信從。變革實爲一種罪惡;宗教的一貫和政體的劃一,是爲必需。十七世紀的理論和煩瑣學派理論的權威的方法,其最後的偉大代表,便是波那爾。

拉梅內大部份吸取波那爾的理論,也反對當時的個人主義,而堅信以宗教爲基礎的威權。他特別疾恨拿破崙的利用教會以達到其政治目的;恢復君主政體以後,他又攻擊那主張教皇權力有限制的法蘭西舊教信徒的教國聯盟主義,因爲他相信其結果必致使教會居於附庸的地位。他的理想是以羅馬爲中心的教會帝制,其中教會係脫離國家而獨立的。波那爾和麥斯特二氏所最注重者爲國家,他們採取神權政治的觀點,以擁護君主;拉梅內與他們却相反,他對於塵世的政治,很少興趣。他所忠心的祗是宗教;他的唯一目的,卽在使教會解脫國家的支配。他本知道他不能得法國君主或僧侶的贊助,因爲在他們,教皇權力有限的辦法是互有益處的,後來他又知道教皇因爲有種種的政治關係,也不願採取他的策略,拉梅內遂轉而取較激進的主張[1],訴諸人民與教士全體,鼓吹良心的解放,與教育的自由。後來因爲受了教會的懲罰,他的思想遂愈形急烈,到後來竟成爲共產主義的理論[2]。

德國——瑞士法學家哈勒(Ludwig Von Haller 1768-1854)[3]對於社約說下了一個精密而有條理的攻擊,以爲它的天賦平等說,與人民主權說,應負歐洲騷亂的責任。他的著作是一種奇異的混合物:他的學說一方面是一種中古君產說的復興的形式,一方面對於社會的及經濟的勢力,却具有一種與孔德和英國功利論派的論著類似的科學的實證主義的態度。他對於德國政治哲學的玄學的唯心主義,尤爲仇視。

哈勒確信人類的天賦,不是平等的,實是不平等的;少數人是天生的統治者,其餘則爲天生的臣民。所以,威權非出自被治者的同意,而係出自上帝的恩惠所轉示的自然。哈勒以爲人類的結合,隱藏着無限量的關係,而支配及順服,即隱藏在這種關係之內。國家不過是這種關係的一種,與他

1 見他的 Progrès de la Revolution (1829)。

2 見他的 Parole d'un Croyant(1834); La Question du Travail (1848)。

3 見他的 Restoration of Political Science (1816 1834)。

種關係不過程度上稍有不同而已,並無種類上的分別。他戮力反對抬高國家爲神祕的實體,以代表最高意志的學說。他以爲人類之結合,以謀相互的利益,係出乎自然的;國家之所以與其他結合或集團相區別者,卽在其具有富足的財源和權力,能使其本身獨立。政治的主權是以一種天賦神賜的財產權爲依據,財產權之存在,先乎國家,並且爲國家的基礎。

哈勒深信國家祇有兩種可能的形式:一爲君主政體,一爲共和政體。前者是一羣個人伴着少數有權有能的人而結合的結果;後者爲一羣平權均能的人所聯合,而博取次等人的擁護的結果。兩種國家的形式都是自然的;至於何種國家的形式應該成立,則由其當時的財富分配和才能分配等條件決定之。君主政體的效能較大,而歷時亦較久,大概是由於土地的財富,軍事的成功,或精神的領導力而產生。君主政體的主權者,祇受道德,法律的約束,這種道德法律,哈勒認爲與神法相同。統治者的天職,卽在防禦國家的外患,增進國家的財富,以及提高宗教,科學,與藝術。哈勒的思想後由毛倫白利加(R. Maurenbrecher)的著述[1]承繼下去。

此外反對天賦權利哲學的學者,有法國的歷史家兼哲學家戴因(H. A. Taine)[2]。和德國的法學家史推爾(F. J. Stahl)[3]戴因謂法國的人權宣言,爲含糊而矛盾的武斷,祇宜於羣衆大會的演說,而不宜於實用;他深信革命的理論,其結果即破壞一切法律與秩序,而引起暴民政治。史推爾稱法國革命的理論,爲自然法之虛僞而謬誤的推斷。他的國家論,大部份是玄學的與神治的。他和德國的唯心論者一樣,也視國家爲有其本身的人格,但謂國家的威權,係代表一種道德的和知識的目的,牽繫人類,使成精神的一體,與天國相類似。

(四) 英國的教會與國家

十九世紀中葉,蘇格蘭和英格蘭的教會與國家間的關係,是最重要的一個問題,而且多少都與政治思想的反動趨勢和宗教權威的復興有關係。一八四三年蘇格蘭對於教會國轄制度的不滿,引起公然的反叛;而且有一部份強有力的人,以雀爾

1 見他的 The Ruling German Manarchs and the Sovereignty (1839)。

2 見他的 La Revolution (1378)。

3 見他的 Philosophie des Rechts (1829-38)。

謀斯(Thomas Chalmers)爲領袖,脫離了國家教會,而另行組織蘇格蘭自由長老會[1]。這一羣人追承教會與國家的分立說,謂兩個主權者各有其自己的領域。他們承認國家對於塵世事務的威權,但否認它對於靈界事業的支配。他們以爲教會自有其章程與組織,對於教務問題的處理,並不仰承於任何其他的上司。他們在遇有侵犯教會權利的時候,便反對君主至尊說,與國會主權說。

法庭否認自由教會的要求,其理由[2]是教會除國家所賜予者外,別無他種權利。他們否認教會有脫離國家而獨立的法律人格或主權,以爲教會在被國家建立以前,不過是一個默許的團體而已。所以,最高的威權實在國會,教會所享受的一切權力,都係取給於國會的法典。

英國許多主要的政治家,其所處的地位較爲穩健。他們承認教會爲一個獨立的團體,但以爲教會如與國家聯盟,而教義被認爲國家規定的禮拜,又接受國家的財產時,則教會便沒有權利可以決定其本身的資格。它的權利是完全割讓與國

1見 R. Buchanan 的 The Ten Years' Conflict (Edinburgh,1850)。

2見 Auchterarder 及其他。

家了。如果它對於國家的行爲不滿,則其唯一的補救辦法,便是宣告聯盟的終止。

在英國,對於國家的干涉教事,與自由思想的發達,也有極大的不滿。自十八世紀末葉,美以美會運動(Methodist Movement)以來,牛津大學便爲宗教勢力的中心。在牛津,一羣熱心的人,凱勃爾(Kebble),牛曼(Newman)和卜賽(Pusez)等,公然反對國家教會的無生氣,而希望恢復原始基督教的理想。他們刊行"當代論文"(Tracts for the Times),訴諸教會界以求公決。他們鼓勵教會,使反對國家的侵越教權,以爲教會是一種完善而自足的社會,是神聖的制度。他們覺得國家已變成非基督教了,他們雖不希望其脫去國立的性質,但他們確贊成教會的獨立,幷嚴格地主張正統教的教義。他們的態度顯然是反動的,專注意教會神父的著作,和教會支配國家時期的成訓。他們明白地說,教會是一個分立的社會,爲其本身範圍以內的主權者。廣而言之,牛津運動(Tractarianism)是英國方面反動的浪漫運動,這種運動在大陸方面,即以天主教之復活爲其代表。

在英國,也顯出一種天主教的復活。一八二

九年，久被排斥政治特權的天主教徒，又恢復了他們的公民資格。其目的卽在一切公民對於國家的一致忠順，而不在大多數公民的分效其忠心於教皇和國皇。在英國，天主教徒有兩種不同的觀點。一派承認國家爲一切政務上的至尊，而深願效忠於國家。又一派則視教會爲一個分立的社會，教皇卽其主權者，不贊成攏統地忠順於政治的主權者，因爲國家的威權，有時或許會有和教會的威權，兩不相符的可能性。英國的天主教思想，大概都信從前一派的。可是，十九世紀中葉的左右在英國發生了一種強有力的教皇全權論的態度，於是重開了分頭效忠於教會和國家的問題。牛曼（New Man）及其他英國神學思想的領袖們，從英國教會的教徒，改隸爲天主教的教徒，便指明這個運動[1]的力量。麥斯特的政治哲學，廣受英國天主教徒的悅納，力爭宗教的自由主義，而切實地主張教皇的無限主權。[2] 教會和國家相關的主權問題的討論，本屬數世紀前的舊物，但當十九世紀天主教復活的時候[3]，又死灰復燃，而形成現代多

1 見 J. H. Newman 的 Difficulties of the Anglicans (1850)。

2 尤其是 Dublin Review 的編者 W. G. Ward.

3 見 J. H. Newman 的 Letter to the Duke of Norfolk (1875)；J. N. Figgis 的 Churches in the Modern State (第二版，1920)。

代多元主權論的一個重要因子。[1]

參考書

C. A. Beard, Economic Interpretation of the Constitution of the United States (New York, 1913).

J. K. Bluntschli, Geschichte der neueren Staatswissenchaft, Ch. XVI.

R. W. Church, The Oxford Movement (London and New York, 1891).

Cambridge Modern History (New York and London, 1902-12), IX, Chs. XIX, XXI.

G. L. Dickinson, Revolution and Reaction in Modern France (London, 1892).

L. B. Dunbar, A Study of "Monarchical Tendencies in the United States from 1776-1801 (Urbana, Ill., 1922).

W. A. Dunning, Political Theories, Rousseau to Spencer, Ch. V.

E. Faguet, Politiques et Moralistes (Paris, 1898-1900), 1-121.

The Federalist, ed. by H. C. Lodge (New York, 1888).

J. N. Figgis, Churches in the Modern State (Cambridge, 2d., 1920).

J. Fiske, American Political Ideas (New York, 1885), Ch. II.

1 見以下本書第十五章。

C. D. Hazen, Europe since 1815 (New York, 1910), Chs. I-III.

H. J. Laski, Authority in the Modern State (New Haven, 1919), Chs. II-III.

H. J. Laski, The Problem of Sovereignty, Chs. II-V.

C. E. Merriam, American Political Theories, Ch. III.

C. E. Merriam, History of the Theory of Sovereignty since Rousseau Chs. III-IV.

J. T. Merz, History of European Thought in the Nineteenth Century (Edinburgh and London, 1903), IV, 463-65.

J. Morley, "Joseph de Maistre", in Critical Miscellanies, II, 257-338.

A. D. Morse, "The Politics of John Adams", in American Historical Review, IV, 292-312 (Jan., 1899).

F. J. Mulford, Political Theories of Alexander Hamilton (Baltimore, 1903).

J. E. Oster, The Political and Economic Doctrines of John Marshall (New York, 1914).

J. A. Ryan and M. F. X. Millar, The State and the Church (New York, 1922).

G. L. Scherger, Evolution of Modern Liberty, 253-257.

A. M. Schlesinger, New Viewpoints in American History (New York, 1923), Ch. VIII.

R. L. Schuyler, The Constitution of the United States (New York, 1923).

J. A. Smith, Spirit of American Government, Ch. III.

J. E. Spuller, Lamennais (Paris, 1892).

C. M. Walsh, Political Science of John Adams (New York and London, 1915).

A. D. White, "A Catechism of the Revolutionary Reaction", in Papers of American Historical Association, IV, Part I, 69-92 (Jan., 1890).

第七章

英國的功利主義派

(一) 功利主義思想的一般性質

功利主義的政治哲學之基礎,是建築在洛克和休謨所遺留下來的英國的心理學的成訓上的。這派學說的發軔,最初出現在十七世紀昆布蘭(Richard Cumberland 1632-1719)[1]的著作裏,昆布蘭否認唯理論之內在的道德觀念,而視公衆福利爲至高之善。但引用"最大多數之最大幸福"這個公律的第一人,則爲哈其生(Francis Hutchson 1694-1747)[2]

1 見他的 De Legibus Naturae (1672)。

2 見他的 System of Moral Philosophy (1755)。

功利主義的哲學的方法是歸納的;它的材料係取給於經驗;它的目的則爲實際的。它相信人類天生是社會的動物,它鄙視把個人當做一個自抑的獨立的單位的觀念,它謂每個個人的行爲大半都是取決於其本身的遺傳,及其所處的社會環境。它以爲人類的行動,大率爲求樂避苦的慾望所支配,而個人的幸福是包含其和他人的相互關係,不能離開社會而獨存的;所以,必須用立法將一切人的自由加以限制。這樣,功利主義便與實際倫理學及實際政治學發生密切的關係了。它拋棄不以確切事實爲根據的唯心的倫理學;它的理想,都是觀察和經驗所證明爲合宜的而且都能夠實現的理想。它主張判斷一切行爲必須以它們的結果爲標準。

在這一點上,功利主義是革命的。它對於<u>白克</u>所崇拜的陳腐的與傳統的事物,猶之它對於天賦權利說與社會契約說,一樣的沒有尊仰。它把國家既不視之爲一種玄祕的社會有機體,也不視之爲一種爲保護公民們的天賦權利而創立的人爲的結合。國家之所以存在者是因爲國家是不可缺少的。它的天職,即在提高公衆的福利。它的法律,如果不能完成這個目的,那就應該加以變更。杳渺的詞句,或抽象的原理,在功利主義看來都是無用的。功利主義所關心的,都是生人的實際經驗與實際困難。

功義主義的學說之所以能在英國政治思想上得勢者,大半係由於當時環境所致。法國恐佈時代的過分殘暴,和拿破崙的帝國主義,使革命的理論在英國很不通行。在戰爭所釀成的反動精神沒有消滅之前,天賦權利及人民主權等觀念,在英國是不能平安地復興的。但,同時,英國有很大的一個階級,並不容納白克的尊皇主義和地主貴族的統治。產業革命已造成了一個新興的實業階級,這階級的人,都不是空論家,對於佩因的過激民主主義,或高德文的無政府主義,也都不表同情。可是,他們對於舊制度及其滯鈍而呆板的法律,與加諸商業上的約制,是絕不容忍的。他們的經濟上的放任政策和自由貿易,可表現出當時經濟上的需要;他們政治上個人主義的政策,和他們的酷愛自由,大半是他們經濟理論的反映。他們反對十八世紀的滯鈍狀態,而希圖解放新興的勢力,因爲他們是確信人類的進步的。

此外,工人階級中又有廣大的煽動。職工組合運動逐漸發達,而改良產業情形與擴充民衆政權等要求,也都先後提出。自然法和社會契約等學說,因之消滅,而自由學說之在英國,遂由幻想的唯心主義,轉而形成實際的與通常的改革了。功利主義的哲學便是充實當時實際需要之基礎的,唯一適宜的有系統的學說。

政治學說上功利主義的觀點,實代表對於人類幸福的一種唯理的實際的旨趣,加上一種樂觀的態度,深信國家立法可以改良人類生活的情形。功利主義的學者不是與世隔絕的抽象哲學家;他們對於具體問題都是很留意很熟悉的。這派學者的領袖人物,都努力和從事於公共生活。當時法制和刑制的改革,工廠及礦坑情形的改善,以及議會選舉和代表制的改革,大半都是他們努力的結果。後來的憲章運動,貧窮法的改革,穀物條例的撤廢,以及普通選舉制的逐漸採用,都是以功利主義的哲學原則爲根據的。功利主義者的目的是在爲最大多數的人謀得最大幸福。他們反對暴政與苛法,擁護個人的自由,確信人類進步的可能性。國家活動與個人的關係,是他們最關心的問題,至於國家之正當的組織,和國家內主權的歸屬的問題,僅不過爲其次要者而已。

邊沁(Jermy Bentham)和老密爾(James Mill)的著作,發揮功利主義的政治學說。在小密爾(John Stuart Mill)的著作裏,這學說便有了顯然的轉形。它的基本原則爲歷史學家格老特(Grote)和心裡學家倍因(Alexander Bain)所採取。在法學方面,有奧斯丁發揚功利主義的原則,在經濟學方面,則有李嘉圖竭力加以辯護. 經綸密力(Romilly),布魯安(Brougham),霍布浩(Hobhouse),科柏特(Cobbett)這翟人的努力,功利主義的學說得應用於實際的政治上;經哥布登(Cobden)與布萊特(Bright)的努力,便用之以要求自由貿易。

(二) 邊沁

邊沁(Jermy Bentham 1748-1832)爲英國功利主義的知識領袖,自美國革命始,至一八三二年的改革案止,在這個時期內,他都努力從事於公務。青年時代的邊沁,卽鄙視其在未改良的牛津大學所受的教育,但對於科學却有一種天生的興趣,並且對於內省心理學有特出的天才。他對於社會福利,自幼就抱滿腔的熱忱,在他的幻想之中,常把費奈朗(Fénelon)的Télémaque書內的英雄自比,幷決定將自然科學所用的方法,應用於社會科學上。在他二十三歲的時候,讀普利斯特利(Priesltey)的政府論(Essay on Government);該書所說判斷國家的好歹,應以國民大多數的幸福爲標準一語,深深印入他的腦海。邊沁遵循法國學者赫威秀士(Helvetius)和意大利學者白加烈(Beccaria)的學說,深信幸福之存在,卽在乎有快樂而無痛苦。所以,一切制度都應該設法使社會行爲對於最大幸福有所資助。

在邊沁最廣博的政治著述裏,[1]便把這種心理學應用於道德上和法律上,以爲人類的"兩大主人——痛苦與快樂"卽指定何者應該做,並決定實際上所做的事。他以爲一切人類的本能都是同樣地自然的;本能之好壞全依其結果爲斷。"效用的原則"(Principle of Utility)是判斷行爲之可否的標準:凡是有提高幸福的趨勢的行爲,就是好的行爲;凡是有妨礙幸福的趨勢的行爲,就是不好的行爲。邊沁相信人類對於國家,教會,或政黨一類的

[1] 見 Introduction to Morals and Legislation (1789)。

抽象的事物,並無應盡的義務,人類祇有對於能感受快樂與痛苦的其餘的人類,方有應盡的義務。

邊沁所學的是法律,故對於法學的理論,和立法的目的問題,極感興趣。他在學生時代,已反對布拉克斯登的演講;當布拉克斯登的演講稿出版的時候,邊沁卽加以苛刻的批判。[1] 布拉克斯登關於英國憲法和英國法律過分誇耀的概括結論,及其關於英國情形過分熱情的樂觀態度,都受邊沁極力的攻擊,布拉克斯登所謂社會契約爲法律的本源的學說,被邊沁摧毁無餘。皇黨頌揚英國法律謂爲遵照神意而來的一種自然生長物;邊沁則痛斥其爲權力者鎮服愚民與被壓迫者的一種殘暴苛刻的機械體。邊沁否認各種契約說,而力言國家的基礎,並不是同意,而是"服從的習慣"。國家之所以存在的原故,是由於它明顯的功用。這種理論,簡直使反動派和唯心論者所主張之神祕的超人國家論,沒有存留的餘地了。

邊沁否認自然法的存在,以爲法律乃政治社會中的主權者意志的表示,命令卽其形式。個人

1 Fragment on Government (1776) 係匿名出版。見 Montague 的編輯本 (London, 1891)。這短文包含最簡潔的邊沁思想的表現,

沒有對抗這種權威的自然權利,也沒有抵抗這種權威的法律權利。他以爲一種權利,即包含一種交互的義務和一種威權,威權的存在,即在懲罰殘暴,而實施權利。主權者之行使其無限法權,至於何種程度,則當以便利和效用爲斷。唯有道德的權利,才有權反抗至尊的權力,但反抗至尊權力,而所收的實利,比革命的罪惡爲大,則便成爲一種道德的天職。功利主義哲學在這方的發展,即使法學脫離政治社會之歷史的與理論的基礎,後來由奧斯丁(John Austin)繼續下去。

據邊沁看來,英國的憲法離完全之域還遠得多;他特別地提出成人普選權,國會年選制,和祕密投票選舉法等的要求。邊沁逐漸察覺其最大多數最大幸福的理論,其含意實有進於民主政治和急烈改進的趨向。他反對貴族院和君主,確信一院制的共和政體,爲最完備的政體。他對於美法兩國革命的民主精神,完全表示同情,但對於其所依據的自然法哲學,卻不贊同。他竭力反對不可讓與的天賦權利說,而名之爲"巧言惑人"。他以爲人類所有的權利,都是法律所賦予,或准予,測驗法律的正當與否,則以其貢獻於最大多數最大幸福的程度爲標準。邊沁所提出的實際的立法改革，爲數甚多，其中最顯著的是在提倡社會教育，公共衛生，貧窮法的改革和民政的改善。

邊沁的經濟學說，實爲亞丹斯密的忠實信徒，不過有幾點他與亞丹斯密的學說稍有出入。他贊成政府對於供求律，在可能的範圍內，不應干涉；[1] 他也竭力擁護自由貿易。他也頌揚自由競爭的價值，力論獨佔與官貼之不當。他對於帝國的理想，也不表示同情，深信殖民地的據有，對於殖民地通商，並不重要，而所投於殖民地商業的資本，用在他處，亦得收同等的效果。[2] 他承認英國的統治殖民地有些地方確能爲人類謀最上的利益，但不承認殖民地是母國財富的淵源。一八二八年邊沁爲加拿大殖民地草擬請願書，要求完全分立。就大體而論，功利主義者都覺得殖民地的分離，是有利而無害的。可是邊沁在晚年的時候，思想稍爲轉變，主張在帝國統治下的自治殖民地。經密爾父子的影響，邊沁注意到印度的問題，爲印度草成

1 邊沁反對亞丹斯密，以爲政府甚至不應立法取締厚利。見他的 Defense of Usury (1787)。

2 見 Emancipate Your Colonies (1793)。

一種立法的和司法制度的體系。他又爲澳洲殖民地擬就一種科學解決和自治的方案。

邊沁認實際的社會改良爲增進人類幸福的一種工具,所以他大部份的注意,都致力於立法和懲罰的問題。[1] 他批評當時的法律,及其執行的機關與方法,并且提出他自已的詳細計劃。邊沁死後,大半的法律改革,都可尋見其受邊沁的影響的蹤跡。他又提及關於國際法的價值的原則。他攻擊當時英國法律的混亂,而極重視訟詞與手續之簡單化的必要,以及法典編纂的價值。英國當時准許地方上的紳士爲司法行政官的制度,邊沁特別加以批評。

刑法所規定的苛刑與不公平,和監獄的管理制度,邊沁都認爲不堪容忍。他以爲懲罰的目的是在防止犯罪,定罪應以其過犯爲比例,犯人的感化亦應加以注意。他覺得執法最重要的是正確和不偏。他痛斥英國監獄的情形,對於豪華德的監獄改革的種種努力,完全表示同情。他提出一

1 見他的 Discourse on Civil and Penal Legislation (1802); Theory of Punishments and Rewards (1811); Treatise on Judicial Evidence (1813); 和他的 Constitutional Code (1830 年發表一部份,全部發表於 1841年)。

種犯人的教育制和工作制,并費多年之力,勸導國會採用犯人住室的輪形監獄(Wheel shaped building)或名“巴諾伯底康”(Panopticon)的計劃,在這種監獄裏面,獄吏的住宅築在中央,他可以管理一切犯人,并觀察他們的行動。邊沁的計劃在英國境外有一部份的應用,監獄的改革和反省院及工業學校的制度,其動機大部份都是受邊沁的理論的影響而來的。

邊沁的影響早就遠佈國外。他對於法國革命極爲注意,他的關於立法的著作,一八〇二年由彌拉波(Mirabeau)的祕書杜寧(Etienne Dumond)譯成法文。法國議會的程序,大率是依據邊沁的綱要的;他的許多政治的和法律的建議,彌拉波的演講裏,都有提及;一七九二年,邊沁和佩因二人被認爲“法國的公民”。邊沁的學說遍佈於俄羅斯葡萄牙,西班牙各國,以及南美的各處,他的思想又爲西班牙土耳其戰敗神聖同盟,而在兩國舊址上創立新國的民族運動的領袖們所引用.

邊沁對於很多國家法典的修改,都有意見貢獻,有的是受他們請求的,有的是自願效勞的。一八一一年他正式向馬狄孫總統建議,爲美國起草一部科學的法典。後來他又向俄皇和賓夕法尼亞(Pennsylvania)的省長,有同樣的提案;一八二二年,他又申請於"世界各國宣揚自由主張"。他自信其對於創造法律體系,以保證最大多數最大幸福的提高,有無限量的能力。

邊沁早年的著作,都很明晰而簡潔;晚年的著作則都過於詳盡,而又充滿着其自撰的專門而不適宜的名詞。[1] 然而有些名詞如"國際""功利主義的""編纂法典"和"化爲至小"等,却都永遠充實和流爲英國的語言了。

(三) 詹姆斯密爾

詹姆斯密爾(James Mill 1773–1836)[2] 爲邊沁最奮勇的信徒,他應用聯想派的心理學,[3]竭力擁護功利主義的原則。密爾與邊沁同一意見,以爲區別行爲的道德與不道德,應以其效用爲斷,而法

1 從希臘語根創造文字的趨勢是這時代的特點。參較 Jefferson 在 University of Virginia 所授的功課。

2 密爾的政治思想發表於許多論文中,尤其是 Government, Jurisprudence 和補充 Encyclopedia Britannica 第十五版的 Laws of Nations 諸篇。

3 見他的 Analysis of the Phenomena of the Human Mind(1829),和的他 Fragment on MacKintosh (1835)。

律的功能,在運用社會壓力,以保證行爲的表現,使有益於公衆幸福,而防止其於幸福有損。邊沁相信教育的根本重要,密爾也是如此,他們幾乎完全採取赫威秀士的原則,以爲天生人類是具有同等的能力,都可設法使之改善,種種的不平等實由於環境和教育的差異所致。

密爾竭力主張代議政治與言論自由,他以爲這是正當的政治生活的一種要素。他相信每個人往往因尋求其本身的幸福,而致侵犯他人,要防止這種侵犯,他以爲政府是必需的。不過同時,也必須防止政府本身的過度擴張其權力。要達到這個目的,則唯有把最高威權,放在代表整個社會的代議團。密爾極信任中間階級,對於那些稱贊英國政制的價值在於君機,貴族權,民權三種權力均衡的人們,並不表示贊同。他力言貴族與君主的相互利益,必致使他們聯合戰線,對付平民的代表。他以爲衆議員必須有充分的權力,俾足以對抗君主與貴族二者,並提出一種辦法,幾與一九一一年貴族駁議權案(Lords' Veto Bill)相類似。他以爲要使代議士與選民接近,則短任期(Short Terms)實最爲合宜;而四十歲以上的成人,都應予以選舉權。密爾的著作流行極廣,對於一八三二年的改革案,有很大的影響。

密爾對於邊沁的法律改革,和立法改革,也同具其熱心,但並沒有什麼出乎邊沁之上的新貢獻。他在權利的定義,罪過的懲罰,法庭的章程,以及法庭手續的方式等標題下討論法學。他對於國際法的討論,指出國際間發生糾紛的時候,缺少一種有最後判決的實力的威權。他以為國際法的核准為公意,故雖最有實力的國家,也不能不顧到公意的壓力,而尤以民主國家為最。同時密爾贊成創制國際法法典,設立國際法庭。他確信如果這樣的一個團體,能正式代表各國,而發出一個不偏不私的判決,則公意的壓力,必能迫着各國順服。為加強公意的力量起見,密爾主張國際問題的研究,應作為每個人的教育的一部份

(四) 奧斯丁

在法學上把功利主義的一般原則,和實證主義打成一片的便是奧斯丁(John Austin 1790-1859)[1]

1 In Lectures on Jurisprudence (1832); A Plea for the Constitution (1859); On the Study of Jurisprudence (1863)。

的著作。奧斯丁希望把邊沁批判過的英國法律的紊亂狀態,弄個清楚和正確。爲了這個原故,所以關於立法和主權二者,必須有一個確定的學說。功利主義已供給了立法的倫理基礎。對於主權方面,則英國的情形很合宜於法律主權說,因爲英國的國會,旣不受君主駁議權的限制,又不受憲法條文約束,其至尊無上的地位,絕無問題。而且十九世紀的英國,對於主權的討論,能夠不涉君民糾紛的問題,故不致像布丹那樣,因君民之爭,而使他把絕對權力置諸君主一人之手,也不致像盧梭那樣,因君民之爭,而使他把最高權力歸之社會全體。

奧斯丁就學於德國,但並不喜歡德國唯心主義派的形而上的政治學說。然而他卻受了德國法學家的影響,而尤以于谷(Gustav Von Hugo)[1]爲甚,他的"實在法哲學"(Philosophy of Positive Law)這個名詞,便是從于谷那裏吸收來的。奧斯丁的方法,也和浩布思一樣,是邏輯的和形式的,極着重明晰的定義,以及名詞的精細區別,和嚴密的演譯推論。他使主權論脫離其倫理的和歷史的背景,

1 Lehrbuch des Naturrechts als einer Philosophie des positven Rechts (1798),

而用一種抽象的方法,創立實在法的科學。他稱國家主權者的威權,爲法律的泉源,因爲他對於法律的分析和分類,幷不顧及主權者對於法律的制定或批准所受的種種影響。

奥斯丁反對社會契約,以爲國家是逐漸發達而來的結果,在發達的過程中,人類認識了政府的效用,於是甯願服從,而不願無政府。人類在政治社會裏聯合一起,並不是由於正式的同意,而是由於服從的習慣。慣受社會全體人民的服從,而不服從任何上風的人或人們便是主權者。主權者和國家在奥斯丁是一而二,二而一的。因之主權並不是賦之君主一人,也不是賦諸人民全體,而是操之於實際行使最高統治權的那部份人的手中。主權者的威權在法律上是絕對的,因爲最高的立法權,不受任何更高的法律的限制。主權者是一切法律權利的淵源;又是一切公民自由的締造者和保證者。

奥斯丁對於自然功利說極爲鄙視。他堅稱一切權利都由法律所創造,而政治的約制也和公民自由一般重要。雖然奥斯丁對於法律改革是一個過激派,但就大體而言他是很守舊的。他不贊成極端的民主政治,反對一八五九年的國會改革。他否認政府係以被治者的同意爲依據,以爲祇有小部份高等英明的人,才對於這種問題加以意識的注意,大多數人則都由於習慣和感情而擁護威權,服從法律。

奧斯丁所下的法律的定義是:法律是優者加於劣者的命令,這個命令之所以有實效者,是因爲優者有執行懲罰的權力。政治的優者——就是說一國的主權者——所發的命令,卽是實在法或正常法;其餘由不確定的或非主權的優者所發的一切命令,則都是實在的道德。實在的道德包括風俗,禮法,與尊嚴,以及構成國際法的默認和公約,與夫憲法的原則和先例。國際法不是實在法,因爲沒有主權者去執行它;憲法也不是實在法,因爲法律的威權,不能訂立主權者本身所由產生的種種規則。爲便利起見,奧斯丁承認大部份的憲法,可以認作法規(Corpus Juris)的一部份。主權者不具有種種法律的權利,也不受種種法律義務的約束,因爲沒有更高的威權,來執行權利和義務。

主權者意志所創造的種種法令,主權者代理人所創立的種種司法判例,或是主權者准許的種種風俗,都可成爲人們慣常服從的種種法律規則,但都隨時可以撤換。這裏所應用的原則,便是"凡主權者所准許的卽是命令"。奧斯丁把法律和風俗劃定分明的界線;未經主權者正式承認或默認的風俗,不得成爲法律。他把法學和倫理學很仔細地加以區別。法學祇限於實在法的範圍。奧斯丁承認有許多勢力,在社會生活裏面,實際上決定人類的種種行爲;并知道他的主權說,祇有在實在法的抽象方面,才得成立。

奧斯丁與邊沁相反,邊沁以爲聯邦與邦聯的主權,受明示的契約所限制,奧斯丁則主張主權必須無限制而不可分。奧斯丁說政治結合所聯成的政府聯盟,不外二種,或爲邦聯,在邦聯裏面,每個組成邦聯的份子都是主權者;或爲複合國,在複合國裏面,主權爲一個確定的團體所有。奧斯丁不贊成當時美國流行的主權分割說,而稱美洲合衆國爲一複合國,其主權則操在選舉邦議會的投票人之手。

奧斯丁的思想,並不受其同時代的法學家所公認。他對於政治學說的貢獻,到後來人家才知道它的價值。在大陸方面,他幾乎沒有引起什麽影響。[1] 反之他把憲法和國際法的原則降格地放在政治道德的領域裏,大受抨擊,他的主權論亦受批評,尤以法學的歷史派爲甚,[2] 謂爲太嚴格而太形式,不能應用於一切政治社會。

(五) 約翰斯圖脫密爾

在十九世紀的中葉,英國方面,大概都崇尚功利派的自由主義。前期功利主義者對於民主政治的努力,很爲成功,政權亦已擴充到大部份的人民。許多舊日的弊端與不平等,都經廢除。在這個過程中,民主政治的種種危機,已形顯露;國家中央集權的趨勢,使政治學說進而注意國家的活動範圍,和個人自由的問題。這時期內知識生活上的領袖人物便是約翰密爾(John Stuart Mill 1806-1873),[3] 他的思想操着當時的權威,直至斯賓塞和達爾文把生物學的偏見,加諸政治學上爲止。

1 在美國賈爾洪採取分析法學法,一種修正的分析政治學說出現於韋羅貝的 The Nature of the State (1896)。

2 見以下本書第十章。

3 尤其是他的 On Liberty (1859); Considerations on Representative Government (1860)。又見 System of Logic 第四册 (1843); Thoughts on Parliamentary Reform (1859); Utilitarianism (1863); 和 The subjection of Women (1869)。

密爾幼時對於邊沁的學說,和急進的政治,是一個極有力的擁護者,其晚年所取的態度,則較為遠大而富於同情心,承認感情當與知識幷重,修正功利主義稍為窄狹而嚴格的原則,以及其對於民主改良的信任。在邊沁和老密爾的意思,以為不論是那一種幸福都是好的。快樂祇有量的不同,沒有種類的差別。密爾則不然,他把各種不同的快樂,加以區別,有的視為較高,有的則視為較低。他說:"寧做不滿意的蘇格拉底,不做一個滿意的蠢子"。密爾反對專為個人本身謀幸福的自私思想,幷指明直接求快樂,快樂或不能求到。他比其前輩學者,對於道德之不可少的社會的性質,以及正義與利他為道德之基礎的事實,認識得更為清楚。所以,密爾所着重的觀念,是每個人都應以提高公衆福利為目的。社會的福祉,卽是政府的鵠的;道德與知識的栽培,卽是測驗政府成功的標準。

密爾對於社會科學之性質與方法的一般態度,很受法國實證哲學家的影響,尤其是孔德的歷史哲學,[1] 及其創造社會的科學的興趣。不過,密爾比之孔德則比較多注意於個人,而少注意社會

1 見以下本書第十一章第四節。

全體。他承認社會現象的複雜性,並指出政治家所最易犯的推理的錯誤。第一,政治家往往有一種趨勢:以為在某國成功的政策,亦應採取於他國,不知環境不同之能左右其結果。第二,環境是常常在變遷的,政治家對於這個事實,却往往不注意。密爾雖承認政治上不能作科學的預測,但信研究歷史,而又充分瞭解人類的天性,仔細分析政治的現象,則對於立法官和政治家的估量種種趨勢,有極大的價值。密爾酷信人類智能的努力,有促進進步的可能性。他受了當時初出世的柏格爾(H. T. Buckle)[1]的理論的影響,特別稱許統計學的用處。柏格爾想把人類社會的科學,弄得也和自然科學一樣的確定,主張用自然科學的方法,搜集材料,而下解釋。柏格爾以政府為進化之大敵的信仰,實有加強密爾個人主義觀點的力量。

密爾對於政治問題的態度,顯然是實際的。他對於社會改良,和政治理論,有同樣的興趣。他的正義的觀念,最初實受女子無立法的和社會的資格所激起。在維多利亞朝的中葉(Mid-Victorian Period),女子不得受高等教育,不准投身各種偉大

1 見他的 History of Civilization in Englamd (1857-1861)。

的事業,不准參與社會生活。而且,在法律的地位上,女子判然是劣者。密爾力言女子的性質係歷代"雌伏"和缺少機會的結果。他熱心於婦女解放,而爲在議會裏替婦女們力爭解放的第一人。他相信女子如與男子有均等的機會,則結果必對於她們有益,因爲唯有自由,才能產生幸福;且又對於社會全體有價值,因爲社會能收效女子智力特質的貢献。女子高等教育的促進,女子啓發天才的機會的增多,以及選舉權和做官的資格的推及女子,得之密爾的雄辯和努力獨多。

密爾對於勞工階級的態度,最初主張勞工教育,和加大其自立的程度。後來他贊成職工組合,和勞資雙方的自動合作。他相信私有財產,但主張減少種種不平等,尤其是由於土地私有所發生的不平等。同時,密爾又不贊成政府之干涉經濟問題。他以爲國家管轄,應限於最低限度,而祇應在全社會利益有關係的地方,政府方可加以干涉。然而在他晚年的時候,因對於最後改良的信仰,使他進於社會主義的理想;社會主義理想來到的時候,則"地球上的原料可以共有,而各個人都能參加聯合勞働,而獲得種種利益"[1]。密爾對於過去的放任原則,表示強烈的擁附。同時,他又承認放任政策所造成的弊病,和個人力量的不足救治。亞丹斯密對於自然法的相信,使他絕對應用放任原則,密爾的功利原則,則使他承認社會幸福所要求的種種重要的例外。

密爾擁護民主政治,謂爲最好的政體,理由是任何事業的舉辦,都以那有直接利益關係的人們去進行,爲最適宜,而活潑的政治生活,必能發展參加者之道德的和知識的天賦。他和奧斯丁同意,謂政權必須有一個獨一無上的寄托處,並謂在英國,這種權力是操之不列顛國會的。不過,這個團體的正當作用,並不是主動的立法,也不是對於行政的干涉,而是一種支配和批評的總政策。

同時,密爾又恐怕民主政體的發達,和國家立法權的擴大,有貶削個人至於平庸形像的傾向,而使他們陷於集權主義的苛政。他深信社會進步是有賴於各個人自由發展的充分機會。所以密爾贊成思想,言論,和行動的自由。他確信評判的公開,和討論的自由。他深信眞理,必能於思想競爭中,繼續生在。彌爾敦,西烈,和洪保德等所舉的

見他的 Autobiography 230-234 (1873)。

論點,密爾又把它們用功利主義的觀點,重述一遍,他力言個人和團體,除非其行爲有礙他人權利和利益外,應不受任何干涉與桎梏。他重視原創性的價値,和各種不同思想與行動所產生的社會利益。密爾甚至反對國家教育,以爲它是一種把人民造成彼此類同的工具。

密爾特別憂心於民主政體的危機,以爲多數人將虐待少數人。他深信在不列顚國會內,少數者沒有充分的代表權。所以他擁護比例代表制,比例代表制,在英國最初由哈爾(Thomas Hare)[1]所創議,目的在使國會議席的分配,與各黨所投的票數,更爲密接符合。密爾又重視有訓練的政治領袖的重要,深恐選舉權的擴充,會使官吏的才能趨於頹廢。所以他雖然贊成一切納稅人的普選權,但又主張那些知識居上,品性高貴的公民們,有投票權。除提出一種公民的分類外,他提議任何公民都應有自動投考的機會,藉以證明其自身的智慧。爲求政府的純潔起見密爾不贊成國會議員的支領薪給,又反對不記名投票制,以爲這種投票,必致趨於自私和不負責。他深信最高的立法權,

1 見他的 On the Election of Representatives (1859)。

應放在衆議院的手中,但又以為貴族院中不乏有立法能力的人,故提議把起草國會法案的權柄,委託給貴族院。

功利派倫理學雖是偏窄的唯物的,其主權論及法律論雖是形式的抽象的,致引起後來的學者,於奧斯丁法律主權者的背後,尋求政治主權者,然而功利主義的學說,無論在實際政治方面,或是在政治哲學方面,都是很有價值的。十九世紀有許多最切需要的改革,都可直接追蹤於這個學說的影響。它的政治學的名詞之簡潔和確定,它的注重於政治生活的具體實際,對於自然權利的哲學之含糊的泛論,和唯心主義者的形而上的概念,確是一種爽然的反照。它之着重個人與自由,對於國家社會主義的發達,對於誇耀國家為最高形式的人,而不受一切道德法律的節約,實為一種很需要的對抗力。同時,功利主義把政治社會僅僅看作是個人的集合,是它不明國家某幾種特殊屬性之處。他們的政治學說,事實上是一種政府的學說,不是國家的學說。

參考書

E. Albee, History of English Utilitarianism (London

and New York, 1902).

C. M. Atkinson, Jeremy Bentham (London, 1905).

A. Bain, J. S. Mill, a Criticism (London, 1882).

W. J. Brown [ed.], The Austinian Theory of Law (London, 1912).

I. Brown, English Political Theory, Ch. VIII.

J. Bryce, Studies in History and Jurisprudence Ch. X.

F. W. Coker, Readings in Political Philosophy, Ch. XV.

W. L. Davidson, Political Thought in Englaad, the Utilitarians from Benthan to Mill (London, 1915).

J. Dewey, "Austin's Theory of Sovereiguty", in Political Science Quarterly, IX, 131-152. (March, 1894).

A. V. Dicey, Lectures on the Relation between Law and Public Opinion in England during the Nineteenth Century (2d ed., London, 1914), 125-209.

W. A. Dunning, Political Theories, from Rousseau to Spencer, Ch. VI.

C. Gide and C. Rist, History of Economic Doctrines, Bk. III, Ch. II.

W. Gram, English Political Philosophy, 174-348.

L. H. Haney, History of Economic Thought (Rev. ed., New York, 1921), Ch. XXII.

G. C. Lewis, Use and Abuse of Political Terms (New ed., Oxford, 1898), Secs. IV, V, XII.

A. L. Lowell, Essays on Government, No. 5.

J. MaCunn, Six Radical Thinkers, Chs. I-II.

J. C. Montague, Bentham's Fragment on Government (Oxford, 1891), Introduction.

C. E. Merriam, History of the Theory of Sovereignty since Rousseau, Ch. VIII.

F. Pollock, History of the Science of Politics, 98-111.

J. S. Reeves, Jeremy Bentham and American Jurisprudence, Address before Indiana State Bar Association, 1906.

D. G. Ritchie, "On the Conception of Sovereignty", in Annals of the American Academy of Political and Social Science, I, 385-411 (Jan., 1891).

L. Stephen, The English Utilitarians (London and New York, 1900).

M. M. Waddington, The Development ot British Thought, Chs. III, VII.

G. Wallas, "Jeremy Benthan", in Political Science Quarterly, XXXVIII, 45-56 (March, 1923).

G. Wallas, The Great Society (New York, 1914), Ch. VII.

J. Watson, The State in Peace and war, 147-159.

T. Whittaker, Comte and Mill (London, 1908).

W. W. Willoughby, Nature of the State (Chs. IX, XI)

R. K. Wilson, History of Modern English Law (London, 1875), 133-170.

C. E. Merriam, History of the Theory of Sovereignty since Rousseau, Ch. VIII.

F. Pollock, History of the Science of Politics, 98-111.

J. S. Reeves, Jeremy Bentham and American Jurisprudence, Address before Indiana State Bar Association, 1906.

D. G. Ritchie, "On the Conception of Sovereignty", in Annals of the American Academy of Political and Social Science, I, 385-411 (Jan., 1891).

L. Stephen, The English Utilitarians (London and New York, 1900).

M. M. Waddington, The Development of British Thought, Chs. III, VII.

G. Wallas, "Jeremy Bentham", in Political Science Quarterly, XXXVIII, 45-56 (March, 1923).

G. Wallas, The Great Society (New York, 1914), Ch. VII.

J. Watson, The State in Peace and War, 117-151.

T. Whittaker, Comte and Mill (London, 1908).

W. W. Willoughby, Nature of the State, Chs. IX, XI.

R. K. Wilson, History of Modern English Law (London, 1875), 153-170.

第八章

民主立憲的政治學說

(一)民主政體和成文憲法的要求

雖然在維也納會議(Congress of Vienna)上,反動派盡力來恢復歐洲的舊狀,但法國革命所產生的許多思想,却繼續留存下來了。這些法國革命所遺留下來的思想,最重要的便是對於成文憲法和代議制度的信任。再則,拿破崙戰爭,實予民族統一和民族自主以莫大的激動力。[1] 拿破崙的敗亡,大半是由於民衆叛變的結果;並且,各國的君主曾都再三的激勵國民的愛國精神,和許給人民以各種憲法上的自由。維也納會議的態度却

1 見以下本書第十三章第一節。

使歐洲的自由主義者大失所望,而各國君主之不履行他們先前的諾諾,立即引起民衆的示威運動,和祕密的革命團體的組織。結果歐洲十九世紀的大部份,都是干戈雲擾,迷漫着革命與戰爭;這些革命與戰爭的共同目的,無非是在要求按照歐洲的人種與地界,分別創立民族的國家,並在這些國家內建設立憲的政府。

在一八二〇年的左右,民衆的叛變使意大利,西班牙,葡萄牙諸國,獲得立憲政府的創始;幷使希獵脫離土耳其而獨立。在一八三〇年,波旁系君主又被逐出法國皇位;波蘭人圖謀脫離俄國——雖則結果是失敗的;比利時解除了與荷蘭的不自然的合併而另建新國。一八四八年,中歐全部都陷於擾攘之境。法蘭西由君主立憲國,一變而爲共和國,又變而爲帝國。德國人民力謀達到聯邦與憲政的目的,但卒歸失敗。在世紀的後期前葉,國際戰爭促成了德意志的和意大利的統一,和巴爾幹諸民族的獨立。民族性與民主立憲政治便是十九世紀的歐洲政治上爭擾的因子。

各國的自由黨都希望有一種成文的文典,以保證個人的種種權利,幷希望有一個代表民衆的議會。當時一般人都極信仰行政,立法和司法三權的分立的價值。法蘭西共和國的無政府狀態,使一般人對於激烈的變革有所警戒,所以並不渴望共和的政體。當時所期望的不過君主與代議士間的權力之調劑,以防免苛政暴君而已。拿破崙帝國傾覆後的一般混亂,以及復辟君主治下改組政制的必要,更使當時的人覺得對於立憲的原則有明確規定的必要。有許多地方憲法係由君主應民衆的要求而頒布,或由革命的恐怖而促成。也有些地方,憲法的成立是由於君主與三級會議正式訂立協約的結果。偶然也有革命團體把制憲這步工作,放在他們自已掌握中。奧,普,俄三國對於這種立憲運動的抗拒,最爲有力;但是到一八八〇年,歐洲各國,除俄土二國以外,幾乎都已設法規劃確定的立憲制度,推廣政權給大部份人民。

各國的這些憲法彼此雖有極大的差異,但是它們所依據的政治學說,則都集中於新制施行後的君主的地位,尤其是君主修改憲法和參與立法的權柄的爭論上。君主們和擁護君主的守舊的法律家,都主張君主得修改或取消其所創立的憲法條文。在"憲法的修改必須得議會與君主的同意"這個學說得以成立之前,革命的呼聲是常常發生的。

君主們又要求參與造法權,聲言人民的議會祇在詳細考慮法律的內容,至若宣佈新規則爲新法律,則係國家主權者的行爲,應由君主執行。對於君主在施行行政職能方面,有頒發法令的權柄這一點,也有寬泛的解釋,有時甚至於曲解。後來的憲法上都規定君主的命令權必須以不干涉議會所通過的法律之執行爲限。不過,大陸方面的學說始終不願把君主的地位貶削成爲國家的傀儡。所以十九世紀歐洲多數的國家,君主仍然是一個握有實權的眞實的指揮者。特別在日耳曼諸國內,他們的學說以爲王權是和民族自然發展而來,國家係由君主與人民共同組合而成的。[1]

自由的憲政主義與人民主權的擁護者,力主分權之說,希望對於專斷的君主們維護其特權的野心,有所限制。保守派則攻擊分權的理論,謂其歷史的根據不確,其政府職能的分析不妥。在美國方面和德國方面,當時立憲學說所論及的,大半

1 關於德國王權說見 G. Waitz 的 Grundzüge des Politik, 128頁; J. K. Bluntschle 的 Allgemeine Staatslehre, Buch 6, Kap. 14-16; G. Jellinek 的 Gesetz und Verordnung, 312 頁。

是關於聯邦的性質,聯邦內主權的歸屬,以及聯邦與各邦間權力的分配等問題。[1] 君主與國會間的糾紛,和在聯邦國內的聯邦與各邦間的糾紛,兩者都傾於反對奧斯丁的"絕對主權操之某確定機關"的學說。結果一般人都以爲主權似乎是抽象地神妙地操之國家全體或人民之手。

(二)歐洲立憲政體的學說

歐洲方面竭力使君主政體與立憲政制調和的政治哲學,其最好的表現,便是法國憲政派所提出的妥協主權說。法國自布丹以後的思想家,都慣於把主權置諸國家內一定的地方。波旁朝的擁護者覺得主權係含乎神權君主的意志中。革命派則把主權放在全體人民的總意內。又有人以爲在一八一四年的憲章之下,國家的最高權力既不是全在君主,也不是全在人民,而在君民以外的理智(Reason)或抽象的正義裏面。主權這東西是在一切人類意向之上的;牠是出於知識的思想,而不是出於任何意志。由是,絕對主權的觀念便避免了。理智的主權論是承認君主與人民兩者

1 見以下本第十二章。

的權利,而不承認任何方面的對絕威權的。

這派的領袖人物是路瓦野可拉(Royer-Collard 1763-1845)。[1]他深信國內利益之調和與均衡的必要,反對絕對主權的觀念,而希望將政治威權的行使加以限制。他著重個人自由的重要和國家之倫理的基礎。憲政論派的思想,似乎很受德國唯心主義者的影響。

理智主權論的最能幹的辯護人便是柯常(Victor-Cousin 1792-1867)。[2]他以爲主權和絕對的公理是同樣的東西;公理的基礎決不是武力或總意,祇有絕對的理智才是公理——也就是主權——的基礎。絕對的理智是時常無非的,人類既不能沒有錯誤,則絕對理智決非人類所能有;因此君主與人民都不能有絕對的主權。但絕對的理智雖非人間所能有的東西,有幾種理智的原則却可在人類間求得的,這些原則最好的代表,便是立憲政府。

基佐(François P Guizot 1787-1874)[3]也抱着同

1 見他在 Barante 的演講 Life of Royercollard.

2 Cours d'histoire de la philosophie morale au dix-huitième siècle (1839-40).

3 Du Gouvernement réprosentatif (1816),英譯者 A. R. Scoble: Du Gouvernement de France depuis la Réstoration et le Ministère actuel (1821)。

樣的意見。他反對神權主權和總意主權兩者,而謂祇有理智與正義才能給絕對權力以基礎。他和柯常一樣,也攻擊單別個人或多數個人的最高意志論。他以爲浩布思,盧梭與奧斯丁輩所提出的主權觀念,必致釀成暴政,他以爲政治的威權係出自抽象的眞理,不出於人類的意志。他確信凡把絕對主權歸諸人類的政府都是專制的;祇有那些把每個機關的權力,加以廣大的抑制和均衡的政府,才能達到正義。代議政府是最適宜於維持眞正自由的政體,因爲在代議政府裏面,那些代表社會最高理智的人們,是被選爲治者的。權力爲君主或人民的一方所專有,是危險的,君主和人民間必須維持着適當的均勢。基佐希望法國一八一四年後所成立的立憲制度,能得到像英國人對於他們的不成文憲法那樣的崇敬。不過,他承認英國的政制,爲逐漸進化的結果,自有其特然的長處,決非法國的人力創造的憲章所能及得上的。

憲政論派希望一八一四年君主與人民間立憲上的妥協,能永久維持;自由黨則把這種立憲的妥協僅視之爲君主政體進入共和政體的過渡時期。後一派的領袖人物爲孔斯通(Benjarnin Constant 1767-1830)。[1] 他承認人民的主權,蓋他以爲一般的國民總意是淩駕在君主的個人意志之上的,但他同時否認人民的威權是無限的。唯有正義,才是唯一眞實的主權;個人自由權的起點,即是政府裁判權的終點。在實際上主權者權力的施行,應受公衆輿論及政府各機關制衡制的限制的。孔斯通提出了一種政府各部的新的分類。他把行政權歸之國務院,司法權歸之法庭,代表永恆的權力歸之世襲的議院,代表民意的權力歸之選舉的議院。至於君主,他以爲是保持政府的均權之中立機官。君主和國務院的區別,是孔斯通學說中一種重要的特徵,雖則他堅持着早年的國務院對君主負責的主張,而不是後來的國會責任的制度。

法國一八三〇年的革命,推翻了一八一四年的妥協辦法,衆議院又宣言法國人民歡迎路易腓力(Louis Philippe)加冕即位。那時法國人民所表示出來的權力,引起對於前期的理智主權說的修正,不把理智當作一種抽象的東西,而把它視爲法

1 Principes Politiques (1815); Réflexions sur les Constitutions et les Garautfer (1814-18)。

蘭西民族的沈靜而精密的意見。有組織的人民全體是主權者,但是他們的權力並不是無限的。他們的行動必須限於憲法的範圍內。至尊無上的是全法蘭西有組織的人民全體的理智,不是人民的意志。

杜格維(Alexis de Tocqueville 1805-1859)[1]的著述給歐洲民主思想以一種推動力。當時歐洲人每以爲民主政府的結果,必致釀成無政府狀態或軍閥專制,杜格維根據其對於美國情形的精密觀察而成的政治哲學,却糾正了歐洲人的這種錯誤觀念。他特別頌揚美國的聯邦制度,他以爲在美國聯邦裏面,中央聯邦與各邦的權力是劃分的,因之另外又創立了一種制衡的制度。此外,他對於美國地方分權的行政,使郡和縣都施行相當程度的地方自治,和司法部在裁決立法部所通過的議案之合憲違憲方面所佔的重要的政治機能,都加以詳細的研究。杜格維和孟德斯鳩一樣,謂一民族的環境和社會情形能決定他們的政治社會制度。他確信民主政體爲自然發展的結果,不久將遍佈於文明世界。杜格維對於民主政體下多數人

1 Democracy in America (1835),英譯者H. Reeve.

的暴戾,雖也有所顧慮,但他却告訴歐洲人謂民治政府是可以施行於地域大的國度裏的;他以歐洲人的眼光批評美國政府,使美國人對於他們的政府有一種外來的批評準則。美國政治上有許多傳統的觀念,都是從他的著述流傳下來的。

一八四八年革命後,人民主權的學說,在法國方面更確定地恢復了。新憲法裏明文規定主權是在公民全體;社會主義學說的興起,更加強了社會全體行使權力的思想。法國十九世紀的政治學說,專在限制絕對權力。舉凡理智主權論,非主權所得破滅的個人權利論,有組織民衆全體的有限主權論,這些學說的目的都在一方面防止專制君主說的復活,他方面防止放縱的人民意志的再現。

法國現代的政治思想,最好的說明,便是愛士曼(J. P. Esmien 1848-1943)[1]的著作。他把國家解釋爲民族的"法律的人格"(Juridical Personality),並注重國家內外兩種主權。同時他又主張國家有尊敬個人權利的義務。可是個人並沒有反抗的權利。主權乃有政治組織的民族的意志。在

1 Éléments de droit constitutionnel français et comparés (1896)。

法律上主權是至尊無上的，但在道德上主權必須保障個人的自由。

(三)美洲民主思想的發達

十九世紀的初葉最顯著的是民主思想在美洲有明顯的擴展。在拉丁亞美利加成立了許多共和國，牠們的憲法都以美國憲法爲範本。美國方面，自由民主的政府思想，也有飛速的進步。在最初十二年內，美國的政府爲聯邦論者[1]所統治，這些聯邦論者便是爭得憲法的制定的守舊派領袖。他們決定把普通的平民置於不重要的從屬的地位，而給政權予優秀的有財產的人民。他們的目的是在把總統戴上君主政體的面具，而給政府以一種明顯的貴族政體的色彩。他們對於法國革命的學說沒有半點兒同情，他們通過排外懲逆法令(Alien Sedition Acts)，使大總統有權懲辦批評政府的人，并有立即驅逐擾亂的外人的權力。他們贊成萬能的中央政府，并且利用他們掌握最

1 憲法會議初期，“聯邦”(Federal)這個名詞是應用於那些希望建立柔弱的聯合的各小邦的計劃，和名大邦之“統一的”(National)計劃相反。後來，所有擁護憲法的人都自稱爲“聯邦派”(Federalists)，和那些反對批准憲法的“反聯非派”(Antifederalists)相左。

高法院的機會,決定了美國憲法發展的大勢有數十年之久,雖則已是在他們失去行政權和立法權方面的勢力之後。在馬錫爾(John Marshall)[1]幹練的領導之下,默認權力說是發揚光大了,法院有宣告聯邦和各邦法令違憲的權柄也確定了。

一八〇〇年哲斐遜被選爲總統,又展開了一個新的時期。哲斐遜的信徒們對於他之被選爲總統,大爲謳頌,謂爲回到獨立戰爭所爭的原則上去。可是在聯邦論者看來,這不過是無政府和暴民政治的時代的開始而已。聯邦論派的失敗,由於許多原因。在他們猛烈煽動建立萬能的政府而獲得憲法的採取後,便自然發生了一種反動偏袒個人權利與各邦權利。初期的法國革命又給美國的民主精神,以一種激刺,聯邦論派因爲不肯幫助共和的法國反對君主的英國,遂致他們的行政不得民心。彌爾敦領導的武人派和亞當士領導的議會派,互相反對,遂使聯邦黨進於破裂。軋棉機的發明,和農產戶與高原棉產戶的地位之日趨重要,使新英格蘭商人與銀行家所操縱的經濟

1見J. E. Oster的The Political and Economic Doctrines of John Marshall (New York, 1914); C. G. Haines的The American Doctrine of Judicial Supremacy (New York, 1914)。

權,轉入於南方的據有土地的貴族之手。人民的西向運動,又增加了那些同情於哲斐遜的個人主義主張的與那些抱怨新英格蘭領袖當局不顧他們利益的人的人數。於是美國的政權,由英國式的商人貴族而轉入比較純爲美國精神的地主貴族之手。"維基尼亞朝"(Virginia Dynasty)懋掌政權,延至六任之久。

新興的貴族政治的政治哲學與舊日的政治哲學不同。它撇開聯邦派統治下的文飾及其對於民衆的輕視。它雖然不願把實際的政治統治託付給人民,却以掌理人民之利益的人民的保護者自居。它的民主政治的學說超過於其民主政治的實行,但它却願望着民主政治的繼續發展。它不贊成強有力的中央集權的政府,反對強大的常備軍,反對國債的發行,反對國家銀行的建立。學理上代表這派學說的著作者爲:脫加(H. St. George Tucker),[1] 泰婁(John Taylor),[2] 白樓(Joel Barlow)[3] 等,而尤以哲斐遜[4]爲最。

1 Commentaries on Blackstone (1803)。

2 Inquiry into the Principles and Policy of the Government of the United States (1814)。

3 Joel Barlow to his Fellow Citizens in the United States of

哲斐遜對於政治學說,很少獨創的貢獻。他的思想,大半得自西特尼(Sydney)和洛克兩人,又受到佩因的影響。他最重要的著述就是在把這些人的思想加上一種合宜於美國狀況的形式;法國學者對於他的影響,實沒有如平常所推度那樣的多。哲斐遜相信人類平等,和自然權利,幷相信政府係由社會契約所建立,以保障個人的自由,政府在失職的時候人民有革命的權利。他不贊成有力量的政府,因爲恐怕它流於暴戾。他確信人民的同意應作爲政府之永久的基礎,幷力論偶爾的革命乃醫治國家的良藥。他又提議每十九年之間基本法須修改一次。

哲斐遜是反對君主政治的;但他雖反對以財產與門第爲基礎的人爲的貴族政治,却並不否認以賢與能爲基礎的自然的貴族政治(Natural Aristocracy)。他以爲教育與地方自治兩者爲共和制度所依賴的"雙鈎;"幷相深有智識的民衆必能選擇最適當的人爲一國之治者。他深知民主政治是不宜於愚昧的無自治能力的民衆的,但他對

America (1801)。

4 見他的 Works, 輯者 P. L. Ford (New York, 1892-9)。

於民主政治之將來的發展,却抱有極大的信心。他反對強大的常備軍,因爲常備軍是以力治人的專制政府的工具,而非民主政體所必需的;他力主軍政權隸屬於民政權。他重視農業,忽視工商業,深信都市的發達,必致造成腐敗,而使民主政治難於成功。

激烈的民治原則的實際應用則是在數十年後的傑克遜(Jackson)派的民主政治運動。人口的增多和西境新邦的加入,又加東方各城產業人口的增添,便是這個運動的主力。邊疆的生活情形處處都促進人民的獨立性,個性和極強的平等的意識。都市的情形,產生了許多與地主的貴族政治不兩立的利益團。特殊權利的觀念和自然的貴族政治的思想都受人鄙視。他們所要求的是沒有財產資格的限制的普遍選舉之擴大,和對於中央聯邦政府與地方事業的直接民治。對於北方實業界有利益的保護關稅政策和維持金融的寡頭權力的國家銀行,新黨都竭力加以反對,他們期望取消當時選舉上的宗教資格的限制,幷冀國家與教會的完全分離。

一八二八年傑克孫的當選爲總統,即表明這

運動的成功。政權由地主階級轉入民衆之手;在舊派領袖眼中看來,傑克孫之當選不啻爲"暴民君主"(King Mob)之獲得勝利,而覺共和政制有淪於無政府狀態之虞。以前議會佔重要的地位,總統候選人由議會提出,但政黨組織和全國總統選舉提名會的發展,抬高了總統的地位,使總統成爲全國政治的重要人物。傑克孫以人民之直接的代表自任,對於政府的行政部的權利,抱一種奮勇的不放鬆的態度。自由黨(Whig Party)所謂議會代表人民最切,應有最高權力,而行政院應受不信任與限制的學說,大受議會派領袖克雷(Clay),韋白斯特(Webster),賈爾洪(Calhoun)輩的擁護;但同時大總統却受人民的贊助而能增大其行政權,以與侵越的議會的專擅相對抗。在各邦,行政權也有同樣的擴大,邦長由邦議院推選改爲由人民公選,任期改長,委任權與駁議權也都經加大。

民主運動又主張從前委任的官吏改爲民選,特別是司法官;又重視短任期和輪流職,幷以爲公共領袖不必定需要特別的訓練與經驗。它以爲任何有普通知識的人,都可充任高級官吏,幷謂任期過長,必致進於官僚化,而喪失其對於人民的同情。在這民主主義的趨勢中,奴隸制度在這個時期却仍是繼續存在。

傑克孫派的民主政治對於政治學說無所增加。它大半是致力於實行從前說過的思想。同時,美國政論所根據的自然法和社會契約說,亦於此時失其勢力。賈爾洪和他的信從者[1]都拋棄天賦權利說和人類平等說,以爲政府是人類本能和需要的自然產物,謂不平等乃人類進化的要質。就是那些反對奴隸制的人們,對於自然權利哲學的實效,也發生了疑問。斯託立(Joseph Story)[2]說,社約說如果要應用到各國的實際情形上去,必須加上許多條件和限制,因爲每個國家裏面終有許多人不同意,並且不能同意於政府的形式,而就受政制與法律的約束。

天賦權利說和社會契約說又受當時在美國的德國亡命客利伯(Francis Lieber 1800-1872)[3]的

1 尤其是 T. Cooper 的 Lectures on the Elements of Political Economy (1826); A. T. Bledsoe 的 Essay on Liberty and Slavery (1856)。

2 Commentaries 第三百二十七節。

3 Manual of Political Ethics (838-9); Legal and Political Hermeneutics (1839); On Civil Liberty and Self-Government (1853); Miscellaneaus Writings, 輯者 D. C. Gilman (Philadelphia, 1881)。

反對;他的著作爲在美國方面關於政治科學的最早一本有系統的論文。他的著作介紹一種更爲科學的方法,并代表一種對於初期個人主義哲學之顯然的反動。利伯勇敢地斷說國家應舉辦一切於社會幸福所必要而不能由個人所舉辦的事業。利伯雖然主張一種修正了的自然法學說,肯爲由人性本質推演而來的權利體,又相信人類在這種自然法之下享有某種自然權利,但他並不倣傚十八世紀革命家的成法,來解釋這種權利。他批評自然境界和社會契約的學說,謂這些都是虛構的不適當的。人類本性是社會的,其創立政治社會並不需要任何人爲的手續。國家是進化過程所創造出來的一個有機單位。利伯指出英法兩國的自由觀念的不同,以爲英人所着重的爲公民自由,即一種不受政府干涉的範圍;法人類重視的爲政治自由,即一切人民的參加政治權力的權利。利伯對於美國國際法的思想,也很有影響,曾應林肯總統的要求,草就一種陸地戰爭法典,備作聯邦軍隊的嚮導。利伯影響美國思想的力量,又爲一派思想家所增大,這派人有許多是受德國的訓練的,他們研究政治制度,深受歷史法和比較法的影響。[1] 他們又多少受着德國學說之着重民族國家與條頓民族政治使命的印像。

奧斯丁派的分析法學在美國的代表,則爲韋羅貝(W. W. Willoughby)[2]的著作。他批評社會契約說,以爲除非在國家法律之下,權利是不能存在的。他視國家爲一種法律人格,自有其本身的種種權利和種種義務。他擁護絕對的不可分的主權觀念,并把主權賦之一切表示國家意志的機關。

(四)十九世紀反民主政治的學說

在十九世紀的初期,民主政治是與盧梭的總意說聯在一起的。主張人民直接行使其主權者的權力。一般人以古希獵的經驗,來觀察民主政治,謂它最適合於小國。民主政治的批判者如白克,哈密爾頓,亞當約翰輩,都以爲民主政治完全是殘暴的,是過度施用人力的,混亂的不能長命的。他們把法國革命的騷動,和美國邦聯的混亂與民

1 尤其是 O. A. Brownson 的 Constitutional Government (1842); E. Mulford 的 The Nation (1870); T. D. Wookey 的 Political Science (1877); J. W. Burgess 的 Political Science and Comparative Constitutional Law (1890)。

2 The Nature of the State (1896)。

治合爲一談。美國憲法的創造者把民主和共和兩種政體加以區別。前者由人民親身參與政治;後者則由代議士及代理人治理政府。美國制度之廣用代議制與各種間接民治制的方法,和杜格維(Tocqueville)對於美政府之敍述的遍受注意,使美國被認爲民主政體的代表。直接的民主政體在一般人看來是一種例外;常態的民主政治是一種代議的共和政體。

十九世紀一般發展的趨勢,是民主政治領域的擴張。[1] 奴隸制與農奴制的廢除,選舉上宗教資格與財產資格的取消,成文憲法和代議制度的採取,世襲君主政體的推翻,選舉權的推及婦女,以及採用創制制和複決制等方法的人民直接立法的復興,處處都表明這個趨勢。同時,對於民主政治的批評,也並不是沒有。[2] 同世紀的中葉後,這般批

1 關於近代的民主主義見 J. Bryce的Modern Democracies (1921); C. F. Dole 的 The Spirit of Democracy (1906); A. L. Lowell 的 Public Opinion and Popular Government (1913); L. T Hobhouse 的 Democracy and Reaction (1904); H. Adams 的 The Degradation of Democratic Dogma (1919); W. Weyl 的 The New Democracy ((1912); F. Cleveland的Organized Democracy (1913); J. H. Hyslop 的 Democracy (1899)。

2 現代民主主義的重要批評見 H. Maine 的 Popular Government (1886); W. E. H. Lecky 的 Democracy and Liberty (1896); J.

評民主政治者的議論,不再以世襲君主政體的神權爲根據,亦不以民治政府之必趨於退化,流於暴民政治,革命和無政府等爲論證了。他們大率却注重於民主政體之無效能,浪費,和民治政體之本身的盾矛,以及其排擠優秀份子的趨勢和其利用不能抵抗的公衆輿論,陷個人於平庸的齊一的水平線上。他們深恐煽動家的抬頭與政府的舞弊——商業利益影響所產生的舞弊。許多觀察家都特別注意於大都市內民治政府的弱點 許多人以爲民主政治並不必定能保障自由的,它排斥最有才能的領袖,使他們不來做官,它並且與科學和藝術的進步是不相容的。民主政治的過分立法的趨勢,普通政府機關背後興起的政黨組織與其方法,以及操縱公衆輿論的種種方法,也都飽受攻擊。進至最近,代議制所依據的基礎已受批判,而比例選舉制的要求和要求承認組成國家的機

Stephen 的 Liberty, Equality, Fraternity (1873); E. L. Godkin 的 Problems of Modern Democracy (1896); Unforeseen Tendencies of Democracy (1898); E. Faguet 的 The Cult of Incompetence, 英譯者 B. Barstow (1911); E. Lavéleye 的 Le Gouvernement dans la Démocratie (1891); A. M. Ludovici 的 Defence of Aristoracy (1915); W. S. Lilly 的 First Principles in Politics (1899); W. H, Mallock 的 The Limits of Pure Democracy (1918)。

能團體的政治地位,亦已興起了。

結果,那些施行民治政治最久的國家,近來竭力設法避免選舉和立法的舞弊,并力謀更大的效能,尤其是行政上的效能。對於官吏的委任和久遠的任期,覺得比較選舉的短期任職,有某種利益;并引用文官考試制,以救濟腐化制度的弊病。政府職能之擴大,使平常人的才能覺得不夠應付現代生活的複雜的問題,於是產生專家委員會,而授以從前民選代表會議所行使的大權。欲求得眞正的直接民治,必須責任的集中;結果便加大了行政者的權力。分權的學說,特別是它在美國的極端的應用,也受到嚴酷的批評。[1] 政府任用專家的價值,更加予以注意;現代改革的目的,大概是在求政府的效能和辦事的認眞,同時,又謀求民治的更進一步。

民主政治的政治學說,在十九世紀後半期大半是受這時期的經濟發展的影響。這時期正是資本之飛速的蓄積,和實業運輸等大量發展的時期。這發展發生於放任政策之下,在這種政策下

1 T. J. Goodnow 的 Politics and Administration (1900); T. R. Powell 的 "The Separation of Powers," 發表於 Political Science Quarterly, XXVII, No. 2; XXVII, No. I (June, 1912; March, 1913)。

國家對於競爭或組合毫不加以限制。在這種過程中,勞資兩階級間的裂痕日益加深;資本家聯合而成強有力的大公司,勞動階級則組成種種工會。兩者對於政府都有影響,而尤以對於現代民主政治的要素政黨制度爲最甚。保守主義和自由主義這兩個名詞,便是用來表示對於政府之於勞資鬥爭的關係的態度。保守派一方面贊成政府扶殖商業,一方面又反對商業受政府條例的束縛。自由派與急進派的思想,則主張絕對的國家管理,幷主張在某種情形之下有關公共幸福的業務的國有和國營。

民主政治的成功的建設,使一般人對於政治的態度恰與一世紀以前的態度相反。在那個時候,自由思想所贊成的是個人主義,用以限制非民主的政府的權力。現在呢,是保守思想趨附於經濟事業上的個人主義了,他們把個人主義作爲抵擋民治政府干涉私人利益的盾牌。在今日,反民主的學說所最激烈反對的,便是政治的民主侵入經濟的範圍。

心理學在政治學說上的應用,[1] 和晚近對於

1. 見以下本書第十四章

公衆輿論的本質及左右輿論的勢力的考察,也引起許多學者取斷然的反民主的態度。心理學研究的結論是:在民衆運動中非理性的要素佔重要的地位;這種結論的結果對於民治遂發生一種不信任。

世界大戰以後所產生的有保守的反動,也有過激的革命。保守的趨勢,可以意大利法西斯蒂運動,西班牙的武力革命,和中歐以至於法蘭西的保皇運動爲代表,其特徵都是在不信任政客和政府的官樣文章,和恐懼共產主義之成功。獨裁政治在歐洲是堂皇地復活了。法西斯蒂,在尋找歷史上的根據時,直回溯到羅馬的學說,甚且借助於馬克維尼,採取他的國家神化論,祇論目的不擇手段,以爲目的苟正,手段不妨詐,把國家抬至一切個人利益之上,而竭力主張其向外擴張的政策。

參考書

C. A. Beard, Economic Origins of Jeffersonion Democracy (New York, 1915).

J. Bryce, "The Predictions of Hamilton and De Tocqueville", in Johns Hopkins University Studies, Series V, No. 9 (Baltimore, 1886).

.J Bryce, Mondern Democracies (New York, 1921).

J. W. Burgess, Recent Changes in American Constitutional Theory (New York, 1923)。

F. A. Cleveland, The Growth of Democracy in the United States (Chicago, 1898).

H. Croly, The Promise of American Life (New York, 1909).

W. A. Dunning, "European Theories of Constitutional Government after the Congress of Vienna", in Political Science Quarterly, XXXIV, 1-32 (March 1919).

W. A. Dunning, Political Theories, Rousseau to Spencer, 248-278.

J. P. Foley, The Jeffersonian Cyclopedia.

H. J. Ford, Rise and Growth of American Politics (New York, London, 1898). Chs. VII-XIII.

J. W. Garner, Introduction to Political Science, 205-230.

D. C. Gilman, Bluntschli, Lieber, and Laboulaye (Baltimore, 1884).

L. F. Harley, Francis Lieber (New York, 1899).

A. N. Holcombe, Foundation of the Modern Commonwealth (New York, 1923).

H. J. Laski, Authority in the Modern State, Ch. IV.

A. R. Lord, Principles of Politics (Oxford, 1921). Ch. VI.

C. E. Merriam, History of the Theory of Soverignty Since Rousseau, Ch. V.

C. E. Merriam, American Political Ideals, Chs. IV-V.

E. Nys, "Francis Lieber, His Life and Work," in American Journal of International Law, V, 84-117,

335-393 (April, 1911).

J. S. Penman, The Irresistible Movement of Democracy (New York, 1923), Bk. I, Cps. IV-VIII; Bk. II, Chs. VII-XI; Bk. III, Che. V-X.

T. S. Perry [ed.], The Life and Letters of Francis Lieber (Boston, 1882).

C. S. Phinney, Francis Lieber's Influence on American Thought (Philadephia, 1873).

A. M. Schlesinger, New Viewpoints in American History, Chs. IV, IX.

J. R. Seeley, Introduction to Political Science, Lectures 6, 7.

M. R. Thayer, The Life, Character, and Writings of Francis Lieber (Philadelphia, 1873).

F. J. Turner, The Frontier in American History (New York, 1920).

S. Tyler, "De Tocqueveille and Lieber as Writers in Political Science," in Princeron Review (Oct., 1858).

W. E. Weyl, The New Democracy (New York, 1912).

第九章

社會主義的政治思想之興起

(一)個人主義的學說

當十七和十八世紀的時候,政治學理所討論的大部份是關於國家組織的問題。君主對於人民的關係是當時的主要爭點。一般人的理論或是擁護,或是攻擊,君主專制主義;神權說和社會契約說是那時最顯著的學說。到了十九世紀的中葉,關於國家組織的主要問題,已有了相當的解決。民主政治已大致得到勝利;一般國家都在創制成文憲法,設立代議國會。選舉權已經擴大,政府已差不多受制於民治。因之,興趣便轉移到國家活動的問題上去了。

在專制政治的時代,重商主義的理論和君父政治的學說,極盛一時。那些反對強有力的君主的,當然願望限制國家的威權。所以,"最好的國家是最不治事的國家"這種信仰跟着民主主義的奮鬥而產生。當時一般人所冀求的非僅是政治的權利,並且是公民的自由。隨產業革命而起的放任主義助長了和民主主義的革命同時產生的政治的個人主義之氣燄。從一七五〇年到一八五〇年,主張國家應限制牠的活動至最低限度的學說,最是普遍,最是有勢力。可是在十九世紀上半期的時候,無限制的個人行動和自由競爭所難免的種種危險,日益明顯,於是起了一種有力的反動,贊成政府的管理和統治。共產主義的學說重新恢復起來了,合作的組合大加提倡了,最後,國家社會主義的原理亦成立了。

個人主義的理想是一種比較晚近的理想。在古時的雅典和文藝復興的"自我發展"的理論中,已有個人主義理想的踪跡可尋。代表個人良心反抗威權權利的宗教改革,更給個人主義以一種鼓勵,尤其是當國家干涉宗教教義的時候。自然權利說和社會契約說,以及最大多數的最大福利的功利主義,都重視個人,認個人爲國家的重要原素。法國的革命和當時一般人的熱烈的信仰,認政治制度是爲人民而存在的,政治制度的好壞應以牠對於個個公民的生活的實效爲標準,實指示了一種理想主義的個人主義。不過,在這全個時期中,人們都深信有建立一個完美政府的可能性,於是致全力於國家組織之改進,對於國家活動的限制,却未顧及。

產業革命掃滅了中世紀的階級制度之最後遺跡,近代的個人主義便是從產業革命產生出來的。產業革命提高了"經濟人"的地位,使他成爲社會之重要的,可尊敬的一份子。產業革命的結果是擴大了市場,產生了工廠制度。可是這個新的狀況和新的需要都遭受專制政府之成訓的反對;於是產生了一派有勢力的思想家,倡導完全的自由是個人所必需要的主張。新的生物學,和牠的生存競爭,適者生存的演化論,更促進了贊成任意競爭,放任主義和自由貿易等的經濟的理論。當十九世紀的上半期,所有這些造成個人主義的勢力四面八方的同時並進。理想主義的個人主義者說,人類有自然的權利,對於這種自然權利,國家是不應該干涉的。經濟學家則謂任人自由是有利而無損的,如人人都很合理地追求他自己的利益,則社會可以得到最大的利益。科學家則謂進步是自由競爭的結果。當時一般學說都倡導聽從自然的主張,抱着樂觀的信仰,以爲如能免除國家的無謂的干涉,則自然的作用自能解決社會的問題。個人主義之更極端的形式便成爲無政府主義了。

雖則在一七九一年的時候,就有一位普魯士的學者,洪保德(Wilhelm Humboldt),[1]竭力主張縮小政府職權的範圍,雖則在法國已有杜格維(De Tocgueville),[2]戴因(Taine),拉波雷(Laboulaye),[3]米雪爾(Michel)[4]和李拉波里歐(Leroy Beaulieu)[5]等倡導強有力的站在個人主義的觀點的主張,但是個人主義之最好的表現,却是在英國。斯賓塞(Herbert Spencer)[6]以爲利他心自然會限制自私

1. Sphere and Duties of the State, 由 J. Coulthard 譯成英文(London, 1854年)。參閱本書第五章,第二節。

2. 關於 De Tocgueville, 參閱本書第八章,第二節。

3. L'État et ses Limites (1863)

4. L'Idée de L'État (第二版,1863)。

5. L'État Moderne et ses Fonctions (1890)。

6. 見他的論文集 Social Statics 和 Man Versus the State(1903)。

心的,無需政府的干涉。他相信從歷史上看來,當人類從軍事的社會組織進而到產業的社會組織時,政府的威權便在逐漸的減削。他說國家是社會構造中具有特殊功用的專門化的機官,牠的活動應限於特殊的責任,這個特殊的責任就是維持秩序與和平。這樣,國家活動的限制就和進化(Progressive evolution)所不可少的功能之專門化相符合了。斯賓塞用了歷史和達爾文的演化論來證明個人主義非但應該成立,而且必定會成立的。

密爾(John Stuart Mill)[1]頌揚個人主義,認牠是人類在社會裏謀一切能力之最高發展的最好方法。他相信政府的行動是減低個人的開創心,破壞發明力的。他贊成分權的和民治的祇在規定的範圍內活動的政府。密爾是代表一個過渡的時代的,在他晚年的著作中,他有國家社會主義的傾向。他在晚年,放棄了自利主義,主張自我犧牲的主義,贊成職工組合,承認社會應該管理財富的分配。

繼起的站在個人主義的立場的是薛知微(H.

1. On Liberty (1859)。

Sidgwick)[1]的主張。 他認政府之正當的範圍是維持個人的安全,私有財產,和契約的任務;他以為每個人如果都能合理地增進其一己的利益,則社會的最大福利便能達到。此外,擁護個人主義的健將有頓尼梭柏(W. Donisthorpe)[2]和斯密司(Bruce Smith)。[3]

在美洲,新世界的邊陲情形更是適宜於個人主義的學說。 美國革命的理論,以主權在民,天賦權利的概念為根據,是非常地個人主義的。 主張聯邦政府的領袖們雖是醉心於強有力的政府,但在哲斐孫(Jefferson)派和傑克孫(Jackson)派民主主義日漸得勢的時候,公共輿論的趨勢是顯然地個人主義的。[4] 一般廢除黑奴運動[5]的急進的領袖,並不十分重視政府的價值。 他們的理論是以一切人類有不可讓棄的自由為出發的前題,進而鼓吹不參預政治,主張廢除政府。 他們醉心於"普遍的解放,"主張"脫離"教會和國家,他們並且贊助

1, Elements of Politics (1891)。

2. Individualism: A. System of Politics (1889)。

3. Liberty and Liberalism (1887)。

4. 見 Emerson 的 Self-Reliance 和 Politics 二篇文章。

5. 見 Thoreau 的 Civil Disobedience (1849);W. P. Garrison 和 F. J. Garrison 的 Life of William Lloyd Garrison New york, (1889)。

各種人道主義的運動和自由的運動。

到十九世紀的末葉,美國的政治學說中最佔勢力的還是個人主義的學說。不過牠已從初期的政治的個人主義化爲經濟的個人主義了:前者是以自然權利的信仰爲根據的,以爲強有力的政府是和專制政體沒有分別的;後者是以放任主義的學說爲根據的,以爲實業和商業,如不受政府的干涉,卽可興旺。十九世紀下半期擁護個人主義和個人自由的最著名的領袖,有孫末楠(W.G. Sumner),[2]白脫洛(N. M. Butler),[3]和柏哲士(J. W. Burgess)。[4]

(一)烏託邦的社會主義者

共產主義的各種制度和各種理想並不是近來才發生的。古代的人民往往是公共享有財產的。共產主義盛行於希臘,尤以斯巴達(Sparta)爲甚,直到希臘時代之末。在中世紀時,農業莊園,城

1. Whats Social Classes owe to Each Other (1883); The Forgotten Man (1887); The Challenge of Facts (1914)。

2. Why Should we Change our Form of Government (1911)。

3. The Reconciliation of Government with Liberty (1915); Recent Changes in Americn Constitutional Theory (1923)。

市行會,以及僧院制度等組織,都含有很明顯的共產主義的原素。共產主義的農業組織之痕跡就是在現在的世界各地猶復存在。

共產主義的各種理想往往藉幻想的烏託邦表示出來,這種烏託邦描寫各種理想世界的概念。柏拉圖(Plato)在共和國中所描寫的一個城市,其中連妻室和子女也是公有的。基督教的始創者組織了一個社會,在這個社會裏"所有的信徒,相聚一處,一切物品,均屬公有;他們出賣他們的產業和財貨,按着各人的需要,分配給衆人"。[1] 謨耳(More)的烏託邦(Utopia, 1516)攻擊私有財產,認私有財產爲罪惡的主要原因。他在這本書裏描寫一個社會,其中所有的健康的人都做工,其中並無金錢這樣東西,其中財產是公有的。康帕內拉(Campanella)在太陽城(The City of the Sun, 1523)一書中所表示的理想,是共妻共產,並且一切人都有工做。赫林頓(Harrington)的奧興拿共和國(Oceana 1656)把任何個人所能據有的土地數量,加以限制。莫雷里(Morelly)在他的巴雪里合(Basiliade 1753)一書中,批評財產制,主張財產的均有。

1. 見Acts, II, 44.

產業革命的結果,許多經濟上的禍患便接踵而起。貧富懸殊,勞資之裂痕日深,恐慌頻起。個人主義學說之缺點日益明顯,因爲廠主和賣主之自由不一定是工人的自由。爲要設法救治這種情形,於是有的人幻想恢復中世紀的制度以爲補救。有的人則批評這種情形所由來的全部運動和經濟學說。其中主要的人物便是西斯孟迪(Jean de Sismondi, 1773-1842)。[1]

西斯孟迪反對那般教人怎樣去增加國家財富的經濟學家,他欲改造經濟學說,使其教人怎樣去增進國家的福利。爲要達到這個目的,他主張政府的干涉,來管理財富的積聚和分配。他贊成節制機器的使用,限制競爭,管理勞動。他是樂觀時代中的一個悲觀主義者;他在放任主義的時代中主張政府的干涉。他實開後來"基督教社會主義者"(Christian Socialists)之人道主義的觀點的先河;他的政府干涉的主張,啓發了後來贊成政府干涉經濟事業的反動,並且對於後來國家主義的勃興,給予一個強有力的激勵。羅特伯特士(Rodbertus)和馬克思(Marx)受他思想的影響極深。

1. Nouveaux Principes d'Économie Politique (1819)。

但是西斯孟迪並不攻擊私有財產制度或現社會秩序。他和初期的空想家一樣,從倫理的觀點研究社會改造的問題。在十九世紀的初葉,產生了一般學者,他們對於新產業制度的大規模生產和分工是承認的,但他們批評當時的私有財產和競爭的觀念。他們不從倫理的觀點,而從經濟的立場,來研究這個問題。他們都是反對資本主義的,他們反對當時社會秩序的許多制度,主張澈底的改造。他們都受了當時流行的人性完善的樂觀觀念的影響,希望用教育的實驗來改進人類。他們從理想的思考立論,希望建立一個理想的社會秩序。他們反對革命和階級衝突,他們的眼光是非常的人道主義的,他們申訴於支配階級,登高臨下地去援助貧人。

最先感受產業革命的影響的首爲英國。在一八〇〇年那樣早的時候,就有一位精明能幹的商人而又是理想主義者的歐文(Robert Owen,1771-1858)[1]想把雇主和雇員間的關係放在合作,而不放在競爭的基礎上,并且建議社會的改造,以救濟

1. A New View of Society (1812); The Book of the New Moral World (1820)。

靠工資過活的勞動者的貧窮和悲慘。他相信人性本是良善的,一切罪惡都是資本主義制度的結果;私有財產,宗教,和婚姻制度,在他看來,都是自然秩序的障礙。歐文提倡一種共產村的制度,在這種制度下人類的良善的天性得以自由表現出來。他組織了許多烏託邦的共產村,尤以在蘇格蘭的紐蘭納克(New Lanark)和印第安納(Indiana)的紐哈摩尼(New Harmony)所組織的爲最著,他在那裏舉行了種種工業的和教育的實驗。在這種共產村裏,有一個總委員會管理一切內部的事務,又有其他委員會進行和其他同樣的共產村的往來關係。他主張把許多共產村聯合起來,組成較大區域的聯盟,也由委員會管理之。歐文和他的信徒在英國的影響很大;合作社的創立,爲工人階級謀利益的立法之成立,和對於勞工組合的種種限制的廢除,大部份是受了他們的影響。

歐文的最重要的信徒是一國愛爾蘭的社會主義者湯姆生(William Tompson)。[1] 他在他的著作中,把他的思想很明晰地說明,後來成爲馬克斯派

1. Inquiry into the Principles of the Distributson of Wealth most Conducive to Human Happiness (1824)。

社會主義者的基礎;他申辯勞動者生產一切的交換價值,勞動者應享受其勞動的全部產品。他主張根據歐文的計劃,改造社會制度,因爲他不願把他的思想再進一步地推得其廢除財產權和攫取資本家和地主的不勞而穫的盈餘的邏輯的結論。他希望合作主義來解決雇主和勞動者間的糾紛。

法國革命和革命以後的一個時期中產生了一羣有趣味的烏託邦社會主義者。他們不從歐文主義的實際的觀點,而用哲學的思考,來研究社會改造。聖西門(Count Henri de Saint-Simon 1760-1825)[1]說,社會活動的目的是在"以羣力來開拓地球"。他視法國革命爲一種階級戰爭,而他的主要旨趣是在工人的福利。他相信政治學根本是生產的科學,牠終究會被倂入於經濟學的範圍內。他提倡一種新的社會秩序,以生產的階級爲領袖,而求實業的進步。最高的權力應屬之於一個由三院組成的國會:一個是創造院,由土木工程師,詩人,和藝術家組成之;一個是考試院,由數學家和物理學家組成之;還有一個是行政院,由實業的領袖組成之。第一院是創制法律的,第二院是通過法

1. L'Industrie (1817); Le Nouveau Christianisme (1825).

律的,第三院是執行法律的。他的理想是一個以工廠爲模型的社會,變全國爲一個生產的組合。

聖西門認社會的政治的改造必須放在精神的基礎上,方能成功。他提議廢除現存的宗教形式,建設一種以耶穌的教義爲根據,以改良窮人的境遇爲目的的新倫理秩序。他特別地申訴於智識階級。他的思想代表新興的中產階級的寬仁豁達的願望。他的思想是代表實業主義的,而帶着些社會主義的色彩;他的思想到後來成爲孔德(Comte)的實證主義的基礎,並與經濟的自由主義也有密切的關係。

聖西門死後,他的一羣忠實的信徒,[1]繼續研究他的學說,把他的學說發揮到一種集產主義的方向上去。他們組織了一個會社,提倡他的宗教的思想;他們這一般人在當時便成了一個著名的激進煽動的中心。他們創造了一種歷史的哲學,深信:細察"已往,"可求得"將來"之線索。他們相信,從視察已往的歷史,可推知人類是逐漸地朝着"以協力的方法和平地開拓物質世界"這個方向進步;宗教,科學和實業三者,如能在一種合作的制度

1. 尤其是 B. P. Enfantin 和 St. A. Bazard。

內適當地調和起來,便可解决各時代的各種問題。以愛情和同情爲基礎的宗教便是最高的調諧力。宗教的治者——使我們聯想到柏拉圖的哲學者的治者——應有最高的統治權。這個運動,因他們領袖們狂熱太高,做了許多過於幻想的事情,卒致內部腐亂,到後來,他們的會社便被警察封閉了。

聖西門所倡導的是全國的社會主義化,這種思想推論下去,其結果必致成爲國家社會主義;同時,其他的烏託邦社會主義者則以自願結合的地方團體爲改造社會的途徑。傅利葉(Charles Fourier, 1772-1837),[1]他的思想雖不免偏執,但他却具有遠大的智慧的眼光,他非但對於現社會秩序有一種敏銳的批評,並且對於將來有一種奇異的預測的能力。他非難生產的浪費;他側重人類的物質的利益,主張秩序與和諧。他認宇宙爲上帝的和諧的創造物,竭力勸導人類創造一個同樣有秩序的同樣和諧的社會組織。聯合是人類間"互相吸引"的原則,猶如重力是物理世界的原則一樣。

1. L'Assciation domestique agricole ou attraction industrielle (1822); Nouveau Monde Industriel et Societre (1829)。

和聖西門一樣,他的社會學說和他的宗教的概念有密切的關係。

他的改造社會的計劃,卽創造一個有秩序的,和諧的,經濟世界和政治世界的計劃,是:組織一種"法蘭齊"(Phalanges)的制度,這種"法蘭齊"就是由五百家人家所組成的地力團體。每個"法蘭齊"裏面,應包括資本家,勞動者和有創造的想像力的人。勞動應使其能令人發生興趣,單調的工作和過度的勞動應該禁止,使人不愉快的工作應給以最高的報酬。人人都保證其有最低的收入,如有盈餘則按一種規定的比例分配給各人。每一"法蘭齊"的人都共同居住在一個公共的華第內,並據有一塊三英里見方的土地。各地的"法蘭齊"應聯合起來,組成一個大聯盟,設首都於君士坦丁(Constantimople)。傅利葉以爲在這種制度之下,貧乏可以剷除,人人之自然的自由也可以有確實的保障。自然的和諧既是成立,則強制的威權便無存在的必要了。因之傅利葉的思想從理論上推究下去,其結果便成爲哲理的無政府。

最後的大烏託邦運動的領袖是卡倍(Étienne Cabet, 1788-1856)。[1] 他受了歐文的影響,刊佈了他的著名的想像小說,在這部小說裏,他略述一種農業的殖民地和國家工場的計劃。他主張累進的所得稅,廢除遺產,和自由教育。他的著作在法國引起了很大的狂熱,結果是在他親自的指導之下,成立了一個共產的殖民地。卡倍和傅利葉一樣,着重人類的博愛的情感,並抱着一種樂觀的見解,以爲教育有改造人類天性的可能性。

烏託邦式的社會主義的著作因馬克斯主義的運動之興起而落伍,不過,現代有許多著作者仍提出種種有趣味的思想,顯出他們的偉大的想像力,用優美的文體表現出來。這類著作中有些對於實際的社會主義運動的發展,已發生一種重要的影響。這派著作家中最重要的是白拉米(Edward Bellamy),[1]莫理斯(Willian Morris),[2]豪惠爾(William Dean Howells),[3]蒲脫勒(Samuel Butler),[4]威爾士(H. G. Wells),[5]和華拉士(Grahan Wallas)。[6]

1. Voyage en Icarie (1839)。

1. Looking Backward (1887)。

2. News from Nowhare (1892)。

3. A Traveller from Altruria (1894)。

4. Erewhon (1872); Erewhon Revisited (1901)。

5. New Worlds for Old (1908); A Modern Utopia (1905)。

6. The Great Society (1614)。

(三)無產階級社會主義之興起

在一八三〇年到一八四八年之間,無產階級在政治上極爲活動。工廠制度已造成了一個勞動的,無產的大階級,並且工廠制度把勞工者羣聚一處,使羣衆思想得以形成,羣衆活動有實現的機會。商業關係的擴展,推廣了那般有共同利益者的範圍。工人們逐漸進而要求共享巨大的經濟改良的種種利益。他們對於"土地和資本,應由社會支配,產業應由社會管理,和社會應負規定教育的機會的責任"這個普通的政策,都是一致地主張的。一八三〇年法國"平民國王"的登位,和一八三二年英國選舉改革案的通過,都表明舊統治階級之勢力的沒落。於是地主的貴族階級和實業家的對抗一變而爲資本家和勞動者的衝突了。

在英國,工人們要求政治的民治主義。他們組織了一個工人協會(Working Men's Association),並且,得到了衆議院激烈份子的贊助,提出了人民憲章(People's Charter),要求選舉權的擴充和國會議席分配的改良。歐文的合作的社會主義是受經驗的影響和功利主義的理想的鼓舞而產生的，而憲章運動則拋棄了邊沁主義，回復到盧梭和法國革命的自然法的種種理想。其精神可譬之中世紀的農民變亂和十七世紀的平等論派（Levellers）。邊沁派的信條是當時那般組成自由黨的右派的富裕的民黨黨員的信條。憲章主義者却是代表激進的勞動派的，他們相信人類的自然傳襲權已被剝奪殆盡。英國的民衆對於歐文的烏託邦的宣傳，和憲章運動的自然權利說的恢復，雖都漠然置之，但憲章運動却開了一八六七年或一八八四年的改革案的先路，而這個運動後來便併入了一般的自由運動。

在法國工人們擁護白朗（Louis Blanc, 1813-1882）[1]所宣傳的社會的工場，這種工場由國家設立，在國家的監督之下，由工人管理。白朗謂凡人都有生存的權利，都有工作的權利，每人都應各盡所能，各取所需。早年的社會主義者以自願的結合爲改造社會的基礎，並且相信教育能使一般人採取他們的學說，白朗則和他們不同，他期望國家來實行他的制度。他希望一種民主政治來替代

1. Organization du Travail (1841)。

路易腓力(Louis Philippe)的資本主義的君主政體。一八四八年的無產階級革命就是遵循他的主義的。此外,受了瑪志尼(Mazzini)鼓吹意大利的自由著作的影響而產生的少年意大利運動(The Young Italy Movement)和少年歐洲協會(Young Europe Association),和由在巴黎避難亡命的德國人所組織的少年德意志會(Young Germany Society),都是無產階級的社會主義思想的表現。

法國一八四八年革命的失敗,使理想的社會主義的威信掃地,而使蒲魯東(Pierre J. Proudhon, 1809-1865)[1]的激進的思想突然得勢。白朗所希望的是一個民主政體,蒲魯東却和他不同,他反對一切的政體。他的思想完全是無產階級的,他集中其攻擊於財產,他認財產是盜刦的贓物,他甚至反對社會主義國家中的公有財產。在這一點上,他實預示了後來社會主義和無政府主義的分裂。他又謂祇有勞動是生產的,土地和資本,假如沒有了勞動,便成爲廢物了。他的關於這一點的主張

1. Qu'est-ce qui la propriété (1840),該書由 B. R. Tucker 譯成英文 (1876 年在 Boston 出版)。并參閱 La Guerre et la Paix; L'Ordre dans l'Humanité; Solution du Problème Social, 見全集 (Brussels, 1868-76)。

後來為科學的社會主義新發揮。

蒲魯東的無政府主義的學說在先他半世紀的高德文的政治的正義(Political Justice)[1]一書中已提及了。不過蒲魯東對於這些思想,加以更明晰的分析,使其更加切於實際,更加有革命的意味。他說私有財產的存在,實阻止正義的實現,造成社會的不平等,而政府亦是私有財產制度的結果。財產和政府都是不合法的;兩者都應剷除。社會之正當的組織是自由的結合。一切強制的威權都是壓迫。蒲魯東和烏託邦的社會主義者一樣,用歷史來辯護他的思想,力謂社會的發展是表示一種從權階制度到無政府的自然生長。蒲魯東的思想後來[2]經巴枯寧(Bakunin),克魯泡特金(Kropotkin),呂可侶(Reclus),斯丁納(Stirner),託爾斯泰(Tolstoi)和尼采(Nietzschke)等加以發揮,不過後三者所發揮的思想其方向稍為不同。

在十九世紀的中葉,產生了一種重要的運動,其目的是想應用基督教的教義,來解決社會問題。在歐洲新教和舊教都表顯這種趨勢。聖經上所

1. 見本書第四章,第六節。

2. 見本書第十六章,第二節。

記載的關於富者對於貧苦者的責任的訓義,對於這個時期的情形,似乎是特別適用。基督教社會主義者所信仰的是合作,不是競爭。個人主義的學說謂以利己爲行爲的動機的自然人應給以行爲的自由,基督教社會主義者對於這種學說,竭力加以抨擊。同時他們對於科學的社會主義的學說,也加以反對,因爲牠是傾向於唯物和反基督教。他們攻擊現社會組織,但相信其主要的補救是在個人之道德的改造。他們所希望的是一個人人皆兄弟的社會。

在英國一八五〇年時成立了一個提倡工人結社的會社,幷出版了一種機關報,名爲基督教社會主義者(The Christian Socialist)。金斯黎(Charles Kingsley)和摩里士(F. D. Maurice)便是這個運動的領袖。他們努力的結果使關於工人階級的福利的事情得到更進步的立法,並且使合作社得到法人資格的承認。基督教社會主義在英國[1]和美國[2]到現在仍還是一種重要的運動。

1. 見 Christian Social Union 在牛津出版的 Economic Review。

2. 見 N. Y. Institute of Social Service 出版的 Gospel of the Kingdom., W. Rauschenbusch, Christianity and the Social Crisis(1907)。

天主教社會主義之最初的目的是在想使教會和革命之間有一種結合。蒲沙(P. Buchez)[1]和拉梅內(Abbé de Lamennais)[2]是這個運動的領袖蒲沙創立了生產者的合作協會;拉梅內提出了一種爲借款人謀利益的合作銀行。現在的天主教社會主義者則在想促成教會和民主主義間的了解。他們鼓吹社會改革的必要,但覺得國家社會主義是破壞宗教,道德,和社會進步的。他們贊成在天主教徒的工人中,本基督教的精神,組織聯合會;有時或與雇主們合作。他們竭力攻擊馬克斯派的國家社會主義和階級鬥爭的理論,他們頗傾向於工團主義方面。基爾特社會主義者的學說有許多早已被德國和奧大利的天主教社會主義預先說過了。

與基督教社會主義派稍有關係的是來柏婁(Frederic Le Play),[3]他相信人類的天然習性是傾向於罪惡的。他反對自然法說和個人主義,謂社會必須自行改造。爲要達到改造的目的,某一種

1. Essai d'un Traité Complet de Philosophie au point de vue du Catholicisme et du Progrès (1838-40).

2. 見本書第六章,第三節。

3. La Réforme Sociale (1864).

威權是不可少的。他重視家庭團體和道德的改造。父權和服從十誡對於幸福是不可或少的。

十九世紀中葉英國文學的偉大作家對於社會的問題都很注意。他們反對個人主義和放任政策的無政府狀態,主張社會有聽憑賢者的指導的必要,並需要一個有秩序的有規律的社會。他們傳播了種種思想,開後來社會主義的先河。在一八二九年的時候,就已有桂冠詩人騷賽(Southey)宣傳博愛的集產主義。這種成訓在金斯黎,[1]狄更司(Dickens)[2]和里德(Reade),[3]的小說仍繼續下去。卡萊爾(Thomas Carlyle)[4]痛斥個人主義和民主主義,相信工人階級需要智者之管束。他和柏拉圖一樣,也贊成一個有紀律的社會和一個哲學家的君主。他甚至討論到強權造成公理的學說。羅斯金(John Ruskin)[5]是兼藝術家之愛美和道德家之愛好正義而有之。他攻擊"經濟人"的唯物主義,提倡精神之至尊無上。他主張以合作

1. Alton Locke (1849)。
2. Hard Times (1854)。
3. It is Never too Late to Mend (1872)。
4. Chartism (1839); Past and Present (1843); Latter Day Pamphlets (1805); Shooting Niagara (1867)。
5. A Joy for Evēr (1857); Unto this Last (1860); Munera Pulveris (1863); Time and Tide (1867); Fors Clavigera (1871-8)。

來替代競爭,鼓吹一種在貴族的和英雄的政府之下的賢哲的君父政治。他的著作掃除了對於國家不信任的障礙,使後來一般人得歡迎國家職能之擴充到社會幸福的範圍。亞諾德(Matthew Arnold)[1]主張行使威權以保護文化,使文化不致淪於個人主義和唯物主義時代的混亂狀態。總之這個時期的文學都是批評英國之政治的和經濟的生活的,主張以一個強有力的國家實行改造。

(四)國家社會主義者

造成英法兩國的共產主義和無政府主義學說的產業情形,在十九世紀中葉,已逐漸蔓延到歐洲中部。那時烏托邦主義已遭人屏棄;共產主義的試驗亦已歸於失敗。工人階級在政治上日益活動,當時的情形對於一種新的統一的社會主義運動的發展,已經成熟。這種運動勃起於德國,雖其理論大部份是採自早期的法英兩國的思想家。它純粹的是無產階級的,與初期的運動之中間階級的精神不同。牠對於牠的科學的唯實主義,頗覺自誇,以爲與初期社會主義者之烏托邦的和理想的態度不同。它承認現存的政府爲實行牠的

1. Culture and Anarchy (1869)。

是得自西斯孟迪,普魯東,與聖西門的思想。他視社會爲由分工所造成的一種有機體,但他並不相信自然法則之自由作用,是有益的。他以爲國家是一個歷史的創造物,它的組織是由組成它的各份子的努力而決定的,不是自然生長的。每個國家必須制定它自己的法律,發展它自己的制度。因之羅德伯特士贊成國家的指導,不贊成自然的自由。他的理想是組織一個社會黨,傾其全力於社會的問題。關於德國的事情,他贊成全國的統一。在一八四八年他曾醉心於立憲政府;及至晚年,他受了俾士麥政策的成功的影響,又傾心於君主政治。他對於講座的社會主義者(Socialists of the Chair)之經濟學說,並不表示同情,但希望把君主政府的政策,與實際的社會主義政綱相調和。他相信國家應使生產與需要適應,並謀生產者間的公平分配。

拉塞爾[1]是斐希特[2]和黑格兒的信徒,他以雄辯的口才,把德國唯心主義者的學說和他們的重視國家價值的主張,與經濟學家的學說相接觸。

1. Das System der Erworbenen Rechte (1861)。

2. 國家社會主義的創議見 Fichte 的 Der geschlossene Handelsstaat. 又見本書第五章第二節。

拉塞爾的主要的工作,是一個煽動家與宣傳家的工作。他創立社會民主黨,勸導全德國的工人聯成一個總協會,幷痛斥個人主義的自由黨。他相信工人應該統治國家,應以政府的干涉,不應以私人的開創,指導經濟的生活。他謂國家是歷史過程的產物,在這過程中孤立無援的個人不得不聯合一致,以克服自然,打破壓迫。人類衹有靠國家的力量,才能達到其命運,求得高等的文化。所以國家必須戮力為人類福利謀進步。

科學的社會主義之軌範的敍述是馬克斯(Karl Marx 1818-1883)[1]的著作。馬克斯雖然多少受着當時德國的思潮和法國急進份子的著作——尤其是蒲魯東——的影響,但英國經濟學家和社會主義者,尤其是亞旦斯密李嘉圖,與湯姆生,實予他以最大的啓示。馬克斯極輕視從前的烏托邦社會主義,他相信他是在恢復正統的經濟學。社會主義到了馬克斯手裏,牠的範圍便變為國際的或世界的了,與他前輩的結社主義或國家產業主義相反。馬克斯派社會主義,和初期社會主義者

1. The Communist Manifesto, 和 Frederick Engels 合著 (1848); Das Kapital (1867-85-94)。

的理想主義不同,不相信人類內在的良善,而採取唯物主義的態度。牠猛力地反叛現存的制度和國家,並且否認良善在人類天性上佔有優越的地位。牠把社會進化看做爲受物質的與經濟勢力的影響,並着重於階級利益與階級爭鬥。馬克斯相信他的階級爭鬥說是與達爾文所倡導的生物進化論相符合的。

馬克斯以爲在歷史的現階級中,資本家與勞動者是嚴烈地衝突的,而勞動者是被剝削者。勞動者創造了一種剩餘價值,爲資本家所佔有。資本趨向於集中在少數人的手中;無產階級的數量却是不斷地增加。馬克斯預料這鬥爭的加劇,其範圍將普及於全世界,其最後的結果必致造成政治的與社會的革命,在這種革命中勞動者羣衆將佔領生產手段,攫取政權與經濟權。在新的無產階級統治的制度中,資本將集中於國家之手;實業與農業將在國家的支配之下,發達起來;一切人都不得不做工,一切人都有受免費的教育的機會。於是種種階級便不復存在了。

不過,這種進程不應該由經濟的勢力去自然造成,應該由勞動階級以有力的組織與行動去直接促進。馬克斯贊成一八六四年所創立的國際工人協會(International Workingmen's Association),認牠是提倡無產階級革命的一種正當工具。他贊成公開的煽動,組織一個強大的政黨。馬克斯的信徒與國際工人協會內由巴枯寧所領導的無政府主義派,起了激烈的衝突,於一八七〇年左右,便把這個協會破滅了,於是實際的社會主義運動的領導工作,便讓給各國的社會黨去做了。

十九世紀中葉,還有一個重要的德國思想家,便是司坦因(Lorenz von Stein 1815-1890)。[1] 他極受黑格爾與孔德的思想的影響,並把歷史的觀點,唯心主義的國家觀,與當時流行的經濟改造之必要的信仰,匯集在一起。他採取了馬克斯的階級鬥爭說,但相信改造的完成不是由於革命,而是由於社會民主主義的成功。就是說,工人階級應由教育與選舉權的擴大,而獲得國家的統治權,並應從事於一種廣大的立法政策,使牠脫離資本的桎梏。他雖則相信君主政體已證明其本身爲最成功的政體,但他相信當時的過激運動實係以正義爲依

1. Der Begriff der Gesellschaft, 緒論 (1094), System der Staatswissenchaften (1852-56)。

據,統治當局應予以同情的注意。他的論調加强了德國國家社會主義的趨勢。

司坦因的學說實以社會與國家間的一種根本區別爲基礎。他以爲社會的組織係根據於自利的原則,各個人都犧牲他人的利益以求得其自己的目的。國家則代表意識的智慧的企圖,以保障自由,而求謀共同的福利。社會勢力與政治勢力間的戰爭,是永久在進行的;祇有以正當的國家組織,與國家機能之逐漸的擴充,才能得到自由與正義。在這方面的分析,司坦因實代表法國孔德與英國斯賓塞[1]所精心創造的政治學說之社會學的趨向,幷提示了社會主義與社會學所根據的共同立場。司坦因的推論處處都表示哈勒與聖西門的影響,惟加上極強的黑格爾派的種種修正。

參考書

關於個人主義的:—

E. B. Andrews, "Iudividualism as a Sociological Principle," in Yale Review, II, 13-23 (May, 1893).

E. Barker, Political Thought from Spencer to To-day (London and New York, 1915), Ch. IV.

I. Brown, English Political Theory. Ch. X.

1. 見本書第九章第四節。

H. Cecil, Liberty and Authority (London, 1910).

W. Donisthorp, Law in a Free State (London, and New York, 1895).

W. A. Dunning Political Theories, Rousseau to Spencer, 136, 153, 200-210, 238, 361, 362, 398-402, 421-422.

J. W. Garner, Introduotion to Political Science, 274-298.

A. Heibert, The Right and Wrong of Compulsion by the State (London, 1885).

M. Hill, Liberty Documents (New York, 1903).

F. W. Hirst, The Manchester School (London and New York, 1903).

W. S. Jevons, The State in Relation to Labor (4th ed., London, 1910).

E. Kelly, Government or Human Evolution (New York, 1900-01), II, Bh. I.

H. Levy, Economic Liberalism (London, 1913).

F. Lieber, On Civil Liberty and Self-Government (3d ed. rev., ed. by T. D. Woolsey, Philadelphia, 1874).

A. R. Lord, Principles of Politics (Oxford, 1921) Ch. VIII.

W. S. MacKechnie, The State and the Individual (Glasgow, 1896), Part II, Chs. XIV-XVII.

T. Mackay [ed.], A Plea for Liberty (New York, 1891).

C. E. Merriam, American Political Ideas, 1865-1917, Ch. XI.

C. E. Merriam, American Political Theories, 95, 215 217, 305-322.

J. S. Mill, Principles of Political Economy (Rev. ed.,

London and New York, 1909; first published (1848), Bk. V, Ch. XI.

F. C. Montague, The Limits of Individual Liberty (London, 1885).

D. G. Ritchie, Principles of State Interference (3d ed., New York and London, 1902), Chs. II-III.

H. Sidgwick, Elements of Politics, Chs. III-XIII.

W. E. Weyl, The New Democracy (New York, 1912), Ch. IV.

W. W. Willoughby, Nature of the State, 309-343。

關於社會主義的：—

M. Beer, History of British Socialism (London, 1919-20).

E. Bernstein, Ferdinand Lassalle (London and New York, 1893).

A. J. Booth, Saint-Simon and Saint-Simonism (London, 1871).

I. Brown, English Political Theory, Ch. IX.

L. B. Bondin, The Theoretical System of Karl Marx (Chicago, 1907).

C. D. Burns, Political Ideals, Ch. XI.

C. D. Burns, Principles of Revolution (London, 1920), Chs. II, IV.

W. H. Dawson, German Socialism and Ferdinand Lassalle (London, 1891).

W. A. Dunning, Political Theories, Rousseau to Spencer, Ch. IX.

F. Engels, Socialism, Utopian and Scientific (New York, 1892).

R. Ensor, Modern Socialism, (3d ed., London, 1910).

C. Gide and C. Rist, Histroy of Economic Thought, Bk. II, Chs. I-III; Bk. IV, Chs. II-IV.

E. C. K. Gonner, The Social Philosophy of Rodbertus (London and New York, 1899).

L. Gumplowicz, Geschichte der Staatstheorien, 371-376, 381-388.

W. B. Guthrie, Socialism before the French Revolution (New York, 1907).

L. H. Haney, History of Economic Thought, Chs. XXI, XXIII.

J. O. Hertzles, History of Utopian Thought (New York, 1923).

M. Hillquit, Socialism in Theory and Practice (New York, 1909).

M. Hillquit, History of Socialiam in the United States (5th ed., rev., New York, and London, 1910).

M. Hovell, History of the Chartist Movement (Manchester University Press. 1918).

H. M. Hyndman, Historical Basis of Socialism in England (London, 1883).

P. Janet, Saint Simon et le Saint-Simonism (Paris, 1878).

P. Janet, Les Origines du Socialisme (Paris, 1883).

M. Kaufmann, Charles Kingsley, Christian Socialist and Social Reformer (London, 1872).

M. Kaufmann, Utopias or Schemes of Social Improvement (London, 1879).

T. Kirkup, History of Socialism (5th ed. rev., London, 1913).

J. R. MacDonald, Socialism and Government (London, 1909).

H. Morley [ed.], Ideal Commonwealths (London, 1885).

L. Mumford, The Story of Utopias (London, 1923).

F. Nitti, The Catholic Socialists (New York, 1908).

W. Paul, The State, its Origin and Function (Glasgow, 1918).

F. Podmore, Robert Owen (London, 1906).

J. Rae, Contemporary Socialism (3d. ed., New York, 1901), Chs. I-IV.

E. R. A. Seligman, The Economic Interpretation of History (New York, 1907).

J. Spargo and G. L. Arner, Elements of Socialism (New York, 1912), Chs. XVI, XXI

J. Spargo, Karl Marx, his life and Work (New York, 1910).

C. W. Stubbs, Charles Kingsley and the Christian Social Movement (London, 1899).

第十章

政治思想的歷史學派

(一) 歷史學派的政治思想之性質

在各時代,有不少的學者的著作是從歷史的觀點來研究政治學說。鮑里貝士(Polybius)的政治原則是從研究羅馬史而得來的。布丹曾謂政治思想一定要根據於歷史的考察,各時期的制度和思想,必須從它們的發展中去比較和研究。霍脫門(Hotman)引用歷史的方法,以攻擊法國君主之絕對的威權。斐柯(Vico)承認政治制度與政治思想,是跟着其環境及人民之自然的性質而轉移的。孟德斯鳩也遵循這種歷史的思考,根據各時代的情形和需要,研究法律和制度的發展。

在十九世紀的時候,歷史的方法為一羣重要的學者所採取。助長這個發展的,有好幾種原因。它是對於虛偽的自然權利說和社會契約說的一般反動的一部份。當時的革命理論崇尚空想空論,心目中每有一種萬世不移的理想制度;歷史學派却不然,牠重視根深蒂固的風俗習慣和一切制度的逐漸發展。這種精神見之於布拉克斯登和白克的著作中。法國麥斯特和拉梅內對於天主教的狂熱,和他們的回復到中世紀的反動的企圖,其中都包藏着這種精神。這種精神又表現於聖西門的烏託邦主義和孔德的實證哲學中。

在德國,歷史的精神是和民族的愛國熱忱有連帶關係的,其主要目的之一是在改進法律教育。法律是由風俗和民情逐漸形成的,牠是表現人民的生活,而不是表現立法者的意志的,——這就是歷史的精神在德國所提倡的一種見解;薩維尼(Savigny)就是發揮這種見解的重要學者。

在十九世紀中葉,歷史方法又受到科學的進化論的刺戟和鼓勵。歷史之應用於生物學引起政治學者把歷史應用於政治及法律。在梅茵(Sir Henry Maine)的著作中,這種影響極為明顯:他引證達爾文來擁護他的父系制度的學說,並利用適者生存的學理來攻擊民主政體. 梅茵之所以傾心於貴族政體的大部份是因爲他信仰智能是遺傳的。

歷史學派最注意法律的性質,這一派之主要的擁護者是在德國和英國。德國最佔勢力的治學方法是哲學的方法,而且當時黑格爾的形而上學說盛極一時,在這種環境和時候,歷史學派突然興起。因之,德國的歷史派法學家不但是歷史的,同時也是哲學的。英國是分析的法理學之故鄉,英國歷史派的勃興,是在反抗當時最佔勢力的奧斯丁的分析派,其比較的方法與歷史的方法就是在補充分析的法學家之學說的。

英國的歷史派與分析派二者都不喜歡德國的哲學的法理學。[1] 因爲這個緣故,德國的歷史派法學家和英國的歷史派法學家之間有一個很重要的出入。德英兩派都承認習慣法的權利起源於國民的風俗。不過,德國派受了形而上學的影響,以爲風俗本身即是人民的主權意志之立法的

1 見 J. Bryce 的 Studies in History and Jurisprudence, Essay XII (1901)。

表示. 風俗之所以爲法律者,是因爲牠是一般的正義意識的表現;它代表自然的理智。英國派受着實在法的觀念的影響,承認法律的內容起源於風俗,但他們否認民族的風俗在未經國家的立法部或司法部制定之前,有法律上的效力。因之,德國派的傾向是把法律和道德混爲一物;英國派則把二者加以區別。

法律是發見的而不是憑空製造的,這一點歷史派與哲學派的意見是相同的,而與分析派是相反對的。不過,所發見的是什對,麼於這一點,歷史派和哲學派的意見便不一致了. 哲學派法學家謂法律是由人類的理智所發現,而表現於一種規則中的一種正義的基本原則;歷史派則謂法律是由人類的經驗所發現,而逐漸發展爲一種規則的一種社會活動的原則。因之歷史派否認法律是人類意志的一種深思熟慮的創造物。法律既是逐漸發展的結果,則想以立法來改革不可能的改革,在他們看來祇是徒勞無功。他們堅持法律是由風俗及民衆信仰而起,大部份是藉法庭的判決表現出來,是代表民族生活的沉默的內在的勢力的。他們應用歷史的推論,從羅馬史料,早期的日耳曼的法制,和這二大法制之史的發展中,尋求公道的性質。

歷史派起先是非常保守的,甚至於反動的。牠借助於成訓和經驗,以摧殘革命的精神。它攻擊先天的假定和基本原則,主張歸納的與比較的方法。它反對變革與改造的熱心鼓吹者。大陸上反動的浪漫文典即受這種精神的激勵而起。薩維尼爲文反對一種新的德國法典的觀念。梅茵攻擊盧梭的總意學說,和邊沁的最大福利主義。

可是,結果歷史方法對於民權學說却有所貢獻。牠終究不得不承認牠所攻擊的勢力爲進化歷程的一部份。假如無意識的生長是政治制度背後的力量,則國家必是全社會奴力的結果。法律與主權定是由全部國家的協同活動進化而來。十九世紀的發展使採取歷史觀點者不得不承認最後的民治的理論。

(二) 德國的歷史學派

在十八世紀末葉的時候,德國的法制繁雜混亂。羅馬法和德國法相與並存,彼此界限不清;德國法本身更是紊亂萬分,幾乎有多少分立的邦,便有多少種不同的法。各大學裏法理學的研究,勞而無益,毫無結果,而許多紛亂的法制材料却亟待整理和統一。在這樣一個時期是很適宜於產生一種新的法學。康德哲學給予了智識探討以一種刺激;滋長着的民族精神對於德國的一切事物都引起一種興趣和注意。黑格爾哲學供給歷史的觀點以一種論理的背景。他視文明的生長爲人類精神的逐漸的展開,在一種內在的一定的循環圈內進行,這種概念雖無科學的意義,實包含一種特出的進化思想。歷史家尼磐(Niebuhr)對於初期羅馬史的研究,關於羅馬法的起源,實貢獻了不少有價值的材料。

德國歷史學派的始創者是於谷(Gustav von Hugo 1764-1844)。[1] 愛喜渾(Eichhorn)的德國法律史(History of the German Law 1808)是第一部以一貫的和有機體的形式,研究德國法律的發展,和着重法制在民族生活中的地位的著作。然而德國歷史學派的主要勢力還是薩維尼(Friedrich Karl von Savigny 1779–1861)。[2] 在他以前羅馬法的原

1 Lehrbuch eines Zivilistischen Kursus (1792-1821)。

2 Geschichte des römischen Rechts im Mittelalter (1815-1831); System des heutigen römischen Rechts (1840-1849)。

則很遭受人民的反對。羅馬法對於德國人是一種外國的制度。如果要使羅馬法能適用於德國人的生活,那末必須先把它加以分析與整理,使成爲一種科學的法理學。這種工作須要一種知道羅馬法如何發達而來的知識;薩維尼便在新創辦的柏林大學中終身努力於這種工作。

在一八一四年的時候,[1]他已着手建樹爲歷史學派所接受的對於法律的性質和起源的諸原則。他視法律爲集合的民族心理的一種創造,與民族生活及其特性有分離不開的關係。法律是許多時代積聚下來的成績,不是一種武斷的意志之產物。法律是從人民之轉移不息的社會的,經濟的,和道德的情形中演化而來的。哲學派希望依照其自已的理想去從事於改造,薩維尼則和他們相反,他注意成訓的勢力,變革的危險,與仔細地研究和瞭解歷史情形的必要。他謂必須等到科學和學理爲立法者研究出可靠的法理原則,而後才能從事於改造。他否認法律可由人類的命令來制定,他的主旨是在推倒十八世紀以之著名的

1 Von Beruf unserer Zeit für Gesetzgebung und Rechtswissenschaft, 本書爲答辯 Thibaut 主張德國新民法的册子而作。

唯理主義。他的立法論是盧梭的立法論的反對薩維尼力主國家的生命是超越在國家中的各份子的生命之上;他助長了德國的極端的專制主義的氣𦦨。他以爲人民如不組織成爲國家,他們是不能有政權的;人民從國家中才得到人格與主權。卽使組成了國家,主權還不存在於任何單一時代的。國家是包括過去的和未來的許多時代。國家是從一個民族的生活和歷史中有機體地生長出來的;它是一種內發的創造力的結果。

薩維尼之歷史的法律觀成爲十九世紀智識背景的一部份。這觀念從天賦權利說的本身立場,攻擊天賦權利說。它承認權利是建立於自然的,但它把自然和歷史視爲一物,謂一個民族的制度是這個民族的成訓與經驗的結晶。它承認民族之逐漸進步說,但拒絕革命的方法。當時的學者再不去找求一切人類所共有的天賦權利,或去處構適合於一切人民的理想制度。他們所研求的是各民族所具有的特徵,深信各國政治組織和法律制度是社會進步的必然的產物,民族天才卽由此發達的。歷史學家蘭克(Leopold von Ranke)[1]

1 Weltgeschichte (1883-6)

與經濟學家羅協(Wilhelm Roscher)[1]即代表歷史學派的民族主義的觀點。有些學者如耶令(Rudolph von Ihering)[2]却放棄狹隘的民族主義的見解,對於哲學派有某種讓步,着重於歷史方法之比較的方面。耶律芮克(G. Jellinek)[3]也代表比較的方法,恢復對於法學分析的興趣。他的目的是在確立由社會情形而產生的政治組織與實在法的法則兩方面之間的關係。在伯倫智理[4]的著作中,歷史比較法便與哲學的方法,有機體說,聯合在一起,並重視民族國家顯著的貢獻。

(三) 英國的歷史學派

英國歷史學派之主要的代表是梅茵(Sir Henry Maine 1822-1888)。[5] 梅茵和德國的法學家一樣,也深

1 Grundriss zu Vorlesungen über die Staatswissenschaft nach geschichtlicher Methode (1843) 英譯文發表於 Quarterly Journal of Economics, Oct., 1894。

2 Geist des römischen Rechts (1877-83); Der Zweck im Recht (1877)。

3. Allgemeine Staatslehre (1905)。

4 Lehre vom modernen Staat (1852-1875)

5 Ancient Law (1871); Village Communities (1871); Early History of Institutions (1874); Early Law and Custom (1883); Popular Government (1884)。

方略的機關,並力主國家機能的擴大,與從前之以自動的結合或無政府的個人主義爲依據者相反。社會主義的運動於是從溫和的人道主義,轉變而爲以一種不可免的階級鬥爭的學說爲基礎的政治的革命主義了。

國家社會主義代表二種思想的融合。一方面,許多經濟學家開始限制其放任原則的應用。許多學者攻擊亞丹斯密的公私利益的一致的主張,證明他的結論並非根據事實而得來的,幷力主合法的國家活動的範圍之擴大。德國的李斯特(F. List),英國的密爾,和法國的西斯孟迪,和瑟發雷(M. Chevalier),都是代表這路思想的。

另一方面,有許多社會主義者,採取機會主義的政策,代工人們向現存的政府請願。他們希望利用現代國家的權力,依現在的不公平的社會,變爲更完美的未來的社會制度。路易白朗在法國首先採取這個政策;它的比較重要的擁護者,爲德國的羅德伯特士(J. K. Rodbertus 1805-1875)和拉薩爾(F. Lassalle 1825-1864)。

羅德伯特士[1]的思想大部份得自法國,尤其

1. Forderungen (1837); Sociale Briefe (1850-51)。

覺法律教育有改良的必要。他尤其是反對自然法說,他以爲這種學說是含糊的,紊亂的,並且這種學說在法國的實際應用,便造成了無政府的狀態。薩維尼及其信徒祗注力於羅馬法,德國法,和教規,而梅茵則以爲必須研究和比較各種文明的各種法制。他深受當時進化論的與人類學的趨勢的影響,反對實在法學之固執的形式的抽象觀念。他又受白克和史梯芬(Stephen)之守舊成訓的影響,而反對功利主義派的由人民立法來實行改革的主張。在一八六七年選舉權擴張之後,英國人民以爲憲法的變更需要有種限制,這種主張在一八˙四年憲法危機的時期尤其盛行,梅茵便是代表這種主張的。他的觀點是法學家的觀點,深恐把立法的實驗放在外行的立法官之手,而推崇法庭的傳襲經驗。梅茵在印度的服務,使他的歷史興趣濃厚起來,同時他的守舊態度亦因之加強。他不信關於天賦權利的種種唯理主義的假定。他決心從社會的法律構造來分析社會,依照歷史的和比較的方法,搜集關於法律發展的材料,並從研究同一發展的階級的人民,以歸納結論。他常說現在的根蒂是深埋於過去裏面的。

梅茵研究初期法律和初期制度所得的結論是:有組織的社會是發源於父系家族集團的,人類進化的主要路向是從一種"身分"(Status)的情形到一種"契約"(Contract)的情形的;在"身分"情形之下,個人的地位是由他在團體中的一份子的資格來決定的,在"契約"的情形之下,個人的地位是由他自己的選擇來決定的。所以社會契約是政治社會的目的,而不是政治社會的起源。當時的自由競爭和放任政策,足以擁護他的信仰,以爲契約的自由是社會向之前進的目的。梅茵對於政府與法律——尤其是財產法和契約法——的起源和發展的敍述,是很有價值的,而且是新鮮的,雖則是不完全,而且有些地方是錯誤的[1]. 經過梅得蘭和波洛克(Pollock)[2]等學者的發揚和修正,牠把法律學與政治學放在一個更健全的更廣博的基礎上。

奧斯丁認爲一種特定的個人或特定的團體所執掌的不可分的和無限制的主權權力,是各政

1. 他的父系說的批評見 J. F. McLennan 的 The Patriarchal Theory (1885); E. Jenks 的 The State and the Nation (1919)。

2. History of English Law (1895)。又見 Maitland 的 Outlines English Legel History,收集於 Collected Papers, II, 417-496。

治社會所不可缺少的,並且是法律的本源;梅茵嚴厲地批評這種學說。他依靠他對於東方制度的智識,指出奧斯丁的理論在東方文明中是不適用的。在東方,他發見無數混亂的意見,信仰,與成見,決定社會的風俗,但並不產生一種確定的主權者。梅茵研究政治制度的發展,又使他得到一個結論,便是初期的法律很少是君主的明令。他認立法權是新近才有的發展,奧斯丁所謂的主權力,對於秩序井然的國家,並不是不可少的。梅茵謂奧斯丁的方法確是科學的,但是這種方法沒有說明社會自行課定種種命令的動機,各種命令彼此間的關聯,和它們對於以前命令的依據。

梅茵相信貴族政體是一切眞正進步所不可缺少的。他研究歷史的結果,使他深信民主主義是一種不健全的政體,難於持久,而且結果恐將陷於平庸和滯鈍。民主主義祇是煽動家與空言者欺騙羣衆,勾結敗黨的方法。他嚴厲地反對盧梭的民權說,和邊沁的用立法來改造的信仰。他相信混演化(Evolution)爲進步(Progress)的現代思潮,須加以仔細的修正。他主張以美國修改憲法的特殊手續,作爲英國民主政體的限制。他頗感服美國的上議院,主張一個強有力的貴族院,代表英國政府中一種歷史上有價值的成訓。

梅茵對於英國政治思想的影響,不在他守舊態度,而在他的方法。他之後,有許多英國著作家採取歷史的與比較的觀點。佛禮門(E. A. Freeman,[1]席黎 J. R. Seeley),[2]和薛知微(H. Sidgwick)[3]在比較政治學上留下了許多有價值的研究。戴雪(A. V. Dicey)[4]用比較法研究英國憲法,並用歷史法考察十九世紀的立法,對英國的政制,提出不少新的見解。梅得蘭[5]受着德國法學家戚克(Gierke)的影響,應用歷史法研究國家內部諸團體的法律地位,費其斯(J. N. Figgis)[6]追溯教會對於國家的關係,維護教會團體的權利。梅得蘭與費其斯的著作影響基爾特社會主義的經濟理論,和新自

1. History of Federal Government(1863):Comparative Politics (1903)。

2 Introduction to Political Science (1896)

3 The Development of European Polity (1903)

4 The Law of the Constitution (1885): Law and Opinion in England (1905)

5 Political Theories of the Middle Age, Introduction (1900): Collected Papers, III, 210-404.

6 Divine Right of Kings (1896): From Gerson to Grotius (1907); Churches in the Modern State (第二版,1920)

由主義的分權政策。歷史的方法和比較的方法也爲蒲萊斯(James Bryce)[9]所利用,他遊歷四海,考察世界各地的政府制度和方法。他最注意於立法手續,政黨,和法外的風俗和習慣。

(四) 美國的歷史學派

直至十九世紀中葉,天賦權利派的政治思想在美國還佔有極大的勢力。有許多政治理論出現於最高法庭的判決與政治家的演講及著作中,但並沒有人建設一種普通的國家學說。卡爾洪的政府論(Disquisition on Government 1851)是一部深刻的政治論文,但這部書是爲某種特殊的政治目的而作的,並不想成爲一種完全的政府學說。這部書就大體而論是采取分析的法學方法的,視國家爲全由法律而進行的一種制度,且據有一種不可分的,法律上萬能的主權。

利伯(Francis Lieber)雖然主張一種修正的自然法哲學,但介紹有機體的和進化的國家觀於美國,他注重民族精神的發達。美國學生得利伯的

9. The American Commonwealth (1889); Studies in History and Jurisprudence (1901); South America. Observations and Impressions (1914); Mondern Democracies (1921)

影響,轉到德國大學,深受民族主義的觀點和當地流行的歷史比較法的薰染。這派的領袖是柏哲士(John W. Burgess 1844-),[1]他從利伯學於哥侖比亞大學。柏哲士以爲"祇有民族國家,才供給客觀事實,使政治學有所根據,因而構成一種眞正科學的政治制度"。民族國家"大概是最不會有錯誤的人類機官"。他相信國家的目的是在於求得它天然的地理境界,並同化其人口,使人種同類;所以爲完成這些目的,在必要時施用武力也是正當的。他深服條頓民族的政治天才,力謂在比較落後的民族上,建設更高級的政治文明,是條頓民族的"顯著的使命"。

柏哲士反對自然權利說和社會契約說。他相信國家是歷史的和演化的發展之自然的結果。他認主權是國性的不可或少的表記;他對於主權的定義是:主權是"在一切人民和一切人民團體之上的根本的,絕對的,無限制的,普遍的權力"。他否認絕對主權會摧殘自由;反之,絕對主權却是個人

1 Political Science and Comparative Constitutional Law(1890); Political Science and History, 發表於美國歷史學會年報(1896); The Reconciliation of Government with Liberty(1951);Recent Changes in American Constitutional Theory (1923)

自由的保障和保證。自由,除非在法律之下,是不能存在的。在美國,最後的主權是爲組成美國民族的人民所有。在憲法上,他們組織中央政府,規定公民自由的範圍,而把剩餘的權力賦予各自由邦。所以"各邦"僅是政府的官能,其相對的重要必日趨於衰落。美國的政制既由憲法保證公民自由,又由最高法庭防禦政府各機關的越權,這種制度在柏哲士看來是威權和自由最好的調和。他竭力分別國家和政府的不同,謂政府之後有憲法,憲法之後是創造政府和自由的原來的主權國家。

柏哲士對於國家的目的的見解頗爲廣寬。國家之首要的目的是維持治安和秩序,並規定個人和團體的自由的範圍。這種目的的完成,最好是借助於民族國家的組織。次要的目的是完成民族的天才,並使它發揚起來。爲了這緣故,國家的福利比個人的福利更爲重要。這些目的必須按着歷史的順序而進行,最後的目的是要求一種世界國家,不過這種時機現在還沒有成熟。

歷史法和比較法也爲威爾遜(Woodrow Wilson)[1]和羅韋爾(A. L. Lowell)[2]所採用。二人都把英國的內閣制和美國的總統制比較,二人都考究主權的性質與限制。在他們晚近的著作中,[3] 二人都注意政黨的性質和政黨的任務,以及公衆輿論在現代政府中的勢力。他們和柏哲士所不同的,是他們依照英國的成訓,而非德國的成訓,注重地方自治而非中央集權的民族國家。他們也反對帝國主義,贊成建設一個世界的組織。

參考書

Lord Acton, History of Freedom (London, 1907).

E. Barker, Political Thought in England from Spencer to To-day, Ch. VI.

C. Becker, The Declaration of Independence, 263-273.

J. K. Bluntschli, Geschichte der neueren Staatswissenschaft, Ch. XIX.

J. Brown, Underlying Principles of Modern Legislation.

J. Bryce, Studies in History and Jurisprudence, Vol. II (New York and London, 1901).

1 Congressional Government (1885); The State (1889); An Old Master and Others Essays (1893)

2 Essays on Government (1889); Governments and Parties in Continental Europe (1896); The Government of England (1909)

3 Lowell 的 Public Opinion and Popular Government (1913); Public Opinion in War and Peace (1923); Wilson 的 The New Freedom (1913)。

E. Freund, "Historical Jurisprudence in Germany," in Political Science Quarterly, V, 468-486 (Sept., 1890).

W. Graham, English Political Philosophy, 348-415.

M. E. Grant Duff, Sir Henry Maine (New York, 1892).

L. Gumplowicz, Geschichte der Staatstheorien, 346-351.

L. H. Haney, History of Economic Thought, Ch. XXV.

N. M. Korkunov, General Theory of Law, trans. by Hastings (2d ed., New York, 1922), 116-122.

J. M. Lightwood, The Nature of Positive Law (London, 1883), Ch. XII.

A. R. Lord, Principle of Politics, 193-198.

C. E. Merriam, History of the Theory of Sovereignty since Rousseau, 96-99.

J. Morley, Studies in Literature, 103-156.

F. Pollock, "Sir Henry Maine and his Work," in Oxford Lectures and other discourses (London, 1890).

R. Pound, Introduction to the Philosophy of Law (New Haven, 1922).

R. Pound, Interpretations of Legel History (New York 1923).

A. W. Small, "Some Contributions to the History of Sociology," in American Journal of Sociology, XXVIII, 711-731 (May, 1923).

P. Vinogradoff, The Teaching of Sir Henry Maine (London, 1904).

W. W. Willoughby, "The Political Theories of John W. Burgess," in Yale Review, XVII, 59-81 (May, 1908).

第十一章

國家有機體說

(一) 早年的國家有機體說

十九世紀的政治學說上,有一種重要的形態,便是有機體和人性的國家論之發達。把國家和一種生物有機體相比擬的思想,可遠溯到政治思想起源的時候. 柏拉圖把國家比作一個擴大的人,幷把國家的機能和個人的機能相比擬. 他深信最有秩序的國家,便是其組織最類似一個人身的組織的國家;他根據人類天生的理智,勇敢,和慾念三者,分社會爲治者,戰士,和工人三個階級。謝雪廬把國家的元首比作統治人體的精神。在羅馬法上,Fiscus, 或國庫,是人化的,把它視爲法律上的一個有權利和義務的對象。

中世紀的政治學說,充滿着把個人機體的活動,和規模較大的國家生命的活動相比較的暗示。"在聖經的諷喻,與希臘和羅馬諸學者所定下的權利論式的影響之下,把全人類與各個較小的團體,比之於一個有生氣的人體,得到普遍的採納與促進"。[1] 奢利斯布裏的約翰(John of Salisbury)和柏道的馬獻僚(Marsiglio of Padua),對於這種比擬曾有精密的發揮;奧色斯的主權說,是以國家有機體的性質爲根據。浩布思把國家描寫成爲一個巨靈(Leviathan),謂爲一個"人造的人,雖則其軀幹和力量,較自然的人爲大",並把人的官能和疾病與國家的官能和弊病相倫比。格老秀士和蒲芬道夫根據有機體或道德人的國家概念,發揮他們的主權學說。就是盧梭,雖則他以人爲的個人契約爲其學說的根本基礎,然而也採用自然主義的比擬。他把立法權譬之於國家的心;行政權比喻國家的腦。

不過,就大體而論,社會契約說是和有機體的國家觀,不相容的。社會契約說以爲國家不是一

1 O. Gierke 的 Political Theories of the Middle Age 22。

種進化的產物,而是一種人類意志的故意的創造物。它視個人爲各種權利的唯一所有主,視國家僅是許多個人的集合體,並沒有眞實的生命,或其本身的單一體。它以爲個人之自然的與原始的地位,是離開國家而獨立的,國家的起源,是人爲的與自願的,國家的性質是機械的。社會契約說忽視歷史的發展,而相信人類的理智,足以隨意形成制度。

有機體的國家觀念跟着對於十八世紀的政治學說所發生的反動,而復活了。十九世紀初期的政治思想,力圖反駁把國家當爲人類的創造和人類的工具的理論。它着重政治生活中的自然的原素;與那着重政治生活中的人爲的原素的理論不同。它的主旨是在反對人民主權說,力論國家不是人造的,而是人類天性之無意識的和必然的發展的結果。它的目的不是在把個人的意志或個人的任意,而是在把一個更高的尊嚴和威權,歸諸國家。

有機體說的復興,最初明白地表現於德國唯心論者的思想中.[1] 雖則康德視國家祇是一種以

1 見本書第五章第二節。

獲得種種權利爲目的之契約所建立的制度,然而從契約說到有機體說的轉形,却表示在斐希特的著作中。他承認國家之契約的基礎,但用有機體的相互依靠的說法,解說公民們彼此間的關係,和公民們與國家的關係。他視國家爲一種自然的產物(Naturproduct),或有機的單一體,公民則不是一個分離的個人,而是全體不可少的一部份。"在有機體的團體中,每個部份當是維持着全體,因維持着全體,而它自己也得以維持;公民對於國家的關係,也正是如此".[1]

色林(F. W. J. Schelling)[2]視國家爲偉大的"世界歷程"(World process)的一部份,而稱之爲一種有機體,這種有機體是自然生長而成的,並非人爲的構造之結果。牠是威權與自由之調和的外表形式;它代表一種自身的目的,而是最崇高的歷史產物。黑格兒[3]發揮一種思想,視國家爲道德的精神之外部的表示。個人唯有在國家的一份子的地位,才有其實在性;國家是一個有機體,是一種最高的

1 Grundlage des Naturrechts, 209 (1796-7)。

2 Uber das Studium der Historie und der Jurisprudenz, 發表於 Vorlesungen über die Methode des academischen Studiums (1802)。

3 Grundlinien der Philosophie des Rechts (1820)。

人格。這種有機體或道德人的國家觀,又經葛勞士(K. C. Fr. Krause)[1]斯密海納(F. J. Schmitthenner)[2]和阿梭斯(Heinrich Ahrens)[3]作進一步的發揮。這些學者都抽象地視國家爲一種有機體,代表一種理想的意志,或一種倫理的單一體。其他學者則採取比較具體化的有機體的概念,把國家列入物理有機體的範圍內,並把國家的結構和機能,與動植物的結構和機能,舉出種種密切類同之點。

(二) 國家的心理有機體說

從初期的唯心主義所主張的把國家當做一種道德的有機體的形而上的國家論,到十九世紀中葉以後所興起的生物的國家論,在這二者之間的過渡的學說是一種從心理的現象來研究國家的政治哲學。有一羣學者,尤是在德國,他們謂國家擁有人類之心理的人格之種種屬性,並把個人的知識發展的諸階段,和政治發展或國家形態作種種精密的類比。

1 Abriss des Systems der Philosophie des Rechts oder Naturrechts (1828).

2 Grundlinien des allgemeinen oder idealen Staatsrechts(1845)。

3 Organische Staatslehre (1850)。

革勒斯(Joseph von Görres)[1]把國家之民主的與君主的原素,比之於人類心理的自動的(Automatic)與意願的(Voluntary)原素。民治政府希望脫離高級權力的統治,等於人體的自動機能,如消化的,呼吸的與血液循環的系統。君主政體代表一種中央權威的統治,等於由一種自決的意識意志所支配的高級的人類活動。國家之君主的與民主的原素,需要適當的調和;也正如人體之自願的動作和反射的動作,需要適當的融洽一樣。這種學說的發達,與解決日耳曼各邦君主政體和民主立憲的調和問題的企圖,是有連帶關係的。

有幾個學者,[2]敍述政治發達的諸階段,都把牠們與人類生活的各時期相比擬。國家和個人一樣,也經過兒童期,青春期,壯年期,和老年期。在每個階段中,政府和法律的性質,都與各該時期的特殊情形相符合的,並與人類各時期的特殊心理狀態相類似。政府由君主政體,經民主政體至專制政體的循環變遷,和政黨之從急進主義到保守主

1 Teutschland und die Revolution (1819)。

2 Carl Welcker 的 Die letzten Gründe von Recht, Staat, und Strafe (1813); F. 和 T. Rohmer 的 Lehre von den politischen Parteien (1844)。

義的發展,都被解釋作爲與人類個人的智識發達相類似。

其他學者[1]從事於國家的分析,而不注意國家之史的發展,把人類的人格之重要特性,認爲國家的屬性。他們視國家的意志,和個人的意志相同,不過國家的意志較個人的意志爲優。國家是一個發達到了高級的有機體,受一種意識的和最高的知慧所支配。有時國家的主權意志,與民族之聯合的統一的意志相符合。國家自有其自身的有機體的存在,與其所屬的個人份子的生命不同。它的法律人格並不是一種法律的臆說,而是一種有生命的實體。這種學說的傾向是崇揚國家超優於個人之上,認國家爲更高的和更完全的人格之據有者。

(三) 國家的生物有機體說

生物科學的發達,給於國家學說以一種激刺,使自然科學的方法和範疇,都應用到政治現象的

1 F. J. Stahl 的 Rechts und Staatslehre (1830-33); L. von Stein 的 Die Verwaltungslehre (1864); O. Gierke 的 Das deutsche Genossenschaftsrecht (1868-81); Die Grundbegriffe des Staatsrechts (1874)。

解釋上去。國家的起源,發展,組織,和活動,都視爲與自然有機體的發生,搆造,與機能相類似。第一個把國家和生物有機體詳細比擬的學者,是紥卡利(Karl Zacharia)。[1] 他討論國家的化學,力學,生理學,和生物學。他謂國家的本質是一個有機體,和別的有機體一樣,也是有無生命的物質和有生命的精神所搆成。因爲在有機體中,生命力是永遠在鬥爭中的,所以,在國家中,衝突是不可少的。政治的安靜是死亡的前驅;煽動爲保障自由所必需。國家所應朝着前進的理想,是自然的有機體之完全統一與和諧。國家組織要得到機械的完成,最好是由世襲君主政體和分部政治。同時,地方單位,也和生物的器官一樣,必須有它們自己的生命。

伏爾格拉夫(Karl Volgraff)[2] 把心理學的類比和生物學的類比連合一起。他依照其人類學上四種不同的種族性學說,分別國家的制度。他又把國家的立憲組織,和生物有機體的結構,創出種種精細而粗俗的比擬。賦稅和財政的機能比之於人體的營養系統;軍事機關類之於自衛的本能;

1 Vierzig Bücher vom Staate (1839-42)。

2 Staats-und Rechtsphilosophie (1851-55)。

司法的行執比做人體中的"保養力"(Sonative force),國家的主權者便是身體的頭腦。它統治全身,然而却依賴其他一切器官的正當作用。國家的權威應賦之自然的貴族;全國的福祉,便是他們行動的目標。

佛蘭芝(Constantin Frantz)[1]欲努力創造一種國家的自然科學,以作一切政治科學的基礎。他以爲國家之法律的與道德的原素,早已受人注意,但國家之物理的與自然的原素,却遭人忽視。他在國家之物理的與自然的原素這個標題之下,把土地,氣候,及其他物理條件的政治勢力,都包括在內。他謂國家的起源和發展,都是自然的,并謂其本質係有機體的。"差不多沒有一種人類生活的關係,不是多多少少地爲國家所包含的"。

伯倫智理[2]的著作是應用有機體方法最有精彩的一個。他力言國家之有生的和人性的特質,並視國家爲有男人的基本品質。它是一個比植物與動物更高等的有機體,因爲牠是人類間接的

1 Die Naturlehre des Staats als Grundlage aller Staatswissenschaft (1870)。

2 Allgemeine Staatslehre (1852),英譯者 D. G. Ritchil, P. Matheson, 和 R. Lodge (第三版, Oxford, 1901)。

工作。它是靈魂與肉體的結合;牠是各種密切貫聯的器官的攢集,每個器官都有自己的生命的機能;牠是一個外部生長,內部發展的活的人身。伯倫智理重視民族國家的概念,以爲國家的誕生,發展,與衰亡,是伴着民族精神的興起和衰落的。他以爲國家是陽性的,教會是陰性的;他竭力反對承認婦女的參政權。伯倫智理把超越的道德的與精神的人格歸之國家,對於德國之推崇國家,和把個人處處服從祖國要求的趨勢,給予一種更大的推進。

(四) 國家的社會有機體說

最有勢力的國家有機體性質的學說,是隨着社會的科學之興起,和生物學的方法之應用於這種社會的科學而出現的。視社會全體爲一有機體產物的學者們認國家是有機體的,他們或是把國家看做社會結構中的一個特殊的有機器官,或是把國家當做特殊方面的社會結構。這種學說創始於孔德的著作,而繼承和發揮其說者,則有法國的吳母斯(René Worms)和富伊也(Alfred Fouilée),英國的斯賓塞,德國的李林佛爾達 (Paul von Lilienfeld),和奧國的謝富勒(Albeit Sahäffle)。此外,有許多學者採用他們的方法。

孔德(Auguste Comte, 1798–1857)[1]的政治哲學是從聖西門及聖西門的信徒們[2]在拿破崙戰爭後的改造的努力中產生出來的。這派思想家對於革命所曾依爲根據的自然權利說和社會契約說,以及反動派所企圖恢復的正統神學論,都加以反對。他們相信把社會問題加以科學的研究,必須要有一種新的方法。欲改造社會,必須發現種種社會的法則,創造一種社會科學。自然科學的發達指示他們以所應遵循的方法。由觀察和經驗,可求得各種事實中的種種永久的關係,或實證的智識。唯有這種知識,才有價值作爲社會的,經濟的,和政治的改造之基礎。抽象的概念,和神學的臆測,都是無用的。關於最好政體的種種絕對的理想,都是徒然的。孔德採用歷史的和歸納的方法,深受孟德斯鳩的重視物質環境的學說,和孽多瑟的人類進步的理論的影響。

1 Cours de Philosophie positive (1829-1842),尤需參看第二卷 Social Statics,英譯者 F. Harrison。

2 見本書第九章第二節。

孔德在其建立一種科學方法的嘗試中,構成了他有名的自簡至複的科學體系,並且爲這體系中等級最高,內容最複雜的科學,發明了"社會學"(Sociology)這個名詞。社會學是人的科學,牠依賴一切其他的科學,尤以依賴生物學爲最。對於社會秩序的研究,孔德應用社會靜學(Social Statics)這個名詞;對於社會進化的研究,則應用社會動學(Social dynamics)這個名詞。孔德相信:把社會結構之科學的研究,和健全的社會進步的學說,互相融合,可以建設一種社會的科學,其預測的正確和能力,可不下於自然科學。

孔德的重要的貢獻,是他的歷史哲學,他對於文明的進步,提出三大時期的概論。第一是神學的軍事的時期(theological and military stage),在這個時期強力支配社會的關係,征服是社會的目的,奴隸是生產的基礎,產業祇是生產生活上的必需品。神權說是這時期的政治學說。第二是玄學的與守法的時期(metaphysical and legalistic stage),在這個時期軍事的精神仍然存在,但已逐漸爲工業狀況的進步所減削。在這個時期奴隸已爲農奴或自由工人所代替,而經濟的競爭成爲戰爭的主因。這是人類爲自由而奮鬥的過渡的與革命的時期。社會契約說和天賦權利說,便是這時期的特性。第三將爲科學的和產業的時期(scientific and industrial stage),在這個時期自然的克服與自然產物對於人類需要之適應,最爲得勢。注意的重心將由政治問題,轉移到社會問題;指導科學的深究和調節社會的生產的專家,將成爲這個時期的重要人物。"實證哲學"便是這個時期的特徵。

孔德相信社會生活的起源,是人類之利己的與利他的種種社會衝動。家庭是社會的單位,後來的團體,都由家庭發展而來。政府是必需的,牠的要職是在謀得爲正當的社會組織所不可缺少的職能之分配和努力之聯合。孔德以爲政府是建築於物質勢力的基礎上的,這一點他與浩布思的意見相同;雖然他同時也承認智識的,道德的,和宗教的勢力的支配的重要。在他的體系的頂尖,他放上了一種新的宗教和教士制,表示出一種歸復到他所極爲藐視的聖西門的神祕主義上去的傾向。

因爲孔德是根據生物學,並且間接地根據其

他的自然科學,以研究社會,故他視社會爲一種有機體,而且舉出社會與其他生命形態間的種種類比。呈現於植物界,而在動物界更爲完備的器官與官能之自發的調和,在社會有機體中,其發達則已爲登峯造極。社會的進步,猶之一切有機體的發展,其特徵是在官能之趨於專門化,和特殊官能的進化之趨於完美。社會結構的失調,和生命有機體的疾病一樣,也應受病理學的分析和研究。社會學和生物學,據孔德看來,是一種單純科學的二個支派。

十九世紀的中葉,新的範疇輸入了生物科學,同時也應用於社會科學。進化的觀念,和進化的結果是進步的信仰,在社會理論中,成爲一時的風氣。這種態度以斯賓塞(Herbert Spenser 1820—1903)[1]的著作,爲其最好的代表。不過斯賓塞並不用科學探討政治。他的出發點是某幾種關於個人權利的定見,這種定見,他實受其幼年時代的急進的和非國教的環境的薰陶而成。他在兒童時期,已愛好生物學,極受生物適應於其環境的學說的印

1 Proper Sphere of Government (1842); Social Statics (1851); Principles of Sociology (1876-96); Man versus the State (1884)。

像。自他讀過哥爾利治(Coleridge)的著作後,復從德國唯心主義者,得到一種概念,以爲在一切自然界和社會中,有一種生命的神力。他爲有機體的和進化的國家觀所薰染。

斯賓塞從科學中找出種種的類比,以辯護他的個人主義的定見。因爲這個原故,他的著作雖則有廣博的引證,和明白的理論,但仍包含着種種的缺憾,受他人的嚴酷的批評。牠們把最大幸福的功利主義原則,和天賦權利說聯合在一起,並加上生物學的概念,視社會爲進化過程發展而來的一個有機體。但是把個人的天賦權利,和社會的有機的統一體相調和,是不容易的;並且社會和個人間的類比,如言之過甚,便不能自圓其說。因此斯賓塞便不得不把社會有機體,和生物有機體,加以區別,從前者的"抽象性"(Discreteness)和後者的"具體性"(Concreteness)中,找出某種重要區別的理由。

斯賓塞尋見進化的基本原則,是在於一種由簡單與齊一的容量,轉變爲一種高級專門化的,有複雜關聯的有機體。這原理應用於社會的發展和生物的進化,也應用於宇宙的構成。斯賓塞也和功利主義者一樣,並沒有把國家和普通的社會加以區別。他視社會爲一種有機體,和生物是一式一樣的;他把社會的政府制度,視爲由進化過程爲了一種特殊的目的發達而來的許多分化的結構之一。社會之主要的機官,一是保持的系統,在保持的系統之下的社會的產業組織,他比之於個人之營養的器官;二是分配的系統,在分配系統之下的社會的商業組織,他比之於個人的循環器官;三是管理的系統,在管理的系統之下的社會的政治組織,他比之於個人的神經器官。政治社會中的立法議會,猶之於人的大腦。兩者的功用都在於接受報告,審查,並發出判斷,交給別的器官去執行。

所以,政治的組織是在爲公共的目的,執行指導的和約束的功能。它的第一種功能產生於政治組織的最初動機,是在抵抗外來的侵略。它的次要的功能,是在制止其內部對於個人的侵犯。斯賓塞擁護自然權利的概念,主張正義的原則,視之爲每個人隨其自己的意志行動的自由,祇要他的行動不侵犯他人的同等的自由。斯賓塞同意於密爾,較同意於邊沁爲甚,他把放任的原則,非但擴展到政治的領域,同時也應用於經濟的領域。因之,國家應把牠的活動限於其必需的功能。國家的威權在其必需的功能之外的任何的擴張,便會防礙社會自然的進化,阻止為進化所需要的社會構造的正當分化。政權的集中易造成拘束,結果便陷於停滯。與權利和正義一致的政府之全部的機能,即在保障個人的生命,自由,和幸福的追求。國家並不是如唯心主義者所說的,有其自身的生命與人格。

其實,斯賓塞相信統治社會之生命的進化法則,會使政府逐漸地消滅;因為以強迫為基礎的軍事式的社會,將日趨於衰落,而以自願的合作為根據的產業式的社會,將漸形興盛。斯賓塞相信戰爭雖則對於人類初期的進化是有價值的,但此後已成為不必要或無用了。戰爭一經消滅,政治制度的主要憑籍便化為烏有。他預期集中的行政權將失去其重要,選舉的和代議的地方制度,和一種分權的和個人主義的制度,將增長其重要。

斯賓塞的著作,在英美兩國流行極廣,[1]對於社會學說有重大的影響。斯賓塞之後,英國的科學

1 美國人對於國家有機體的解釋,見E. Mulford的The Nation(1870)。

家有注重於生物的進化和社會的進化兩者之區別的趨勢。達爾文赫胥黎與華拉士,都以爲大自然之生命的進程,與人類社會之倫理的進程不同。至於達爾文他並沒有創造一種社會哲學的企圖。赫胥黎[1]則非但把社會哲學和自然科學加以區別,並且謂兩者有些地方是相反的;他贊成政府活動之相當的擴大。克德(Benjamin Kidd)[2]想用宗教來調和自然世界和社會世界。他以爲自然的法則是爲社會的有機體謀利益的,而以個人爲犧牲,個人祇不過被當做達到其目的之手段而已。但個人亦並不肯隨便聽天由命,甘心做犧牲品;他的理智喚使他反抗自然律,而使他爲自身謀利益,爲自身而生活。然而宗教却是與自然的法則攜手,扶助自然的法則的,對於個人的和社會有機體的利益發生衝突的許多行爲,給予一種超理性的裁可。克德承認赫胥黎所指出的人類對於宇宙法則的反叛,他並且把它加上了一種宗教的麻醉劑,使社會有機體之生命的法則,得以人類之最少限度的苦痛,任意運行,發生效力。

1 Evolution and Ethics (1893)。

2 Social Evolution。

史梯芬(Leslie Stephen)[1]立契(D. G. Ritchie)[2]和霍布浩[3]輩的著作,把進化的概念,應用於倫理學上。他們視進化的動作爲人類意志之精神世界的一種精神的過程。進化是許多互相爭勝的道德理想間之競爭,其結果就是適應當時環境的道德理想便得生存。他們重視人類智慧之有意識的和深思熟慮的進程,與低級生命之無意識的進程之不同,認在人類的精神是進化之最高產物。他們視社會中的人類的行爲根本是倫理的,並把倫理的原則,應用於政治上和國際關係上。

麥鑑齊(J. S. Mackenzie)[4]和麥凱尼(W. S. Mc-Kechnie)[5]的著作代表一種修正的有機體說。他們雖則指出國家與個體的生物間之完全的比擬是不可能的,然而他們却以爲國家根本是一個有機體,并謂除有機體說外,更無其他學說可以滿意地或完全地解說國家的性質。在美國,福特,(Henry J. Ford)[6]把生物學和政治學的關係,作一種重要

1 Science of Ethics (1882)。

2 Darwinism and Politics (1895)

3 Democracy and Reaction (1894)。

4 Introduction to Social Philosophy (1890)。

5 The State and the Individual (1896)。

6 The Natural History of the State (1915)。

的研究。他對於種種由生物學,心理學,語言學,和人類學的資料所得來結論,加以檢閱,力持人類是社會進化的產物,並以生物學的名詞,爲國家和政府下定義。

在大陸上,社會有機體說頗合許多學者的口味。李林佛爾達[1]堅謂國家是一個眞實的有機體,擁有一切與無機生命不同的有機生命之重要的屬性。政府爲社會集體之腦,乃社會意識的最高代表。強有力的中央威權卽代表一種進步的政治進化。國家和其他有機體一樣,也受疾病和衰頹的支配,爲野心的煽動家所造成的政治的寄生病,是主要的危機之一。

謝富勒[2]把社會和生物有機體,作種種精細的生物的類比,力言一切無機的,有機的,和社會的現象,都受同樣的法則支配。社會係代表連續進化的三個階段中的最高階段。謝富勒在社會形態學,社會生理學,和社會心理學的標題之下,詳論社會之形式和功能。他把社會的機官分作三大項:

1 Gedanken über die sociale Wissenschaft der Zukunft (1873-81); L'Evolution des formes politiques, 發表於 Annales de l'institut International de sociologie, (1896); La Pathologie Sociale (1896)。

2 Bau und Leben des socialen Körpers (1875-8)

第一是外部國民生活的種種制度,如生產,運輸,商業,和保護;第二是內部國民生活的種種制度,如教育,文化,和宗教;第三是內部和外部合一的國民生活的制度,那便是國家。所以國家係代表社會意志和社會權力之中央的最高的機關。民族藉國家獲得其統一與個性。國家的起源與發展表示出社會選擇的一般法則。民族國家實是從父系集團,封建制度,城市國家,和地域社會進化而來的最高峯。

奧母斯[2]把有機體和社會二者的定義,都下作爲有生命的整體,爲各個有自巳生命的份子所組成。他從結構,機能,進化,和病理各方面,尋釋社會與有機體間之精密的生物的類比。他視國家爲一種巳成爲自覺的高級的社會形式。國家不僅是一個有機體,而且是一個人格,一個眞實的生命。它的生命是凌駕乎個人生命之上,牠可以要求個人犧牲他們的生命。

富伊也[2]想把生物學的方法和心理學的方法相聯合,調和社會契約說與社會有機體說。他視

1 Organisme et société(1896);Philosophie des sciences sociales (1904-13)。

2 La Science sociale contemporaine (1880)。

社會是一個契約的有機體,並用生物學的和心理學的範疇,討論社會的性質。富伊也給國家以一個崇高的地位。他以爲民族的意志應給進步以有意識的指引,這一點他的意見和斯賓塞的是不同的。

（五） 有機體說的批評

在國家有機性質說的後面,有好幾種動機。其一是在反對視國家爲人爲的創造品的學說,另一種動機是希望抬高民族精神的地位。國家的人格被視爲民族自覺的結果;國家的有機體是民族意志趨於統一的自然進化的結果。還有一種動機是想把科學方法應用於社會的範圍和統一一切的知識。這便使科學的範疇,應用於社會科學,而企圖找出一切現象的種種劃一的法則。

採取有機觀點的諸學者,關於政治方面,有種種大不相同的結論。紫卡利力謂完全的有機體的統一,需要一種世襲君主的主權。佛蘭芝則擁護貴族政體,謂爲自然的組織形式。謝富勒相信政治的進化,必然達到民主政治。斯賓塞利用有機體說,以擁護他的極端的個人主義的見解,相信政治的進化,是朝着不斷地縮小其機能的範圍的方向前進。有機體派大多數的學者,都傾向於抬高國家的地位,視個人僅爲國家結構中的一個細胞,並以政府擴大其活動爲正當。

有機體說發揮了政治科學上的某幾種有價值的原則。它指示了歷史的觀點與進化的觀點之重要。它力論自然的環境和社會的環境的勢力。它重視公民間與政治制度間的相互依存關係。社會生活之根本的統一性,和其各部份間的錯綜的因果關聯,是值得注意的。

但是同時,這種學說的根本前提,謂國家爲一個有機體或一個活人,是不妥當的;而把國家的某種屬性或機關,與生活的屬性或器官,作一致的類比,雖然是明顯的,但總是免不了牽強附會,彼此矛盾。個人和生物有機體的細胞不同,他們的種種利益和活動,並不是完全消磨於國家的生命中。他們的動機,不能由國家來支配,他們全部精神生活,是獨立的。人類有他們自己的特殊的生命和意志,與生物有機體中的各部份是完全不相同的。國家的意志不是與其構成的份子之意志相符合的。

並且,在各種高級的有機體中,全體支配其部份的範圍和正確有逐漸增大的趨勢。而在國家,則政治的進步,得在某幾方面,要求個人自由行動的範圍之擴大。最後,在有機體中是直覺地依照進化的種種法則的。它的生長,并不受有意識的目的之影響的。國家的生長則大半能有精密的指導。人類在社會中對於其集體的生存,是有意識的,而且,能夠用他們的思想,對於他們進展的方向,加以相當程度的支配。把國家視作一個眞實有機體的假定,並不是有機說的有價值的貢献。並且有機體的國家觀還含有重大的危險,就是它把國家的地位抬到頂點,視國家本身就是一種目的,殊不知國家存在之目的,是在爲其所屬的各份子謀幸福。

參考書

H. E. Barnes, "The Political and Social Philosophy of Auguste Comte," in Open Court (July, August, 1922).

E. Barker, Political Thought from Spencer to To-day, 84-148.

J. K. Bluntschli, Theory of the State (3d ed., from 6th German ed., Oxford, 1901), Bk. 1, Ch. 1.

I. Brown, English Political Theory, Ch. XI.

E. Caird, The Social Philosophy and Religion of Comte (New York, 1885).

W. K. Clifford, Lectures and Essays (3d., London, 1901), II, 103-176.

F. W. Coker, "Organismic Theories of the State," in Columbia University Studies, XXXVIII, No. 2 (1910).

Defourny, "Schäffle, son système sociologique, economique, et politique," in Revue social catholique (1903-1904).

H. Driesch, The Science and Philosophy of the Organism, Gifford Lectures, 1907-1908 (London, 1908).

W. A. Dunning, Political Theories, Rousseau to Spencer, 387-402.

H. J. Ford, Natural History of the State (Princeton, 1915).

F. W. Giddings, Principles of Sociology, Bk. IV, Ch. IV.

L. Goumplowicz, Geschichte der Staatstheorien, 351-370, 388-399.

O. Hertwig, Die Lehre vom Organisms und ihre Beziehung zur Socialwissenschaft (Berlin, 1899).

L. T. Hobhouse, Social Evolution and Political Theory (New York, 1911).

T. H. Huxley, Evolution and Ethics (London and New York, 1893).

E. Kelly, Government or Human Evolution (New York, 1900-01), I, Bk. III, Ch. II.

B. Kidd, Social Evolution (New ed., rev., New York, 1921).

P. Leroy-Beaulieu, The Modern State (London, 1891), Bk. I, Ch. IV.

J. S. MacKenzie, Introduction to Social Philosophy (2d ed. rev., Glasgow, 1895), Ch. III.

F. W. Maitland, Collected Papers, I, 247-303.

C. E. Merriam, History of the Theory of Sovereignty Since Rousseau, 99-119.

J. S. Mill, Auguste Comte and Positivism (3d ed., London, 1882).

J. Morley, Miscellanies, III, 337 ff.

D. G. Ritchie, Darwinism and Politics (4th ed., New York, 1901).

A. W. Small, General Sociology (Chicago, 1905), 109-39.

H. Spencer, Principles of Sociology, Parts II, V.

W. W. Waddington, Development of British Thought, Ch. VIII.

A. R. Wallace, Natural Selection and Tropical Nature (New York, 1891).

J. Watson, Comte, Mill, and Spencer (Glasgow, 1895).

W. W. Willoughby, Nature of the State, 32-38.

R. Worms, Organisme et Société (Paris, 1896).

第十二章

聯邦國家的學說

(一) 聯邦思想的發展

在政治演進的過程中,諸政治單位顯然有一種合併的趨勢,雖然其間不無崩潰的時期。政治單位的聯合一致,一部份是強有力的國家併吞其鄰國的結果,一部份則係由於附鄰諸國為謀自衛和增進彼此間的共同利益相互聯結而成。由聯合一致而誕生的政體,其主要的形式不外兩種。

第一種形式係完全合併的結果,諸結合的單位在合併後融化成一種單一的組織。這種合併有時如遇民族精神極發達,地方歧異很微薄的時候,便自願地和平地趨於完成,如英格蘭和蘇格蘭的合併,或最近意大利王國的成立是。不過這種合併,通常都是征服和擴張的產物,即是一個比較強有力的國家,力求其版圖的擴張,不顧其所併合的人民的願望,並且以他們地方的政治組織爲犧牲。例如羅馬帝國和法蘭西王國的成立是,由於這二種方法,便造成了許多統一政府的國家。其所組合的諸部份,或則完全失去其整個的特性,或則祇成爲行政的區域,在法律上隸屬於中央政府的權力之下。

但若數國的民族性或情形,有聯合的需要,而其地方的歧異太相懸殊,絕無征服的可能,則便產生第二種形式。其所組合的諸部份,仍保留着它們的政府,對於某種事件仍各有其處置的權力,但對於其條事件的統治,悉放棄於爲之創立的中央政府。如各個分子不失去它們的主權而建立中央政府,作爲它們的代理機關,其組合卽是一個邦聯(Confederation)。如其組合已構成一個單一的主權國,中央政府和以前各邦政府之間的權力,有一種憲法上的調節,則此新國家便是一個聯邦(Federation)。

古希臘時有許多邦聯的組織,而其中的愛琴

聯盟(Achaean League)則很近乎聯邦的形式。早年的意大利諸城,也有種種邦聯的組成,但其組織沒有像希臘的那樣的完善。在中世紀的時期,則可舉萊茵邦聯(Rhenish Confederation),海西聯盟(Hauseatic League),和神聖羅馬帝國爲例。瑞士的各州(Cantons)和荷蘭的各省(Provinces)也組成過邦聯,垂數百年之久;獨立後的美洲各邦,維也納會議後的德意志諸王國和諸封邑,在它們最後統一以前,都組成過邦聯。不過,邦聯的性質根本是一種國際的關係。它的政府係建築於各主權國的條約合同上面。國際聯盟卽是現存的唯一重要的邦聯。

採取一七八九年的憲法而組成的美洲合衆國,由一八四八年和一八七四年的憲法所創立的瑞士聯盟,以及由一八七一年的憲法所建立的德意志帝國:都表示聯邦國家的一種新形式的勃興,並給予政治學說以解說和詮釋這種現象的新工作。所有這些聯邦,都是"從初期的各種結合形式發達而來,在初期的結合形式中,各個單別的地域社會,至少在名義上,都享有主權者的特權這些聯邦又都建築於調和的原則之上,儘量把組成聯邦各分子的自主權,與整個結合體的最高權,及其勢力合為一體。都有一種雙重的組織,和雙重的權階制一為中央或聯邦政府,一為地方政府。所有這些聯邦都規定中央政府行使極大的權力,但同時也保證各地方對於政府的活動有極大的支配的範圍。並且其中中央與地方間之權力的關係,也都有種種性質極為複雜的問題,引起促進各種關於最後政權的性質及其所屬的學說的發展"。[1]

在合衆國,對於內部人民主權說,的意見頗為一致;在德意志,因為君主政體說與民主立憲說需要調和,遂使對於聯盟全體中的主權歸屬問題,發生紛歧的意見,難於解決。美洲合衆國在採取憲法的時候,對於已形成立的聯盟的正確性質,很少清楚的解釋。在聯邦和各邦的權力沒有發生糾紛之前,聯邦的性質,從沒有人加以注意。大陸上的聯邦出現較遲,深得美利堅的經驗的幫助,所以得用更精細的分析,和更哲理的方法,把聯邦國家的學說創立起來。

(二) 美洲的聯邦政府學說

1 C. E. Merriam 的 History of the Theory of Sovereignty since Rousseau, 158-9.

在革命戰爭的初期,美洲十三邦之間爲事勢所迫都有一種強烈的和衷共濟全團一致的情操,所以那時的大陸會議得行施很大的權力。至獨立完成以後,各邦的地方精神,復占優勢,一七八一年的聯盟公約,卽表現當時各邦的互相猜忌,和不願有一個強有力的政府。但邦聯的失敗使當時一般人知道有建立一個具有較大權力的中央政府的必要,於是又起了一種反動,主張一個統一的國家。同時,諸邦却都不願放棄他們政治區域的獨立地位。當時的政治思想,認地方自治爲自由的基礎,而謂中央集權有傾向於暴政的趨勢。憲法和擁護憲法的各種學說,並沒有明晰地確定新立的美國的性質。最高的主權都以爲是屬於人民,但究係屬於諸邦分立的人民,或屬於諸邦的集合體的人民,則並沒有解答。那時的美國人,以爲他們是在組織一種新式的政府,旣不把它當做一個邦聯,也不把它當做一個通常的國家。祇是一種"複合共和國"(Compound Republic)其主權爲各邦和聯邦所分有。他們把"主權"(Sovereignty)這個名字很審愼地從憲法上略去,對於主權問題的爭論故意地避免了。

主權分割說在憲法成立後,爲一般人所承認者垂數十年之久。聯邦論派(Federalist)時常提到主權的分割。[1] 一般人都相信各邦已放棄了它們主權的一部份,而保留其餘剩下的一部份主權。中央既非無上,各邦亦不是至高;兩者都有限制。最高法庭[2]解釋說,"合衆國對於一切由各邦實際讓渡的政府權力爲主權者。聯邦內的各邦,則對於一切保存的權力,爲主權者"。馬狄孫說:"如不承認主權的分割,而欲明晰地主張合衆國的複合政府制度,實是不可能的"。[3] 美洲人不喜歡歐洲的絕對主權說。他們相信主權之普遍地分配於各邦,實爲自由之最好保障。契浦曼(Nathaniel Chipman)斷論"以前謂國家的主權是一種不可分的本質是一種絕對的權力,不受制止,也不能制止,這種意見現代已有了糾正。經驗已經指明主權是可以分割的"。[4]

美國的主權分割說經杜格維的著作[5]輸入歐洲,對於歐洲的思想發生很大的影響,他承認兩重

1 見 4, 9, 31, 39 各號。
2 見 Chisholm v. Georgia (1792), 2 Dallas, 435。
3 Works, Vol. IV, 394。
4 Principles of Government (1833), 273。
5 見以上本書第八章第三節。

主權併立的思想,一種是屬於聯邦的主權,一種是屬於各邦的主權。聯邦的主權由衆議院代表之;各邦的主權則由上議院代表之。杜格維相信,這種制度對於像合衆國那樣孤立的國家,是適宜的但對於歐洲的武力君主國,是不適宜的。美國的制度是無匹的。它表明民主政治有在廣大的國土內施行的可能性,它的雙重主權更足以證明共和政制是一種無往不宜而具有特殊適應性的政制。

當時有一般人主張組成聯邦的各邦有單獨脫離全國政府或否認全國政府的法令的權利;[1] 社會契約說便時常被用來反駁這種論調。它以爲政府的權力,是取給於被治者的同意,聯盟是一種契約。各邦由契約而結成全國政府。契約對於各邦有同等的拘束的効力;必須由大多數者才可解釋契約。單方面的離棄是不合理的,獨單一邦沒有得其他友邦的同意,是不能退出聯邦的。

當奴隸制成爲全國的中心的問題,幷且加深了國家主義和地方主義的衝突的時候,昔日爲人

1 見 Madison 的 Works, Vol. 63; Jackson 的 Message to Congress on Nullification (1833); Lincoln 的 Inaugural Address (1861)。

所承認的調和的主權可分說，一方面既爲主權在邦說的武斷主張所代替，他方面又遭聯邦據有最高主權的主張的攻擊。主權在邦說時常被合衆國的少數派用作武器。他們力言各邦猶之個人，也擁有自然權利，各邦如受到壓迫，或契約爲中央政府的專權所破壞而解體，則各邦均有退出其所組成的聯邦的權利。這種理論隱含於哲斐孫和馬狄孫所草擬的干的基（Kentucky）和非基尼亞（Virginia）議決案（1798-1799）內，表白於一八一五年哈脫福會議（Hartford Conference）的議決案中，並由非基尼亞的法學家爾屠克（H. St. George Tucker）[1]明晰地加以解說。他力謂各邦如遇聯邦有干涉它們主權的時候，它們也有推翻聯邦的自然權利，猶之個人有抗拒壓迫的政治制度的自然權利一樣。

最後被人公認的主權在邦說，爲賈爾洪（John C. Calhoun 1782-1850）[2]的學說。賈爾洪屏棄社會

1 Commentares on Blackstone (1803)。

2 Disquisition on Government; Discourse on the Constitution and Government of the United States. 見Works，輯者 R. K. Cralle (New York, 1833)，Vol. 1; 和 Correspondence，發表於 American Historical Association Reports, Vol. II (1899)。

契約說,而力持主權的不可分性。他說政府是因爲各個人的自私心有約束的必要而自然發生的。而成文憲法則爲抑制政府的自私傾向的一種工具。賈爾洪以爲合衆國的最後主權屬於各分立邦的人民,卽組成牠們的制憲會議的人民。各邦是原始的主權者,它們把某種權力讓給中央政府而組成聯邦,這種權力它們是隨時可以收回的。他們可以隨時維護其主權者的特權,隨時可以退出聯邦。賈爾洪及其信徒們[1]都否認主權是許多分立的權力的總和。他們視主權爲邦的意志,把牠分割,卽是把牠毀滅。所以各邦決不能捨棄它們主權的一部份,而保留其餘的一部份。同時,賈爾洪又深恐無限制的人民主權,會發生多數的專制,故希望對於政府權力之無節制的行使,加以限制。他主張"憲法的"或"一致的"多數(Concurrent Majority)反對"數目的"多數(Numerical Majority)。根據這個原則,他力論任何邦都有否認聯邦政府的行動的權利。不過,如有四分之三的邦擁護聯

1 P. C. Centz (Benard J. Sage), The Republic of Republics (1865); A. H. Stephens 的 A. Constitutional View of the Late War between the States (1868-70); Jefferson Davis. 的 The Rise and Fall of the Confederate Government (1881)。

邦政府,則否認政府行動的那邦仍須屈服,否則便退出聯邦。

因反對主權在邦說而起的主權在國家的主張,也攻擊主權分割說。主權在國家說以爲憲法並不是各邦間的一種契約,而是全國人民所制定的一種法律。這個法律便是全國的最高的法律。聯邦並不是一種可以破壞的條約關係,而是一種不可毀滅的同意,這種同意一經成立,則各邦即不能加以懷疑,如各邦對於這種同意加以懷疑,即是革命。這種學說爲斯托立[1]所倡導爲韋伯斯脫(Daniel Webster)[2]所擁護。

利伯[3]的著作給予國家主義的運動以一種推動,在他的著作中,申述德意志的由統一的民族國家的有機體的發展而來的主權說。一羣同類的人民佔據了一處連接的領土,便組成一個眞實的人;主權即屬於這集合的政治團體。這種學說視主權爲不可分,屬於人民,但視人民不爲一個人爲的集合,而爲一個有機體的和進化的單位,似乎與合衆國之實際的歷史演進反相符合,而在武力消

1 Commentaries on the Constitution (1833)。

2 Works (Boston, 1851)。

3 見以上本書第八章第三節。

滅主權在邦說之後,卽迅速的盛行起來[1]。歐洲方面以德意志和意大利的統一爲代表的國家主義精神的發達,加強了這種思想的力量,並使一般人有重視構成國家生命之社會的,經濟的,和政治的諸勢力的趨勢。

晚近美國討論聯邦國家的學者[2]都主張絕對的不可分的法律主權說,和美國憲法的法律性質說,但他們把國家與政府,加以明晰的區別,並承認諸邦與聯邦之間,及政府各機關之間,政府權力有分割的可能性。因之聯邦主義便祇成爲一種政府的方法了。政府背後的國家組織,由一種憲法組織而成,這種憲法不是由普通立法手續所能修改;又有一個最高法院具有宣告法律爲違憲之權,以保障憲法,而防禦政府;這便是美國對於政治方法的特殊的貢獻。

(三)歐洲的聯邦政府學說

1 見 O. A, Brownson 的 The American Republic (1866); E. Mulford, The Nation (1870); J. C. Hurd 的 The Theory of our National Existence (1881); The Union State (1891)。

2 J. W. Burgess 的 Political Science and Comparative Constitutional Law (1890); W. Wilson 的 An Old Master and other Political Essays (1893); W. W. Willoughby 的 The Nature of the State (1896)。

瑞士聯邦和德意志聯邦,也和合衆國一樣,在聯邦成立以前都是聯邦,在聯邦的時候各個份子的分立主權,都謹慎地加以保障。一八一五年的德意志邦聯憲法上,明白規定爲一個國際的結合。就是一八四八年的瑞士憲法,也規定"各州(Canton)在其主權不受聯邦憲法所限制的範圍內,都是主權者"。地方主義的精神,在兩國都很強盛,在一種絕對的不可分的主權說之下組織聯邦,在事實上是不可能的。杜格維對於美國立憲制度的敘述,使調和的主權說在歐洲流行;而聯邦國家(Bundez Staat)內的有限的可分的主權概念,使統一得以完成。

主權分割說,在德國爲歷史學家瓦慈(Georg Waitz)[1]所主張。他相信聯邦國家內,主權的範圍得加以限制,而並不損壞牠的性質。國家可有二重主權,各在其本身範圍內爲至尊。中央政府得有它特殊的職權範圍;而聯邦國中的各份子的政府,也可以有它們自己的職權範圍,各在其活動的領域內,擁有主權。這個學說爲許多德國的和瑞

1 Grundzüge der Politik (1862). 1853 年這學說他在 Allgemeine Monatschrift 一書中第一次敘述。

土的公法學家[1]所承認,他們相信它對於國家主義的精神和地方的愛鄉主義(Local Patriotism)的精神的調和問題,給予一種解決。

歐洲的主權分割說,也和在美國的一樣,因各種事變而遭破滅。統一運動的成功使一般人着重中央政府的權力,同時又明白地劃定中央當局與地方當局兩方面的統治權的範圍。於是主張"主權是屬於那在法律上有決定各政府的統轄權的能力的權力的學說"大佔優勢。這種主權是決定一切職權的職權(Kompetenz-Kompetenz)的學說,以爲主權係寓於制憲權中,這種制憲權是超乎中央政府和地方政府二者之上,而決定國內一切政府機關權力的限度。這學說有邁葉(Georg Meyer),[2]海內爾(Albert Haenel)[3]和拉龐德(Paul Laband)[4]輩主張之。他們恢復了主權不可分的

1 Robert von Mohl 的 Encyklopädie der Staatswissenschaften (1859); J. J. Blumer 的 Handbuch des schweizerischen Bundesstaatsrechts (1863-4); H. von Treitschke 的 Bundesstaat und Einheitsstaat (1864)。

2 Grundzüge des norddeutschen Bundesrechts (1868); Staatsrechtliche erörterungen über die deutsche Reichsverfassung (1872)。

3 Studien zum deutschen Staatsrechte (1873)。

4 Das Staatsrecht des deutschen Reiches (1876)。

觀念,而下主權的定義爲:"統治權之法律上的自行決定"。這種學說的實際影響是摧毀了聯邦內各組合分子的主權,而使聯邦成爲眞正的主權者。

這種學說的一種修正說,則着重於國家怎樣受法律上的限制。它以爲主權是指國家在法律上祇受其自已意志的拘束。[1] 這派學說承認絕對的造法權有種種限制,國家應遵守其自已所制定的憲法,自課其限制。它也承認條約合同本身課定的種種國際限制。它又傾向於擁護聯邦國家的中央威權。

然而主權在邦說在德國却有它的衛護者。賽達爾(Max Seydel)[2] 受賈爾洪的論調的影響,攻擊主權分割說。他說:所謂聯邦國家不是一個以前主權者都歸消滅的統一國家,必是許多主權國的一種結合。他以爲主權是國家的要素,它的性質是不可分的。他主張聯成德意志帝國的諸邦之主權完整。他贊成主權不可分的論調,實有助

1 Georg Jellinek 的 Die Rechtliche Natur der Staatenverträge (1880); Gesetz und Verordnung (1887)。

2 Der Bundesstaatsbegriff, 包含於 Tübinger Zeitschrift (1872); Grundzüge einer allgemeinen Staatslehre (1873)。

長國家主義的思想發達的力量。

隨着大陸上的聯邦國家之組織而起的各種主權說，在政治思想上，發生了幾種重要的發展。其一是主權和國家性並非不可分地結合在一起的概念。從布丹以來，都把最高權力的擁有視爲國家的主要的特性；這種學說在德國受了唯心主義者和他們譽揚國家尊嚴的概念而加強。當諸邦結成一聯邦的時候，當時重要的學說都承認各邦已喪失了它們的主權。然而地方主義的精神，却不願承認各邦已放棄了它們的國家資格。因之無主權國的思想，使發達起來。[1] 他們爲國家下的定義是國家是一個政治的地域社會，具有依照其自己的憲法和法律，行使其政府職能的權力。國家如不受較高的權力所支配，便爲主權者；如受一個政治的優超者所限制，則爲無主權者。因之聯邦的各份子都是無主權國。這種概念對於解釋歐洲其他半主權的政治單位，如巴爾幹諸國，也是很有用的。以主權爲對於國家資格並非不可少的學說，在德國就很流行。有幾個學者，甚至想

1 爲 Meyer 和 Laband 所讚揚。又見 Jellinek 的 Lehre von den Staatenverbindungen (1882)。

把主權的概念,完全從政治科學上殲滅。[1]

無主權國的思想,對於國際法,也是很有用。對內是最高的對外是獨立的平等的主權說,在其應用於繁複的互依的國際關係時,遭遇了很大的困難。國際公法學家早已有承認無主權國的可能性的傾向。[2] 他們力謂沒有一個地域社會是完全脫離其他政治社會而獨立的,而且也沒有一個國家是絕對的主權者。他們視主權爲各種權力的集體,其中有幾種權力,可以抽去,而不致毀壞它們以前擁有者的國家資格。因之主權在其對外的關係上,是相對的,因各國所據有的主權的程度彼此不同。這種學說從國際關係的世界中的實在情形推繹而來,助長了無主權國和半主權國的思想,而引起國內主權和國外主權的分別。[3] 前者專論國家對於國內的個人,與各團體對於國家的關係;後者則專論國家與國家間的國際關係。一

1 Hugo Preuss 的 Gemeinde, Staat, Reich (1889)。在美國一個同樣的趨勢見 P. Bliss 的 On Sovereignty (1885)。

2 J. J. Moser 的 Beiträge zu dem neuesten europäischen Völkerrecht (1777-80); G. F. de Martens 的 Précis du Droit des Gens moderne de l'Europe (1788); C. Calvo 的 Le droit international (1867)。

3 見 R. T. crane 的 The State in Constitutional and International Law。J. H. U. Studies, Series XXV, Nos. 6-7 (1907)。

般人根據這種區別,力謂國家得擁有國內國外二種主權,或得擁有二者之一。中立國,保護國,自治殖民地,和聯邦國內的諸邦的存在,以及國內諸團體的地位之要求承認,遂使整個主權的學說不得不重新加以檢定。

參考書

P. Bliss, of Sovereiguty (Boston, 1885).

J. K. Bluntschli, Geschichte der ueueren Staatswissenschaft, Ch. XVII.

J. K. Bluntschli, Theory of the State, Bk. IV, Ch. III; Bk. VI, Ch. IV.

E. Borel, Étude sur la Souveraineté et l'état fédératif (Geneva, 1886).

S. Brie, Der Bundesstaat (Liepzig, 1874).

J. W. Burgess, Reconstruction and the Constitutions (New York, 1902), Chs. I-XI.

A. de Tocqueville, Democracy in America, trans. by H. Reeve (4th ed., New York, 1841), Ch. VIII.

W. A. Dunning, Essays on the Civil war and Reconstruction (Rev. ed., New York and London, 1910).

W. A. Dunning, Political Theories, Rousseau toSpencer, 278-288,

E. Elliott, Biographical History of the Constitution. (New York, 1910), Chs. VIII-IX.

E. A. Freeman, History of Federal Government (London and Cambridge, 1863).

J. W Garner, Introduction to Political Science, 148-158, 230-234.

O. Gierke, Johannes (Breslau, 1880), Part II, Ch. V.

F. J. Goodnow, Principles of Constitutional Government, Chs. II-VII.

A. B. Hart, National Ideals (New York and London, 1907), Ch. VIII.

A. B. Hart, Introduction to Federal Government (Boston, 1891).

G. Hunt, John C. Calhoun (Philadelphia, 1908).

A. Johnston, American Orations (New York, 1904), I, 231-302)

S. Leacock, "Limitations of Federal Government," in Proceedings of American Political Science Association, V, 37-52, (1908).

A. G. Mallison, "The Political Theories of Roger B. Taney," in Southwest Political Science Quartery, I, 219-240 (Dec., 1920).

A. C. McLaughlin, "Social Compact and Constitutional Construction," in American Historical Review, V, 467-490 (April, 1900).

C. E. Merriam, History of the Theory of Sovereignty since Rousseau, Chs. IX-X.

C. E. Merriam, American Political Theories, Ch. VII.

E. P. Powell, Nullification and Secession (New York, 1898).

H. Sidgwick, Development of European Polity (London, 1903), Chs. IX, XXIX.

H. von Treitschke, Politics (New York, 1916), II, Chs. XXI-XXII.

G. Waitz, Grundzüge der Politik (Kiel, 1862), 129-218.

W. W. Willoughby, American Constitutional System Chs. I-IV.

W. W. Willoughby, Nature of the State, Ch. X.

W. Wilson, An Old Master and Other Essays.

H. Sidgwick, Development of European Polity (London, 1903), Chs. IX, XXIX.

H. von Treitschke, Politics (New York, 1916), II, Chs. XXI-XXII.

G. Waitz, Grundzüge der Politik (Kiel, 1862), 153-218.

W. W. Willoughby, American Constitutional System Chs. I-IV.

W. W. Willoughby, Nature of the State, Ch. X.

W. Wilson, An Old Master and Other Essays.

第十三章

民族主義帝國主義與國際主義的學說

(一) 民族主義的學說

對於十九世紀的政治發展有最重大的影響的,是自由主義和民族主義的種種理想。自由主義希望每個國家都有一種成文憲法,一個代議國會,和一個相當程度的民治政府。在十九世紀的前葉,自由主義與個人主義聯在一起而着重各種權利議案。它要求解脫國家的干涉和國家的支配。在十九世紀的後葉,主張爲謀公共福利而實行國家管理的社會主義的理想,風行一時。民族主義着重主權國家的獨立,引起國際關係上的個人主義。各民族國家漫無約制的野心和競爭,遂發生現代帝國主義之殖民地的和商業的擴張。反乎這種制度所形成的國際無政府狀態的,則有國際主義,世界組織,和世界法律等理想的復活。

主權的思想與革命權利的學說相聯合,便造成了民族主義的概念。主權國家的獨立和人民對於其政府的自治權相結合,便興起了一種學說,以為每個集團祗要其民族性有充分的特性和歷史,便應准許牠支配牠自己的政治命運。那視國家為一個人或一個有機體的學說,——尤其是盛行於德國思想界的——更助長了這種思想的力量,因為一種人民旣有其漸次發展而來的民族的類同點和一致的情感,當然應含有一個集合的法律實體的種種特性,在理論上似乎是很通的。瓦慈,史推爾和伯倫智理等學者都力謂一個民族的政治的集團具有眞實的人格。

在文藝復興的時候,民族的歧異已開始顯露了。當中世紀時,羅馬人的統一語言,宗教,法律,和政府的理想,極盛一時,可是一到十五世紀,歐洲地理形勢的影響,方言之化為現代語的進展,以及共同風俗,利益,和成訓的發覺,便開始把歐洲的人民分成許多不同的民族。馬克維尼便是第一個現代化的民族主義者。他很願意他的城市化為一個單一的意大利國家，他又夢想一個聯合的意大利共和國，具有充分的能力足以抵擋法蘭西和西班牙的野蠻人民的侵略。後來，北方民族在中世紀教會制度下不寧而形成的宗教改革，又增加了宗教的歧異，并加深了民族的分野。在宗教上有自決權的人民在政治上當然也要求同樣的特權。荷蘭共和國民族精神的興起，便有強大的宗教基礎。那些長時期生活在一起而經歷着共同經驗的集團，便有一種目的意識，表現在他們的制度上和文學上。他們有一種共同的記憶和理想，於是這種主觀統一的感覺使他們形成一個民族。

直到十八世紀的末葉，民族主義的存在，祇是一種下意識的情操。一七七二年波蘭的瓜分，民族主義便被認為一種政治的事實。美國革命的時候，在亨利(Patrick Henry)和佩因(Thomas Paine)的演說辭中，也提及民族主義。哲斐遜在美國的獨立宣言裏，曾說及美國民族要在世界列強之間按着自然律與自然神的所賜，取得其分立的平等的地位。哈密爾敦在聯邦論叢上也曾說，一個民族而沒有其國民政府是一種難堪的事。

拿破崙欲併全歐於法國統治之下的努力,給民族感情以一種強烈的刺激。他軍事上的成敗遺下了一種光榮與犧牲的紀念,加深了法國民族的情操。他對於鄰國的侵略,同時也激起了鄰國人民的民族精神,尤以西班牙和日耳曼諸邦爲最,那裏,他的侵略,卒引起各處民情的激昂和反抗。維也納會議着重民族的和歷史的成訓,並公言在固定的國界內,尊重國民的願望,雖然領土的處置,實際上違反其宣言的理想。

以後半世紀內,都充滿着戰爭與革命,而這些戰爭與革命的希望,最顯著的便是民族的獨立和民族的統一。一八二一年希臘人的反叛土耳其,對於民族主義的歷史方面和情操方面給予一種刺激,而且盛受歐美兩洲的自由派的援助。一八三〇年比利時的脫離荷蘭,以及一八三一年波蘭人的脫離俄國而獨立企圖,都顯示着同樣的情緒。一八四八年的大革命卽代表歐洲各處民族的渴望,所要求的不是在脫離異族政府的支配而圖民族自主,便是在聯合從前分立的團體以求民族統一。一八四八年時,民族主義已形成了一種確定的政治理想,從這種政治理想出發,當然產生民族自决的信條。

一八七〇年以後,民族主義在政治上有顯著的成功。俾斯麥以鐵血政策,統一了德意志,雖然在奧地利的德意志人還不能包括在內。在意大利方面,喀富爾(Cavour)雖不用流血的政策,但運用其外交的手腕,也創立了一個統一的意大利。在匈加利方面,民族主義者利用奧地利的紛擾,也獲得了極大的自主權。

一八四八年大革命的民族的渴望,大半都受情操與感情的支配,而多半沒有什麼成功。那時的理想,表現在詩人,演說家,和教授們的著作和演講中,其最著者如匈加利的噶蘇士(Kossuth),法國的拉馬丁(Lamartine),德國的達爾曼(Dahlmann)和瓦慈以及意大利的瑪志尼。民族主義最偉大的成績,如意大利德意志的統一,美洲合衆國聯邦的保持,都是俾斯麥,喀富爾和林肯輩實際政治家的偉業,他們所着重的,都在實際方面,而感情則居其次。

民族渴望的不得滿足,便是歐洲大戰的一個重要原因;凡爾賽和會把歐洲的地圖重新根據民族國家的界限,加以劃分。法國和丹麥又獲得了他們從前喪失的領土。意大利充實了她天然的境界。希臘人重行聯合。波蘭重建國家;捷克人和巨哥斯拉夫人也成立了他們的新國。大不列顛對於其自治殖民地也予以更大的自主權,愛爾蘭建立了自由國,而印度埃及的民族主義的熱望,也加以相當的承認。猶太民族主義(Zionism)受了很強的一種激動,於是有猶太人建國以巴勒斯坦(Palestine)爲中心的主張。晚近的民族精神的激發則以威爾遜(Woodrow Wilson),凡尼思魯斯(Venizelos),和馬沙立克(Masaryk)爲其主動的人物。

十九世紀的前半期,民族主義是革命的民主的。它表示民衆對於以皇朝的關係爲劃分疆土的依據的反抗。在同世紀的末葉,民族主義是建設的,受政府的支配而不受民衆的操縱,而且它常常攻擊國內的自由份子和民主份子。由是以民族爲人民意志的表示的觀念,大半爲以種族,地理,和歷史的統一爲根據的明顯的命運之信仰所代替了。因此民族主義便變成侵略的;各民族都應充實其天然的彊界,都應同化其各種份子,都應推廣其文化於劣等民族的觀念因之產生。於是民族主義在政府方面便造成君父主義與專制政治,在國際事務上便引起帝國主義與國際衝突了。

那些在民族性說發展中佔着重要地位的演說家和著作家,主要的有:德國的費希特(Fichte),[1]薩維尼,[2]達爾曼,[3]和伯倫智理[4];意大利的瑪志尼[5],匈加利的塞海意(Szechenyi),和噶蘇士;波希米亞(Bohemia)的柏拉歧(Palacky),[6]法國的勒腦(Renan);[7]愛爾蘭的奥康納爾(O'Connell);以及美國的賈爾洪,姆爾復(Mulford)[8]利伯[9]和柏哲士[10]等。

有幾位著作家極注重同一種族,同一語言和同一制度所造成的統一。他們把國家視爲一個

1 Addresses to the German Nation, 發表於 Werke, Bd. VII (1807-8)。

2 System des heutigen römischen Rechts, Band 1, Secs. 7-10 (1840-49)。

3 Die Politik, Secs. 6-7 (1835)。

4 Theory of the State, Bk. II, Chs. 1-VI, 英譯者 Ritchie, Matheson 和 Lodge (第二版,1892)。

5 Manifesto of Young Italy (1831)。見他的論文集,英譯者 T. Okey (London, 1894)。

6 History of the Bohemian People (1836-48)。

7 Qu'est-ce q'une Nation? (1882), 包含於 Discours et Conférences, 277。

8 The Nation (1870)。

9 Fragments of Political Science on Nationalism and Internationalism (1868)。

10 Political Science and Comparative Constitutional Law, Vol. 1, Part 1, Bk. I. (1890)。

人種的單位,視爲一個有生物關係和心理關係的人民集團。例如,費希特說,人類是爲語言所型成的,德國語言的純一,遂使德人超過其他語言岐雜的人民之上。大斯拉夫運動和大日耳曼運動便有其種族的和語言的基礎。薩維尼覺得民族法是一種團體內性統一的啓示。

還有許多著作家注重於物質環境的勢力,以爲各民族都與地理單位相符合,應各各領有其天然的環界。費希特在他早年的著作裏,表示一種意見,以爲一國應據有能使其經濟上獨立的彊域。這種思想,直到現在,在政治思想上還佔着重要的地位。黑格兒曾提示謂一種明顯的地理單位必將成爲一個國家的版圖;柏哲士則極重視歐洲政治的與地理的分界之相符合。[1] 至於大美利堅主義的根據,與其說是基於種族的或語言的同點,則毋甯說是基於地理關係和商業利益。

現代的學者,受了歷史研究和進化論以及社會心理學的影響,對於種族和地理的勢力,不大加

1 關於地理的邊彊近著有 C. B. Fawcett 的 Frontiers, a Study in Political Geography; L. W. Lyde 的 Some Frontiers of Tomorrow, T. H. Holdich 的 Political Frontiers and Boundary Making; Lord Curzon 的 Frontiers; J. Fairgrieve 的 Geography and World Power。

以注意,而極重視由共同經驗和共同成訓以及政治統一和愛國主義所逐漸進展而來的精神的一致性。他們側重感情與意志,謂爲民族性的要素,勒腦(Renan)指明謂民族都是雜色人種所構成,說各種不同的語言。他相信利益的共同社會,祇構成一種風俗聯合,並非一個民族,幷謂那求謀天然地理彊界的企圖,乃引起不斷戰爭的原因。他以爲一個民族的本質,係在乎一種已往的榮辱盛衰興亡與共的記憶中,係在乎一種人民之共同生活和傳遞文化的意識願望中。

民族主義學說對於國內少數民族存在的關係,引起兩種相反的觀點。從少數民族的立場可以發生自主和自決的要求。這是美國各邦權利擁護者,德國地方自主主義者,愛爾蘭主張獨立的國民黨員,以及大戰告終時歐洲諸弱小民族的態度。賈爾洪所謂共同社會的意志應決定其政治地位的理由,便常常被人用來擁護這種態度。在另一方面,多數民族也得利用民族主義的思想,作爲他們同化或鎮服少數民族的努力的護身符,而求得同化與統一。德國的史推爾和美國的 Mulford 都力論國內少數民族之努力求得其政治地位,乃毁壞自然道德的秩序。他們以爲一羣共同生存在一個明白劃定的地域內的人種單位,自然應得成立一個國家,這是神意。他們又力謂各國對於求謀國內統一的努力,卽違反其一部份人民的願望,亦爲正當之舉。

有幾位學者[1]否認民族性與政治組織間有什麼重要的關連。他們以爲民族性與宗教一樣,是主觀的,是一種心靈的狀態,是一種思想和感情的表現,政府與法律則是關乎外表的行動和關係。他們以爲祇要不壓迫少數民族,不用強力謀統一,各種不同的民族沒有什麼不可在同一政治組織之下共同生存的理由。他們甚至說複數民族的國家,如瑞士和美國,比之顯然的民族統一國家爲自由。他們不表同情於每個民族應各自形成一個獨立政治單位的原則,也不表同情於在固有的諸國內圖謀民族的統一。他們說民族主義易於使政治的眼光褊狹,引起愛國的偏見與團體的仇恨,使弱小的國家進於平庸的地方主義,使強盛的國家進於侵略的帝國主義。他們深信各種文化

1 例如 L. Gumplowicz 的 Allgemeine Staatsrecht, 115頁; Lord Acton 的 Essay on Nationality; A. E. Zimmern 的 Nationality and Government, 第二章至第四章。

的岐異,是有益的,幷相信每種人民應在非政治方面發揚其各該民族的天才。

(二) 帝國主義的學說

一個國家不興則亡的信仰,為許多政治哲學家所主張,也為許多實際政治家所力行。有些時候,擴張是某種特定的侵略政策的結果,如亞力山大帝國那種情形是。有些時候,擴張並不是某種特定的推廣政策的結果,而且甚至為其國內強大的政黨所反對,如羅馬帝國和英帝國的擴張是。在古代的時候,國家的擴大,多半是由於武力的結果,他們使用武力,藉以防禦他們邊境的襲擊,增添他們軍事的勢力,赢得他族的貢物或推廣他們的文明和宗教。結果便是一種中央集權的專制制度,大權集中於京都,而使各省的利益顯然地居於次要的附屬的地位。拿破崙的雄心便是現代人打算復活古代的世界帝國的理想。

在中古時代,帝國的理想是存在着的,但是中古的帝國却是一種沒有實際存在的鬼魂。中世紀的末葉,馬克維尼主張各國應努力採取一種擴張領土的政策。現代帝國主義的肇端,則始自商業的復興,和宗教改革時期之強烈的宣教精神新大陸的發現給它以一個顯著的推動。十七世紀和十八世紀初年風靡一時的重商學說更助長了它的氣燄;直至世界列強分割全球的土地的時候,尤其是在十九世紀,帝國主義便達到了牠的最高峯。帝國主義是歐洲因人口的增加而殖民未開發的荒土的收成,是教會努力使異教徒基督化的成績,是產業革命後商業競爭,搶市場,奪原料,和金融投資的產物,是各國爭奪海陸軍的要塞和港口的結果。它造成了附屬殖民地,保護國,和勢力範圍。

現代帝國主義的學說與民族主義的思想有密切的關係,因為各國都深信他們本國文化的優越,都希望推廣其文化於劣等民族。它又與軍國主義的理論有關係,因為要達到擴張的目的必需要強大的海陸軍。認識海上霸權的重要,便是過去半世紀政治思想上的一個要素。[1] 到最近,則天

1 見 A. T. Mahan 的 The Influence of Sea Power upon History (1890); Influeuce of Sea Power upon the French Revolution and Empire (1892); The Interest of America in Sea Power (1897); Sea Power and its Relations to the War of 1812. (1905); H. C. Bywater 的 Sea Power in the Pacific (1921); A. Hurd 和 H. Castle 的 German Sea Power (1913); G. A. Ballard 的 Influence of the Sea on the Political History of Japan (1921)。

空的佔領視爲首要了。

帝國主義的擁護者以爲產生帝國主義的各種勢力,都是自然的與不可免的;使廣大的領域得到和平,受統治於統一的法律之下,是有莫大的利益的;並且廣大的世界的見解總比窄狹的地方主義勝過百倍。有時他們認他們自已的民族文化,非凡優越,以爲推展其優越的文化於劣等民族,即使不得已而用武力,亦是應該的。

英國人是近代最有開拓能力的人民。大不列顛帝國雖然一部份是由於爲要擴大其國界和尋得土地以安頓其過剩的人口的結果,但大半却是那有毅力的善於經商的英國人的努力得來的成績,使國家不得不隨他們的發展而向外擴張。有一派很有力量的"小英倫主義者"(Little Englander's)不斷地反對向外擴張。柯柏登(Richard Cobden)主張推廣商業而不擴大國界。功利主義派和曼徹斯德學派(Manchester School)大概都不贊成領有殖民地;自由黨人也不大注意於國外的事務。格蘭斯頓(Gladstone)的政策,反對商業推廣的政治地位。現代的學者如霍布孫(J. A. Hobson)[1]

1 Imperialism (1905)。

和霍布浩(L. T. Hobhouse)[1]都竭力反對帝國主義的觀點。然而他方面,帝國主義也有其強有力的擁護者。卡萊爾(Carlyle)倡導英雄的福音與其特種使命說,是一個帝國主義的先驅者。羅德斯(Cecil Rhodes)也被一種類似的浪漫主義所感動。歷史家席黎(T. R. Seeley)[2]讚擁向外擴張,謂爲救治地方主義的一種聖劑。克德(Benjamin Kidd)[3]贊成先進民族統治退化民族。吉百令(Kippling)的各種著作,都是被帝國主義的精神所滲透了的。

從美國歷史的開端,國家的軍事的職能便被縮小至極低的限度,強大的常備軍在一般人看來,是對於自由政府有危險的。不過美國却是一個自始至終擴展領土的民族。十九世紀的前半期,努力西進的發達,受着天命說(Doctrine of Manifest Destiny)[4]和民主政治與國界並行擴展的信仰的袒護。當時甚至有人相信加拿大和墨西哥終有一天會變成美國的一部份。有一個時期,當美國

1 Democracy and Reaction (1904)。

2 The Expansion of England (1883)。

3 Control of the Tropics (1898)。

4 E. D. Adams 的 The Power of Ideals in American History (New Haven, 1923),第三章。

與英國因俄勒岡(Oreyeon)發生糾紛,和與墨西哥因德士古(Texas)發生糾紛的時候,紐約前鋒報(New York Herald)這樣載着說:"我們的步伐是前進不息;"華盛頓聯邦公報(Washington Union)又這樣肯定說:"盎格羅薩克遜人種的步伐是向前進的。他們必須完成他們的使命,他們將遍佈偉大的自治原則於世界,誰能預料他們對於他們的工作將至何種程度呢"。[一]

自南北戰爭一直到與西班牙戰爭,領土拓展的呼聲幾乎沉寂無聞。阿拉斯加(Alaska)的購買僅鼓動了少數人的熱心。但是自取得波多黎各(Porto Rico)和非列濱羣島後,帝國主義的情操便復活了。麥堅尼(McKinley)總統在其致國會的公文裏說:"戰爭已加添了我們新的責任與新的負担,我們是必須盡力應付和履行的,因爲我們既已成了一個大國,在我們的發展上和事業上,萬國的主宰自始卽已明白地把文明的使命託付給我們。我們在非列濱羣島所意外得到的是美國政治家不能忽視的商業機會"。

這裏最後的一句話,便表現出昔日的和近代的美國帝國主義的不同。西進運動,是求謀土地的慾望的結果。晚近的擴張,則其目的在商業的與金融的操縱,大部份又是加勒比(Caribbean)區"金元外交"的結果,也就是欲在美國境內維持秩序與金融的穩定的結果。爲要達到這種目的,孟羅主義便擴大和應用了。美國的情形也和英國的一樣,政府的行動是在保護美國公民與美國商業的各種利益。學者們如亞當姆斯(Charles Francis Adams)[1]和叔耳次(Carl Schurz)[2]輩,反對美國帝國主義的政策,以爲它將摧殘國內的民主政治,將需要強大的海陸軍,將使美國被捲入國際關係的旋渦。孫末楠(W. G. Sumner)[3]也批評現代諸國家對於土地之貪得和由之而發生的軍國主義。擁護美國的領土擴張派政策的,則有費士克(John Fiske)[4]和季定思(F. H. Giddings)[5]輩的著作。

近年來德國的諸學者曾爲帝國主義的政策的第一流的代表人物。德國的統一和德國的產業革命發生較遲,其時最合宜的地盤早被佔領。

1 Imperialism (1898)。

2 American Imperialism (1899)。

3 War and other Essays (1911); Earth Hunger and other Essays (1913))。

4 American Political Ideas (1911),第三章。

5 Democracy and Empire (1900)。

爲應對其突然增進的人口和擴張的商業利益的需要,一派有力的學者,便竭力鼓吹取得"得意的地方"的必要,並主張有取得殖民地與建立強有力的海軍的必要,以便在世界的商業中佔得一個地位。

從費希特和黑格兒以後,德國的思想被視國家爲超人的神祕的有機的國家觀念所籠罩,這種觀念認國家乃代表社會進化的最高形式,爲歷史上的道德過程的結果。因此,它給予國家以一種意志,其命令在道德上是不能違背的;它認國家活動的範圍的擴大是正當的;并認國家含有與個人不同的利益和目的。國家的幸福是其本身的目的;它不受個人道德規律的約束,也不受它與其他各國關係上的道德責任的牽繫。國家自身的生命和權力是至尊無上的。

這種思想,與日耳曼民族堅強的精神——即發生於拿破崙時代之後造成日耳曼帝國的統一的精神——相聯合,遂產生了一種信仰,以爲每個人種的和政治的集團,都應對世界進步有其特殊的貢獻。這種信仰與那種日耳曼文化超優的信仰相結合,便產生了一種強烈的侵略的態度,以袒護征服和擴張。此外許多德國人又採取一種學說,以爲在國際關係上生存競爭和適者生存的進化過程是有益的。物質能力是生存權利的標準,所謂物質能力即是指軍事力量。因此,戰爭便被公認被頌揚爲人類進化之神聖的動力。俾士麥鐵血政策的成功更促進了這種信仰。戰爭乃認爲是生物上的一種"公平判決;"它是"人類活動的最高尙最神聖的表象"。國際間的生存競爭旣是以非道德的物質勢力爲基礎,則作戰當無道德上的顧忌。幷以爲"在國際的關係上,強者的權利是合乎道德的"。和這些理論相接連的又有一種信仰,以爲"各小國在文化已成熟的民族間",沒有它們的地位,而"歐洲在德人領導下組織起來"在道德上是正當的。

擁護這種理論的學者們,有軍事派克勞則維次(Clausewitz),[1]本哈策(Bernhardi)[2]和哥爾支(von der Goltz),[3]經濟學家李斯特(F. List)[4]和桑巴德(W. Sombart),[5]哲學家尼采(F. Nietzsche)[6]和普羅

1 On War, 英譯者 Graham (1873)。

2 Germany and the Next War 英譯者 A. H. Powles (1914)。

3 The Nation in Arms (1906)。

4 National System of Political Economy (1841), 英譯者 J. S Nicholson (1904)。

5 Der moderne Kapitalismus (1902)。

6 The Will to Power, 英譯者 A. M. Ludovici (1913)。

(Prince von Bülow),[1] 而尤其是歷史家脫雷斯克(Heinrich von Treitschke 1834-1896)。[2] 脫雷斯克最受亞里士多德和馬克維尼的影響,遵循亞里士多德的國家本身便是一種目的的信仰,信從馬克維尼的對於民族統一和強權的重視。他說:"國家是永生的人類社會中的最高的實體"。"強權即是無上的公理,至於孰是公理孰非公理的爭辯可由戰爭的仲裁來解決"。他竭力主張由勝利的戰爭去獲得殖民地的必要。有一派比較溫健而合乎倫理的德意志帝國主義的論調,則為羅爾波 Paul Rohrboch [3]博士的主張。

德國諸法學家的著作,雖然比較不趨極端,但也極傾向於頌揚國家。他們下國家的定義是一個法人,代表有組織的強制的權力。他們以為除了那些國家自課的限制外,沒有什麼限制可以加諸國家之上;也沒有合法的限制可以支配國際的關係;戰爭是進化的工具,是法律秩序的淵源。這

1 Imperial Germany, 英譯者 M. Lewenz (1914)。

2 Die Politik (1899-1900), 英譯者 B. Dugdale 和 T. de Bille (1916)。

3 Der deutsche Gedanke in der Welt (1912), 英譯本改名為 German World Policies, 譯者 E. von Mach (1915)。

些理論的主張者,便是耶令(R. van Ihering)[1]和耶律芮克(Georg Jellinek)。[2]

斯賓格雷(Oswald Spengler)[3]之思想豐富的著作,很明白地代表德國民族主義到帝國主義的轉化。他恢復了歷史循環運動的學說,[4]并相信西方的文明已經過了它的極頂時期,支配新時代的運動,將爲一種爲德國領袖們所領導的實際的,有組織的,帝國主義式的社會主義。他反對世界和平并謂一個民族實行其意志的權力,實較眞理公道等抽象的理想更爲重要。

軍國主義也受許多學者的擁護。人類學家瓦慈[5]說,戰爭能喚醒各民族心理上的懈惰與昏睡,能激起各民族的努力與發明,并能促成各民族的團結。白芝浩[6]相信歐洲的歷史明白表示武力較大的人種比武力較小的人種的佔優勢,并相信

1 Der Zweck im Recht (1877)。

2 Allgemeine Staatslehre (1900)。

3 Der Untergang des Abendlandes (1917); Welthistorische Perspektiven (1920)。

4 他的思想有許多已見於 W. M. Flinders Petrie 的 The Revolutions of Civilization (1911)。

5 Introduction to Anthropology, 346 頁以上。

6 Physics and Politics, 第二章, (1873)。

戰爭能使知識發明力及道德情操都集中於紀律,服從,忠信,和豪氣等軍事的德性上。皮爾孫(Karl Pearson)[1]辯護戰爭,以爲戰爭可促成天然選擇。他力論人類不走人種競爭的路,必走人口過剩,飢荒,與瘟疫等物質淘汰的路。孫末楠[2]深信戰爭有一種教育的價值,能使不適者進於滅亡,或降服。其他戰爭的擁護者有郎潑雷脫(Karl Lamprecht),[3]斯泰因麥兹(S. R. Steinmetz)[4]和李歐(Homer Lea)[5]等。

奧國的社會學家甘柏老維許(Ludwig Gumplowicz 1838-1909)[6]和賴仁虎夫(Gustav Ratzenhofer 1842-1904)[7]當然是受了他們本國的種族鬥爭的影響,謂社會發展的最高法則,是集團的自利和集團的自存競爭。人種是不同的,有的是優秀的,有的是低劣的。強的諸集團利用弱的諸集團以謀他們本身的種種目的,於是便發生一種逐漸同化

1 其演說辭。National Life from the Standpoint of Science

2 War and other Essays (1911)。

3 Krieg and Kultur (1914)。

4 Die Philosophie des Krieges (1907)

5 The Valor of Ignorance (1909)。

6 Rassnkampf (1883)。

7 Wesen und Zweck der Politik (1893); Sociologische Erkenniniss (1898); Sociologie (1907); Ratzenhofer 的解說見 A. W. Small 的 General Sociology, 第四編至第五編 (1905)。

的作用。要完成這種同化統一的作用,戰爭便是最好的工具。所謂永久的和平,乃是唯心主義者的迷夢;由鬥爭而併合乃是歷史上唯一的眞情。社會進化是向着集中與統一方面進行的。國家是權力的組織,代表社會生活的最高形式。這種學說便引起軍國主義和帝國主義的趨向,幷加強了某種民族負有擴張和侵掠的神聖使命的信仰。

戰爭所担負的任務,尤其是牠在其經濟諸方面所佔的地位,被奧本海末爾(Franz Oppenheimer)[1]用來作爲他的國家起源和發展的學說的基礎。在本特力(A. F. Bentley)[2]的傑作裏面,又提出一種修正的集團爭鬥說。他視社會爲種種互競的利益集團的一個複合體;以爲國家的存在,卽在運用各種必要的禁約和制限以糾盤其他諸團體關係。他的著作係聯合甘柏老維許和賴仁虎夫的社會學學說與近代集團心理學家的著述。

(三) 國際主義的學說

民族主義的學說側重各國間彼此的差異,其目的是在建立許多主權的獨立的民族國家,幷發

1 The State, 英譯者 J. M. Gitterman (1914)。
2 The Process of Government (1908)。

揮外交,條約,均勢的原則,國際的公斷,和戰爭爲解決國際差異的手段。國際主義的目的,則在求世界統一和世界法律。初期的國際主義志在建設一個世界帝國;後期的帝國主義,其目的是在成立國際法律和世界聯邦。初期的求謀世界統一的企圖,以羅馬帝國的創立爲它的極點,羅馬帝國在文明世界裡,主持和平與執行法律者,垂數百年之久,并且把世界國家與世界教會的觀念遺留給中古時代,這種觀念支配了歐洲的思想直至文藝復興與宗教改革爲止。但丁(Dante)在他的君主國(De Monarchia)一書裏,對於世界權力的主張有詳盡的發揮。他憎惡當時諸王侯間和諸城市間的互相爭逐與戰事,竭力主張一個至尊的君主和一種世界的法律。至於近代國際主義的產生實由於民族國家的興起與民族國家間的不斷的戰爭,使一般人覺得這種國際的無政府狀態實有加以節制的必要。

在十五世紀的末葉,民族的原則;在英國已經確立,在法國和西班牙,也有神速的發展。英國並沒有受到中世紀的統一的影響,却前乎其大陸諸鄰國數百年,已變成了一個組織完美的民族國家。

百年戰爭幫助法國各君主進行統一法國的工作;驅逐摩爾人(Moors)的戰爭,幫助西班牙王國達於鞏固的地位。在十六世紀的時候諸獨立民族國家的紀元已經開始,而這時期哈布斯堡族和佛羅伊斯(Valois)族的不斷的戰爭,促成人們規劃種種調節國際外交的新方法。

歐洲的政治家,最初借用流行於中古的意大利的一種思想,想建立列強間的均勢以避免戰爭。等到這種均勢在事實上證實爲不穩固的時候,便希望一種更滿意而更永久的解決。新教徒與舊教徒如何能和平地同住在一國家裏面的問題,也引起了注意。從這種情形中,便誕生了亨利第四(Henry IV)[1]的"大計劃"(Great Design)。這個計劃創議舊教徒,加耳文派,路德派的相互容忍,幷創議把西歐分成十五個國家,組織一個和平的邦聯,其中可有君主國,也可有共和國。在這個邦聯之上,應由皇帝爲元首,但關於各國共同的事務,應由各組成國派選代表六十四人組織委員會掌理之。國際間的糾紛由委員會解決,幷有一個國際的海

1 見他大臣 Sully 的諷刺的著作, Sully 創議於英國的伊利沙白后.見 E. E. Hale 的 The Great Design of Henry IV (Boston, 1909)。

陸軍做其後盾以佐其進行。

格老秀斯和他的前驅者之根據自然法創造國際法的工作,更足以證明當時對於國際的調節實有迫切的需要。文明世界對於國際法的逐漸接受,國際法條欵的擴充,以及奉行國際法的日趨增加,實表示國際主義的一個明顯的進步。格老秀士主張國際公斷和歐洲各基督教國的舉行定期大會;這種主張當然是受着克路司(Emeric Cruce)[1]的影響,克路司曾建議世界大聯盟與國際的自由貿易。

十九世紀的末葉,正當路易十四的雄謀蹂躪着歐洲的時候,威廉丕亨(William Penn)[2]主張創立一個歐洲的議會,一切國際的糾紛可由該議會解決之。在這個議會裏面,歐洲各主權國都應照他們全國歲入大小的比例派遣代表出席。如有反對公斷而不奉行國際議會的判決的國家,則由其他諸國以聯合行動強制其服從。丕亨氏很受他朋友會派(Quaker)愛好和平與信教自由的影響。他極羨慕荷蘭聯邦的憲法。他的思想雖然在歐

1 Le Nouveau Cynée (1623),英譯者 T. W. Balch (Philadelphia, 1909)。

2 Essay towards the Present ane Future Peace of Europe (1693)。由 American Peace Society 出版 (Washington, 1912)。

洲大不發生影響,但應用在美洲的殖民地方面,却有極好的結果。

在他以後,烏得勒支(Utrecht)和會法國全權代表的秘書聖皮耳(Abbé de Saint-Pierre)[1]建議歐洲各主權者的永久聯盟。他贊成創立國際議會,由各國選派代表組織之。這個議會應掌有一種公款,裁決各種案件,任何違犯國如不服共同意志時,則得取一致行動抵擋之。

在奥國繼位戰爭時盧梭曾充任法國駐威尼斯大使的祕書,故他洞悉歐洲外交上的複雜情形和世襲寡頭政治的殘暴。在他主編聖皮耳的著作時,他又熟知這位利他主義的僧長的思想。盧梭是和平的酷信者,他建議創立一個歐洲的大聯邦。[2]不過,在他那時候,列強除英國而外,都是專制帝國;盧梭不信這種國家肯低首下氣地把牠們的獨立主權隸屬於一個大會,或是服從國際的軍隊。統治者成立聯盟而互相保持彼此的疆土,互相維持彼此在其國內的特殊地位的那種思想,又與盧梭的人民主權說不相容。所以,盧梭以為全歐的

1 Projet de Traité pour rendre la paix perpétuelle (1713)。
2 論文: A. Lasting Peace through the Federation of Europe (1761), 英譯者 C. E. Vaughan (London, 1917)。

大聯邦,祇有用暴力和革命,才能組織起來,不過牠是否合意,却不能斷定。

邊沁(Jeremy Bentham)很注意國際法的發展,竭力反對祕密外交。他深信美國對於解決和平聯盟的問題,[1]有很多的貢獻。他曾提出一種,[2]編纂國際法的計劃,主張縮減軍備,解放附屬殖民地,并設立國際法庭。他不贊成用武力鎮壓頑抗的國家,因為他相信如果能保證出版和言論的自由則國際公衆輿論的壓力,已儘夠有餘了。

十八世紀末葉,康德(Immanuel Kant)發表了他的有名的論文,[3]在那篇論文裏,他力言和平的基礎在乎各國代議共和政制的建設,在乎各自由國家的大聯邦之國際法的創立,在乎世界公民資格的養成。他以為經濟的理由最後將追着理智的人類消滅戰爭,自然法則將終於保證世界統一與永久和平。

1 憲法會議開後不久,Benjamin Franklin寫給歐洲朋友的信中說,我附給你一份美洲聯邦的新聯邦憲法草案‥‥如這憲法得能成功,則我不明你們在歐洲為何不能實行享利第四的計劃,聯合各國舉行一個同樣的會議,成立一個各國聯合的大共和國,因為我們有許多利害相關的地方,應當設法修好。

2 Fragments of an Essay on the Principles of International Law (1789),包含於他的 Works 第二卷,546-560。

3 Project for a Perpetual Peace (1785),英譯者 M. C. Smith New York, 1917)。

數年以後,俄國的沙皇特派大使赴英,建議將歐洲改組爲基督教共和國。這個思想在拿破崙戰爭終止神聖同盟內實際履行了。縱然事實上當代的政治家譏笑牠,縱然同盟的機關倒行逆施地壓迫民衆運動,但神聖同盟却是求謀和平之種種計劃的第一次組織。它的目的係在根據基督教的正義與和平的原則,成立一種"不可破滅的友愛"(Indissoluble Fraternity),并邀請承認是項原則的列強加入同盟。它放下了歐洲協約(Concert of Europe)的基礎,并對於國際法加以一種新的核准。它創立了一種國際間的共同利益的成訓,這成訓便是造成國際主義的一個有力的因子。

一八二八年,美國和平社(American Peace Society)組織成立,一八四〇年拉德(William Ladd)[1]提出了一個很有趣味的建議,主張設立一個國際會議以解決國際間的糾紛,并提倡世界和平,廢除武力解決。他建議組織一個國際的立法機關,由公共輿論執行其所定的法律,并有一個國際的軍隊,專任警察的事務,又有一個國際法庭,由每個國家選派

1 見他的 Essay on a Congress of Nations (1840)。在 1827年, Ladd 已用 Philanthropus 的假名提出他的計劃的大要。

法官兩人組織之。勞立麥(James Lorimer)[1]他不是一個改造家,而是一個主張維持現秩序者,建議在一個分立的行政機關之下設立一個世界的組織;并主張該組織的成員要有特別的專門訓練,使舊日的外交事業得由同樣尊嚴的國際事業賡續下去。

十九世紀後半期,有許多國際事務的聯合組織,如萬國郵政聯合會,萬國電報聯合會,和國際度量衡聯合會等,都是爲調節經濟的社會的與衛生的事務而創立的。這些組織的成立,都由國際的協定,普通都規定定期國際大會的舉行與中央辦事處的設置。一切經費則由各會員國按照協定之比例數担負之。

在十九世紀的時候,舉行了很多國際大會,結果關於國際法及其程序的種種歧異的思想得進於調諧,并使國際組織的思想又得到了一種顯明的推動力。一八九九年第一屆海牙大會,雖然不能達到軍備的縮減,但也創設了海牙法庭(Hague Tribunal),并提出了一個法官的名單以便推定裁判委員會。一九〇七年第二屆海牙大會,規定設

1 見他的 Institutes of the Law of Nations (1883)。

立國際捕獲審檢廳(International Prize Court)。歐洲大戰的恐懼又提醒了世界大聯邦的思想,結果便誕生了一個國際聯盟,內設委員會,代表會議,永久的祕書處,和永久的國際法庭。此外還有各種國際事務的聯合辦事處,使各區域劃歸國際管理之之下。一九二一年至一九二二年的華盛頓會議,各大海權國互相同意限制海軍軍備。

近代的政治著作,對於世界組織的問題已有相當的注意,而世界組織的理想在實際政治範圍裏,也比從前更加重視。早年國際主義的學者對於國際主義的探討,大半係從哲學與倫理的觀點出發。他們側重國際關係所呈現的無政府狀態,戰爭的不合正義,及其與宗教的信條的抵觸。近代學者的態度,則更為科學而實際了。他們從生物學方面指出摧殘一國身體健全的青年的害處,[1]他們重視毀壞大批財產和勞動所產生的經濟混亂。他們痛論戰爭的無益,謂戰爭對於勝利者也是有損無利的,幷謂國際經濟關係的進步,與世

1 例如 D. S. Jordan 的 War and the Breed (19.5); War and Manhood (1910); J. Novicow 的 War and its Alleged Benefits (1911); P. C. Mitchell 的 Evolution and the War (1915); G. Nasmyth 的 Social Progress and the Darwinian Theory (1916)。

界金融組織和商業組織的發達,使各國的共同利益有要求和平,與在法律保護之下的自由交往。[1]

十九世紀盛倡的自由主義,着重個人自由以解除國家支配。牠主張民族主義,着重各國主權的獨立。於是便引起國際的個人主義。這種主張結果即造成巨大的社會混亂和國際擾攘。現代的趨勢則與之相反。他們希望增加政府統制的權力,以限制國內的個人主義。他們又希望將各主權國加以國際的禁約以限制國際的個人主義。從一方面看,這兩種趨勢似乎是矛盾的,因為牠們加強國家對內的權力而貶低其對外的獨立性。但從另一方面去看,他們是極趨一致的,因為兩者都希望把無節約而自私的種種利益置諸社會制裁之下。

參考書

關於民族主義的:

H. E. Barnes, "Nationalism" in Encyclopedia Americana (1919).

1 例如 F. W. Hirst 的 The Political Economy of War (1915); N. Angell 的 The Great Illusion (1910); W. R. Lawson 的 Modern Wars and War Taxes (1913); H. Withers 的 War and Lombard Street (1915); J. M. Keynes 的 Economic Consequenences of the Peace (1920)。

G. L. Beer, "Nationalism," in Political Quarterly, VIII, 13-26 (Sept., 1916).

J. K. Bluntschli, Theory of the State, Bk. II. Chs. I-VI.

C. D. Burns, Political Ideals, Ch. VIII.

C. D. Burns, Principles of Revolution, Ch. III.

H. W. C. Davis, Political Thought of H. von Treitschke (London, 1914), Chs. IV, VII.

W. A. Dunning, Political Theories, Rousseau to Spencer, Ch. VIII.

J. Finot, Race Prejudice, tr. by Florence Wade-Evans (New York, 1907).

J. W. Garner, Introduction to Political Science (New York, 1910), 45-56.

G. P. Gooch, Nationalism (New York- 1920).

A. Greenwood, "The Nature of Nationality," inol Pitical Quarterly, V, 82-100 (Feb., 1915).

M. S. Handman, "The Sentiment of Nationalism," in Political Science Quarterly, XXXVI, 109-121 (March, 1921).

G. W. F. Hegel, Philosophy of History (Rev. ed with prefaces by Charles Hegel and the translator, J. Sibree, New York, 1899), Introduction.

S. Herbert, Nationality and its Problems (London, 1920).

A. N. Holcombe, Foundations of the Modern Commonwealth (New York, 1923), Ch. IV.

F. Lieber, Fragments of Political Science on Nationalism and Internationalism (New York, 1868).

J. MacCunn, Six Radical Thinkers, Ch. V.

R. Mayo-Smith, "Theories of Mixtures of Races and Nationalities," in Yale Review, III. 166 ff. (Aug., 1894).

E. Meyer, La Philosophie Politique de Renan.

R. Muir, Nationalism and Internationalism (London, 1916).

J. B. Myres, "The Influence of Anthropology on the Course of Political Science," in University of California Pub. in History, IV. No. 1 (Berkeley, 1916).

J. Oakesmith, Race and Nationality (London, 1919).

W. B. Pillsbury, Psychology of Nationalism and Internationalism (New York and London, 1919).

G. E. Partridge, The Psychology of Nations (New York, 1919).

A. F. Pollard, Factors in Modern History (New York, 1907), Ch. I.

H. H. Powers, The Great Peace (New York, 1918), Part I.

J. H. Rose, Nationality in Modern History (New York, 1916).

H. M. Stephens, "Nationality and History," in American Historical Review, XXI, 225-236 (Jan., 1916).

R. Tagore, "Nationalism in the West," in Atlantic Monthly, CXIX, 289-301 (March, 1917).

A. J. Toynbee, Nationality and the War (London and New York, 1915).

H. von Treitschke, Potilics, tr. by B. Dugdale and T. de Bille (New York, 1916), I, Ch. VIII.

A. E. Zimmern, Nationality and Self-Government New York, 1918).

關於軍國主義或帝國主義的：

N. Angell, The Great Illusion (New York and London, 1910).

J. M. Baldwin, The Super-State (London and New York, 1916).

E. Earker, "Nietzsche and Treitschke," in Oxford Pamphlets, No. 20 (Oxford, 1914).

H. E. Barnes, "The Struggle of Races ard Social Groups as a Factor in the Development of Political and Social Institutions," in Journal of Race Development, IX, 394-419 (April, 1919).

H. E. Barnes, "A Sociological Criticism of war and Militarism," in Journal of International Relations, XII, 238-265 (Oct, 1921).

G. W. Botsford, Roman Imperialism.

H. N. Brailsford, The War of Steel and Gold (London, 1917).

C. D. Burns, Political Ideals, Ch. IX.

Earl of Cromer, Ancient and Modern Imperialism (New York, 1910).

H. W. C. Davis, The Political Thought of Heinrich von Treitschke (London, 1914).

J. Dewey, German Philosophy and Politics (New York, 1915).

W. S. Ferguson, Greek Imperialism (Boston and New York, 1913).

G. Fiennes, Sea Power and Freedom (New York and London, 1918).

W. M. Fullerton, Problems of Power (London and New York, 1913).

G. P. Gooch, "German Theories of the State," in Contemporary Review, CVII, 743-753 (June, 1915).

A. T. Hadley, "The Political Teachings of Treitschke," in Yale Review, IV, 235-247 (Jan., 1915).

D. J. Hill, "Economic Imperialism," in Century Magazine, XCIV, 356-363 (July, 1917).

J. A. Hobson, Imperialism (London, 1902). "Investments and Concessions as Causes of International Conflict," in Proceedings of Academy of Political Science, VII, No. 3, 73-122 (July, 1917).

P. P. Jacobs, German Sociology. Doctor's Thesis, Columbia University (New York, 1909).

W. James, The Moral Equivalent of War (New York, 1910).

D. S. Jordan, Imperial Democracy (New York 1901).

A. G. Keller, Colonization (Boston, 1908).

A. D. Lindsay, "State Against Commonwealth," in Atlantic Monthly, CXVI, 275-284 (Aug., 1915).

J. B. Lockey, Pan-Americanism, its Beginnings (New York, 1920).

A. Maclaren, Peaceful Penetration (London, 1916).

C. E. Merriam, American Political Ideas, 1815-1817, Ch. IX.

H. C. Morris, History of Colonization (New York, 1900).

J. Novicow, War and its Alleged Benefits, tr. by T. Selzer (New York, 1911).

A. T. Olmstead, "Oriental Imperialism," in American Historical Review, XXIII, 155-162 (July, 1918).

S. P. Orth, The Imperial Impulse (New York, 1916).

W. E. Ritter, War, Science, and Civilization (Boston, 1915).

I. R. St. John Tucker, History of Imperialism (New York, 1920).

R. T. Schuyler, "Rise of Anti-Imperialism in England, 1760-1830," in Political Science Quarterly, XXXVII, 440-471 (Sept., 1922).

M. Smith, Militarism and Statecraft (New York and London, 1918).

W. G. Sumner, War and Other Essays (New Haven, 1911).

A. J. Todd, Theories of Social Progress (New York, 1918), Ch. XIX.

J. Watson, The State in Peace and War, Ch. VIII.

W. W. Willoughby, Prussian Political Philosophy (New York, 1918).

L. S. Woolf, Economic Imperialism (London and New York, 1920).

L. S. Woolf, Empire and Commerce in Africa (London, 1919).

關於國際主義的：——

N. Angell, America and the New World State (New York and London, 1915).

H. Bolce, The New Internationalism (New York, 1907).

H. N. Brailsford, A League of Nations (London and New York, 1917).

R. L. Bridgman, World Organization (Boston, 1905).

R. L. Bridgman, The First Book of World Law (Boston, 1911).

C. D. Burns, International Politics (London, 1920).

G. N. Cleark, Unifying the World (New York, 1923).

W. F. Crafts, A Primer of the Science of Internationalism (2d rev. ed., Washington, D. C., 1908).

W. E. Darby, International Tribunals (4th ed., London, 1904).

H. De Man, "On the Difficulties of World Citizenship," in Scribner's Magazine, LXVIII, 583-589 (Nov., 1920).

S. P. Duggan [ed.], The League of Nations (Boston, 1919),

P. H. Eykman, "Internationalism and the World's Capital," in The Independent, LXI, 200-205 (July 26, 1906).

J. C. Faries, The Rise of Internationalism (New York, 1915).

F. C. Hicks, Internationalism. American Association for International Conciliation (New York, 1913).

D. J. Hill, World Organization and the Modern State

(New York, 1911).

J. A. Hobson, The Morals of Ecnomic Internationalism (Boston and New York, 1920).

J. A. Hobson, Towards International Government (London, 1915).

H. M. Kallen, The League of Nations (Boston, 1919).

T. J. Lawrence, The Society of Nations (New York, 1919).

A. D. Lindsay, "The Political Theory of Norman Angell," in The Political Quarterly (Dec., 1914).

F. S. Marvin [ed.], The Evolution of World Peace (New York and London, 1921).

R. Muir, Nationalism and Internationalism (London, 1916).

G. W. Nasmyth, "Toward World Government," in The Survey, XXXV, 183-187 (Nov. 20, 1915).

J. Novicow, La Fédération de l'Europe (Paris, 1910).

W. A. Phillips, The Confederation of Europe (2d ed, London and New York, 1920).

A. F. Pollard, The League of Nations in History (London and New York, 1918).

P. B. Potter, Introduction to the Study of International Organization (New York, 1922).

Proceedings of the Academy of Political Science, July, 1917.

Proceedings of American Society of International Law, April, 1919.

P. S. Reinsch, Public Intern na Unions (New York, 1911).

B. A. W. Russell and Mrs. B. A. W. Russell, "How Can Internationalism be brought About?" in the Century Magazine, CIV, 195-202 (June, 1922).

F. B. Sayre, Experiments in International Administration (New York and London, 1919).

W. T. S. Stallybras, A Society of States (New York, 1918).

T. Ter Meulen, Gedanke der Internationalen Organisation (The Hague, 1917).

B. F. Trueblood, Federation of the World (Boston and New York, 1899).

J. Watson, The State in Peace and War, Ch. XI.

L. S. Woolf, International Government (London, 1916).

E. York, Leagues of Nations, Ancient, Medieval and Modern (London, 1919).

B. A. W. Russell and Mrs. B. A. W. Russell, "How Can Internationalism be brought About" in the Century Magazine, CIV, 195-203 (June, 1923).

F. B. Sayre, Experiments in International Administration (New York and London, 1919).

W. T. S. Stallybrass, A Society of States (New York, 1918).

K. Ter Meulen, Gedanke der Internationalen Organisation (The Hague, 1917).

B. F. Trueblood, Federation of the World (Boston and New York, 1899).

J. Watson, The State in Peace and War, Ch. XI.

L. S. Woolf, International Government (London, 1916).

E. York, Leagues of Nations, Ancient, Mediaval and Modern (London, 1919).

第十四章

心理學對於政治思想的影響

(一) 心理學的政治思想之一般的性質

當十九世紀的中葉,生物學的勢力籠罩着社會科學。進化的觀念應用於政府與法律的研究上;自然科學的方法擴展到政治科學的領域裏面;國家有機體的觀念,彌漫一時。人類演進之唯物主義的見解,有莫大的成功。不過,當世紀的末葉,社會理論家却轉向於心理學方面了。此時他們側重心靈而不重物質了。他們從集團意識的觀點探討集團生活,并開始研究人類天性與人類行爲的種種法則。本能與衝動,理智與意志,在政治哲學上遂都有了一個地位。風俗與成訓都受到莫大的注意。羣衆心理[1]和社團心理,都爲人所研究。公衆輿論的本質和左右牠的各種勢力的本質,都加以分析。

就某種意義而言,政治學說早有其心理學的背景了。浩布思的學說,其所根據的假設是:人類根本是自私的,其所以服從的原因,實由於懼怕使然。梅茵重視習慣;盧梭重視唯理的同意。功利主義派相信人類的行動是受有意識的快樂的追求與苦痛的避免所導引。孔德十分着重情感,尤其是同情與博愛,相信理智係受心靈情感所支配。有些學者相信人類的天性,永久不變;又有些學者則相信用教育和完美的法律與制度的訓練,便有無限變更的可能。然而這種種不同的概述,大率不過假設而已,因爲從事發現人類特性與行爲的種種事實,還都沒有多大的努力。

十九世紀後半期,所以發生一種宜於心理學觀點的潮流的,實由於許多要素。黑格兒的形而上的唯心主義和孔德的歷史的實證哲學,引起"世界精神之逐漸展開"的概念。民族主義的發

1 在 1840 年的時候,John Dunlop 早已在他的 Universal Tendency to Association in Mankind 中研究羣衆心理了。又見 F. Galton 的 Inquiries into Human Faculty (1883); P. G. Hamerton 的 Human Intercourse (1885),

達,使人們的注意點轉移到各民族的民族精神上,和以法律爲民族精神的自然表現的觀念上。國魂的觀念雖則仍是空洞玄虛,然已喚起了人們對於政治制度與政治理想的心理背景的注意了。有幾位重要的有機體說的學者,把國家看作一種心理的有機體,而不把牠視爲一種生物的有機體[1]。

注意民族精神的一個結果,便是研究民俗心理學的運動;這種運動產生頗早,於一八六〇年由拉薩魯(Lazarus)和司太恩推(Steinhal)[2]所創始,繼續研究的學者,則以馮德(Wilhelm Wundt 1832-1920)[3]爲最著。凡言語,神話,風俗,和各民族的法律,都經加以考察,於是有大量的著述,發表出來,以圖發現各種族各民族心理上的特點[4]。這些著作,有許多

1 見本書十一章第二節。

2 發表於他們的刊物 Zeitung für Vöker-Psychologie und Sprach-Wissenschaft 中。

3 Element of Folk Psychology,譯成英文者E. L. Schaub(1916)。

4 例如, P. Didon 的 Les Allemands (1884); Fouillée 的 Psychologie du peuple français (1898); H. Münsterberg 的 The Americans, 英譯者 E. B. Holt,(1904); A. Gehring 的 Racial Contrasts (1908);J. A. Gobineau 的 Essay on the Inequality of fhe Human Races, 英譯者 A. Collins (1915); S. H. Chamberlain 的 The Foundations of the Nineteenth Century, 英譯者 J. Lees (1911); E. Boutmy 的 Eléments d'une psychologie politique du peuple American (1902)。

都充滿着平易的概論,全爲誇張某特殊民族的光榮的願望所鼓舞;然而後來他們却注意到集團心理學的普通問題了。

進化論以及歷史法與比較法之應用於政治科學的研究上,使許多學者進而考察社會發達的初期時代[1]。他們想解釋高級組織形態,爲低級組織形態的必然演進。在這個過程中,他們便注意到本能,風俗,和成訓等在初民團體的生活上所演的重要任務。這種趨勢,不僅促進了心理學的探討,而且也傾於把有思慮的意志和理智的重要,逐漸減低,而注重社羣的精神生活方面的種種非理性的成分,如暗示與模仿等。一般的視線都集中於人類的行爲,而放棄了心理學上的內省法。許多學者都攻擊對於社會問題的唯理的和唯智的解釋,而着重社會生活裏面的種種意識的和本能的因子。十九世紀的幾次革命運動,和人口之集中於各大都市,也喚起人們對於羣衆的注意,認羣衆爲現代社會的一種要素。

1 這運動的勃興大半是反對Maine 的父權說,J. J. Bachofen在他的 Das Mutterecht (1860) 中首先攻擊父權說。現代見解精密的綜合可於下列書中找到,R, R, Marett 的 Anthropology (1911); R. H. Lowie 的 Primitve Society (1920); A. A. Goldenweiser 的 Early Civilization (1922),又見 E. Jenks 的 the State and the Nation (1919),

心理病理學的研究,如弗洛特(Freud),容(Jung),[1]和其他學者所發揮的,對於社會生活的某幾種現象,如社會騷動和革命等,有相當的貢獻。心理學之應用於經濟學說,牠的考察消費者的心理及其對於價值的重視,也都反射於政治學說之上。宣傳在國際關係上和國內政治上所佔的地位的重要,引起各方對於公衆輿論的本質和影響公衆輿論的各種方法的研究。對於政黨也從心理學的觀點,重新加以檢討,政治生活上的利益衝突,也加以注意。凡此種種以及其他諸原因的結果,使近年來的努力,都趨向於用精密的和科學的精神及方法,以分析社會行為的動機,創造一種社會心理學的科學。雖然這種學問還在幼稚時代,但對於政治學說却已發生了一種深刻的影響。

心理學的政治思想,就其着重社會一體和集團心理而言,係繼承有機體說的成訓的,注意社團的心理狀態,而忽視社團的生物狀態。就其實驗哲學的態度和其重視政治生活的實際事實方面而言,則牠是繼承馬克維尼的成訓,而與唯心主義的和倫理的觀點相反。就牠的竭力應用自然科

1 Psychological Types (1923)。

學的諸原則與方法於社會問題而言,則牠也代表現代的知識統一的趨勢。統計學和歸納法之用途的增大,表示出它的很強的影響。

從有機說的國家觀到心理學的國家觀的轉形,在社會學家和法學家的許多著作裏,都特別地表示出來。社會學家的代表有德格利夫(Guillaume De Greef)[1]和富伊也(Alfred Fouillée),[2]他們把社會視爲一種契約的機體,認國家爲社團的最高形式,因爲在國家裏面自動的原素是最大的原素。法學家的代表爲戚克(Gierke)和梅得蘭(Maitland),[3]他們把國家視爲多數同等組合的團體,每個組合的團體都是一個"心理人格"(Psychic Personality)從這幾種觀念出發,很容易流入這樣的思想:謂政治的服從,產生於心理的勢力,政治的過程的性質多半是心理的。英國白芝浩(Bagehot)的著作,最先把政治學說確定地轉向於心理學。白芝浩以後,許多法國的學者也曾顯著一時。近年以來,英美的學者對於心理學之應用於政治學,也加以很大的注意了。

1 L'evolution des croyances et des doctrines politiques (1895)。

2 見本書第十一章第四節。

3 見本書第十章第三節。

(二) 英國心理學的政治思想

明顯的心理學方法的開始,實肇端於白芝浩(Walter Bagehot 1826-1877)[1]的著作中。白芝浩雖受着達爾文學說的影響,而名其書的另一標題爲:"天擇和遺傳的原則之應用於政治社會的思想,"然他主要的貢獻却不在生物學方面,而在心理學方面。他以爲古代社會,因要求得穩定和秩序,必須把社會的本身團結於嚴格的與有力的風俗之中。但這種過程,雖在文明發軔時所必不可少,却引起了停滯的現象。於是賡續的進步便需要打碎這種"風俗之束縛,"而採取新思想與新制度。

他對於在這種過程當中,模仿所佔的重要地位極爲注重。願望戰爭的勝利便是古代社會裏一種強有力的動機,各種證實爲有成效的思想與方法,都爲人所模仿。其他偶然產生的思想,一經普通採取後,則其對敵的思想便被撲滅。於是大家都遵從一致的慣例;變革便視爲是危險的不合宜的。結果便是與梅因(Maine)[2]的"身分"(Status)相類似的一種情形。欲制止模仿而使進步可能,

1 Physic and Politics (1873)。

2 見本書第十章第三節。

則必須輸入一種新的心理勢力,即是成爲論題的本能。有少數的社會能夠打破一般的風俗的拘束,准許言論的自由,并能對於一切事情,取研究的態度,直至成熟的思想解决其論爭之點後,方始行動。這種社會便成爲進步的和自由的,與初民的頑固和專制主義的特性相反。他們已達到了梅茵所謂的"契約"(Contract)的狀態了。他又論到斯賓塞對於軍事式的社會和工業式的社會的區別。

白芝浩承認人類惟有在合作的團體才得有進步,堅結的團體在社會鬥爭中,佔有種種的利益,爲恐懼所迫成的風俗與模仿,實爲古代的團體結合的要因子,變性和個性對於進步極爲重要。他的偉大的著作,即在應用自然選擇的學理,以解釋社會,并注意社會過程中所包含的心理學的因子

新近有許多英國的學者,都已注意到政治的心理基礎的各方面了。華拉士(Graham Wallas 1858-)[1]謂政治只不過小部份爲意識理智的產物。他以爲政治大部份是關於下意識過程,習慣與本能,暗示與模仿的事。他指明名稱和符號,政黨口

1 Human Nature in Politics (1908); The Great Socity (1914); Our Social Heritage (1929)。

號,以及政治手腕之情感的內涵的重要。他相信政治的技術,大部份是以訴諸非理智的推度和情感的暗示的方法,造成公共意見。因此,許多政治上重大的決議,不一定代表由明晰的思想與理智所產生的國民總意。它們大半係種種衝動,推度,習慣,和成見等混成體的產物。這個學說反對知識的趨勢是很明顯的。華拉士於其最近的著作中,討論到思想和意志的組成,對於政治心理學中的理智的成份,亦較爲注意。他注重"社會的發明"(Social Invention),和社會制裁及社會指導的精密計劃的重要。他反對多主主義和基爾特社會主義者的職業主義,主張國際的合作,幷企圖把政治自由和自然權利等學說,加以更社會化的內容。

麥獨孤(William McDougall 1871-)[1]向稍爲不同的方面,從心理學中尋求解釋社會現象的門徑。他反對那專論意識形態的個人主義的與靜的心理學,以爲心理學是一種研究行動與行爲的動的社會的科學。他批評唯心論者和功利主義者,因爲他們的學說是根據人類理智的才能和簡單的原則及解答的。他深信一種健全的哲學,必須顧

1 Introduction to Social Psychology (1908); The Group Mind (1920)。

到全個的人和各種的人。牠必須包括一切造成人心全體的本能,熱情,和思想,而且必須研究心的動作和心的相互作用。牠必須發現集團生活的一般原則,并應用這些原則以研究各種特殊的團體。麥獨孤確信本能是人類一切活動的基礎,而每種本能都伴有其特殊的情感。人類的行動,是本能以及本能養成的習慣所支配着的衝動的結果。所以他對於人類的行爲的解釋,是各種多少受着經驗的修正的本能趨勢之複合的結果。

麥獨孤又指明集團心理的特徵。他有一種信仰,以爲社會心靈與構成社會的各個人的心靈不同,并謂高級組織的社會,其知識和道德的程度,高出於其普通成員的水準之上,甚至高出於其最超等成員之上。他以爲公共意見最好是由心機最優者去解釋,并謂牠是一種聰明的安全的指津。他的學說傾向於保守主義,并傾向於使個人從屬於社會的全體。

屈老忒(William Trotter)[1]最着重好羣的本能。他指明人類對於他同伴行爲的敏銳感覺,和其服從羣衆意見的衝動。結果遂給予集團的意見和

1 Instincts of the Herd in Peace and War (1916)。

理想,以一種本能的認可。因之種種習俗,道德,和權威,便皆依據於羣衆的本能,依據於暗示與模仿的力量。

麥開佛(R. M. Maciver 1882-)[1]曾注意各種社會集團的性質和心理。他把"社會"(Community)和"團體"(Association)加以區別:前者爲許多個人所集合的種種團體,經營共同生活,幷發生複雜的關係;後者是許多個人爲達到特殊目的而建立的組織和制度的團體。在共同社會裏面,個人與個人間的關係是繁多而各異的。這種關係有許多並不需要正式的組織。至於團體則皆基於種種特殊的目的,惟其成立有時則係出於有心,有時則爲無意識的需要,或環境的壓迫的結果。它們都依據於組織,幷造成風俗,規則,法律,與制度。它們成立種種制度,而這種種制度有時又反應於種種社會。因此,各個人對於各種共同社會,團體,和制度的關係,便成爲社會學說的基礎了。

麥開佛相信國家是團體的一種,但牠與別的團體不同的地方是在它的利益範圍的廣大,它的組織的完全,和它的使用法律的強制力的權力,故

1 Community, a Sociological Study (1917); The Elements of Social Science (1921)。

牠統制其他的團體,其範圍祇限於保證其他團體能在最高可能的程度內,爲社會盡力。他以爲文明的發達,卽表示不斷地擴大共同社會的發達,亦卽表示社會利益的實現超出於政治獨立的團體範圍之外。他以爲個性與羣性不過是人格發展的單一歷程的兩方面。他否認麥獨孤所主張的那種單純集團心理的存在。他的著作爲英國基爾特社會主義者區域主義和集團代表的學說,立下了一個心理學的基礎。最近柯爾(G.D.H.Cole)的著作,便顯出他的影響,

立浮士(W. H. R. Rivers 1864-1922)[1]已注意到社會的病理狀態,并指出政治團體與生物機體間種種有趣味的類似,謂兩者的趨勢都傾於某種失調和病態。霍布浩(L. T. Hobhouse 1864-1929)[2]在他的新自由學說裏,昆威(M. Conway)[3]在他的羣衆之研究裏,也都注意社會生活與政治生活的心理狀態了。

(三) 法國心理學的政治思想

1 Psychology and politics (1923)。

2 Mind in Evolution (第二版,1915); The Metaphysical Theory of the State (1918); Social Evolution and Political Theory (1911)。

3 The Crowd in Peace and War (1915)。

自孔德以後,將心理學應用於社會學說和政治學說的主要的法國的學者,有闘德(Gabriel Tarde 1843-1904),[1]涂爾幹(Émile Durkheim 1858-1917),[2]和黎朋(Gustave Le Bon 1841-)[3]。

白芝浩雖曾說模倣爲初民社會的鑄型勢力,幷仍爲基本的社會原則,但他並不說模仿爲唯一的勢力。闘德則獨創模仿爲社會生活之基本原則的學說,幷且竭力地加以應用。

闘德希望發現一種根本原則,藉以概述社會現象,猶之天文學上的萬有引力原則和生物學上的天擇原則。他很受法國政治劇變的影響,他的羣衆心理的原則,許多例證都從這政治劇變中找來的。他做過縣長,所以他又受到對於犯罪浪

1 Social Laws,英譯者 H. C. Warren (1899); The Laws of Imitation, 英譯者 E. C. Parson (1903); Les Transformations du Pouvoir (1899)。

2 Representations inhividuelles et represe ntations colleciives, 發表於 Revue de Metaphysique et de Morale,第六卷(1898); De la Division du travail social (第二版, 1902); The Elementary Forms of the Religious Life,英譯者 J. W. Swain(1915); Le Suicide(1897)。

3 The Psychology of Peoples (1898), The Crowd(第二版,1897); The Psychology of Socialism (1899); The Psychology of Revolution,英譯者 B. Miall (1913); The Psychology of the Great War,英譯者 E. Andrews (1916); Psychologia politica (1923)。

Crime Waves)和犯人相互暗示力量的研究的影響。闥德相信社會的歷程,是在於集團中各成員精神上的相互作用。這種相互作用的形式是重複(Repetition),反對(Opposition),和適應(Adaptation)。"模仿"即重複的社會形式。"反對"包括戰爭,競爭,和討論。反對產生發明,爲社會適應的基本法則,發明又經模仿的重複,而遍佈而加強。個人的創造和社會的同化便是社會進化的雙重歷程。前者是社會變遷的泉源,後者是社會穩定和團結的來歷。人口的增大,社會份子性質的相同,以及社會交際的密切,都能使發明更加增進。種種新的思想如係出自上流階級,則更容易爲大衆所接受。貴族,大都市,以及成功的人們,首創其事,其餘的人們都隨聲附和。雖然有時新奇的和外來的思想也會風行一時,但成訓實有莫大的力量。風俗的年代和時尙的年代相互交替。闥德之視模仿,爲一種無意識的,幾乎是反射的過程,頗近於近來心理學家所主張的暗示的思想。闥德在其政治學說方面,則主張兩種可能的政制:一種是意慾政治(teleocracy),或是慾望的主權,一種是觀念政治(ideocracy),或爲觀念的主權。

涂爾幹(Émile Durkheim)的思想,以感覺論派的心理學爲基礎,極注意集團心靈。他確信社會上人類的互相關係,會發生一種集合的意識,[1]并謂由年代久遠的經驗累積而來的種種思想和情感,給予社會心靈以一種比個人心靈的內容,更爲充實,更爲豐富的內容。所以社會心靈能夠離開個人心靈而獨立地存在,并且在知識上和道德上都超出個人心靈。集合的意識爲心理生活的最高形式。它有吸收個人心靈的傾向,使個人按着其集團的成訓和經驗而融化。而且社會心靈又與個人心靈有種類上的不同。集團的思想,感覺,和行動,與其成員孤單時的思想,感覺,和行動,兩者截然不同。所以,每個集團都有其特種的心靈,這種心靈的特性則由人數,分配,交通的工具,習慣和需要而决定。涂爾幹的著作,對於團體的特性及其動作的研究,有重大的刺激力。

涂爾幹的政治學說,把資本主義的新提開主義(capitalistic syndicalism),基爾特社會主義,聯帶主義(solidarism),和集團利益的代表制等等思

1 Espinas 在他的 Des Sociétés Animales (1877) 一書中,精細地闡明集團意識的學說。

想,匯合一起。他頗以爲社會是各種利益團體的一個集合體,而國家的存在,即在調和與管轄各種利益及所發生的衝突。他相信國家不適於應付現代的繁複的產業關係。他以爲國家立法只應決定關於一般的政策的問題,它應受專門的與自主的管理機關的幫助,以利進行。各種職業團體對於牠們切身的問題,旣是比任何人都熟悉明白,並有一種直接的利害關係,故應行使其巨大的權力。涂爾幹深信工人和雇主雙方所結合的職業團體,應加以聯合的組織,俾成爲立法機關中代表制度的基礎。他對於這方面的學說,助長了工團主義和基爾特社會主義,和一種以機能團體爲基礎,而不以地域單位爲根據的代議制度的趨勢。

黎朋 (GustaveLe Bon) 最注意羣衆心理學,相信一種集團心靈的存在,這種集團心靈與組成團體的各個人的心靈,完全不同。他以爲在多數人感覺和思想趨於同一方向的時候,即形成一種聯合的集團心靈。黎朋與涂爾幹相反,相信集團心靈比之個人心靈,其知識和道德的程度,都日趨低下。在團體裏面,心靈有返歸於本能的和下意識的傾向。因此,他對於集團心靈之情感的力量,不忍耐,和不負責任,極爲重視。他討論暗示所演的重要任務,並討論固執和武斷的趨勢。因爲羣衆的弱點和羣衆的浮動,極易受不法的領袖的操縱,故黎朋傾向於贊成貴族的社會組織。

西葛(S. Sighele)曾把某種集團的心理加以一種有趣味的分析。[1] 萊維柏魯(L. Levy-Bruhl)[2]在其分析社會的起源,對於政治學說上的團體道德之心理學和社會學方面,也加以注意。瑞士的米肯思(Robert Michels 1876—)[3]對於政黨和政治領袖的心理學,曾作了一種有價值的研究。他的結論是以德意兩國社會黨的研究爲根據。他說明民主政治怎樣地需要組織,而組織又怎樣地需要領袖人才。他分析成功的領袖人才所必具備的特性,又指出領袖們可以爲他們個人的目的而利用羣衆心理的種種方法。他又說明領導人物如何會發生傲慢,如何不忍耐反對,以及如何致操領導權者缺乏責任心,結果自然有寡頭政治的趨向。

1 La Foule Criminelle (第二版, 1901); Psychologie des Soctes (1898)。

2 La Morale et la science des Moeurs (1903). Les fonctions mentales dans les sociétés inférieures (1909)。

3 Political Parties, 英譯者 E. Paul 和 C. Paul (1915)。

近代心理學派重新考究民主政治種種基本概念的一種極強的趨勢,實以米昔思爲其代表。

(四) 美國心理學的政治思想

在美國方面,心理學的影響最先見之於華特(Lester F. Ward 1840-1913)[1]的著作,他說明社會學之心理學的根據,幷說明教育爲社會進步的一種必要的基礎。華特以自然科學的觀點探討社會學說,而且是很受孔德和斯賓塞的社會學思想的影響。華特的集合知識的社會制裁說,興起於獨佔組織與政府腐敗的時代,正猶之斯賓塞的放任學說之誕生於產業革命時代的競爭精神中一樣。華特攻擊假稱完善的自然方法。他便成爲知識制裁的新學說的代表,根據理智的和科學的方法之應用,以解決種種社會問題。他的思想對於國家職能的擴大實予以一種顯著的推動。

華特深信本能的情感與慾望,爲人類行動及社會行動之原始的推動勢力,但是社會演進,知識便日趨重要,遂創立種種約制,原則與理想,以祈達到最高之目的。社會心靈是團體中個人心靈的

1 Psychic Factors in Civilization(1886); Applied Sociology(1906)。

一種概括,爲社會情感和社會知識所造成。因社會從物質的基礎進步到文化的基礎,社會知識逐日漸變爲重要,幷開始從事於種種進步理想的精密計劃,和發現達到牠的種種目的的最好的方法。心靈之理智的應用,能使社會避免自然演進之慢性的和浪費的過程,並能促進和領導其本身的進步。人類遂能支配自然而加以利用。人類的成績是社會研究中首要的事實;社會的本質,卽在其心靈的特性;從自然的過程進到理智的過程,實爲人類進化之一大關鍵。

華特的學說在政治方面,重視國家的地位,把國家當作社會制裁的一種工具,並爲社會進步的一種動力。他深信現代的民主政治,最初受放任主義概念的支配,後又受特權階級的個人主義之利用,最終必將利用政府以謀全社會的幸福,而其行動必將以科學的知識爲根據。他贊成擴大國家的行動,假使國家有正當的組織及很合理的指導。他在其以生物學爲基礎的女性中心說中,竭力主張婦女在政治上應佔一種重要的地位。

華特以後,美國有許多學者,把心理學的原理應用到政治上去。孫末楠(W. G. Sumner 1840-1910)[1]

指明風俗,成訓,和禮教在社會組織方面所演的重要任務。團體習慣,如爲經驗證明爲成功的,卽得團體權威之認可,而爲道德之基礎。他對於社會的暗示,和非理性的要素的重要,加以考慮。他在政治學說[2]方面,是一個強有力的個人主義者,相信社會進化是一種自發的過程,贊成各種社會勢力的自由活動,而不贊成立法或行政的干涉。此外一般社會學家,如季定思(Giddings 1855—),[3]洛斯(E.A. Ross 1866—),[4]柯利(C. H.Cooley 1864-),[5]愛爾烏德(C. A. Ellwood 1873-)[6]諸氏,對於社會現象的心理狀態,都有很有價值的貢獻。

季定思把社會進步和政治進步的種種階段,加以分類,並注重"同類意識"的原則,以之爲社會

1 Folkways (1907)。

2 The Forgotten Man (1887); The Challenge of Facts (1814)。

3 The Principles of Sociology (1898); Inductive Sociology (1901);The Responsible State(1918); "Sovereignty and Government," 發表於 Political Science Quarterly, XXI,No. 1, 1-27 (March, 1906)。

4 Social Control(1901); Social Psychology (1988); Foundation of Sociology (1905); Principles of Sociology (1920)。

5 Human Nature and the Social Order (1902); Social Organization (1919); Social Process (1920)。

6 Sociology in its Psychological Aspects (1912); Introduction to Social Psychology (1917)。

的基礎。他視國家"爲人類心靈最有力的創造,爲人類目的最高貴的表現。"他和華特同意,也贊成擴大國家的行爲,以推進社會的進步,并贊成先進民族之帝國主義的擴張。洛斯曾將團體制裁個人的工具,即種種社會勢力,加以詳盡的研究。他把種種社會勢力類别分爲兩部份,一部份爲法律的,其中包括法律,信仰,儀式,教育,和幻想等;一部份爲倫理的,其中包括公共意見,暗示,藝術,和社會評價等。他也同華特一樣,相信教育爲抑制違悖和求謀進步的最有效的工具。他以爲主要的社會權力之所在,即政治權力的眞正範疇。他和季定思二人的著作,使政治學的主權論[1]增加了一種社會的心理學的背景。

柯利曾對於社會階級,公共意見,和民主政治的性質,作種種醒目的研究。他深信集團的判斷必常較個人的判斷爲高,并注意民主政治中領袖人才的重要。他指出政府的各種長處,如政府的威權,力量,和其固定的責任等,但對於其變爲機械固執的,浪費的,和殘忍的趨勢,也加以注意。他相

1 又見 J. R. Commons 的"A Sociological View of Sovereignty,"發表於 American Journal of Sociology,第五第六兩卷。

信國家的活動,應限於國家性質所適宜的各種事情。愛爾烏德的著作,爲社會之各種心理學因子的一種有價值的綜合。

美國的諸學者也注意團體利益在其心理方面的衝突。在這方面的著作,賴仁虎夫(Ratzenhofer)和甘柏老維許(Gumplowicz)[1]以及諸心理學家的影響,極爲明顯。本特力(A. F. Bentley 1870-)[2]對於政治的種種進程,有一種獨到的研究,尤其是對於公共意見和政黨方面,他以爲這無非是利益團體圖謀由於盡忠於黨和黨的勝利而來的威信和報酬。在他的意見看來,國家代表各種利益之複合的壓力,而普通的主權觀念並不與政治生活的實際事實相符合。他深信祇有每種利益和每個團體都能爲其本身獲得均等的代表,民主政治方得謂存在。福來德(M. P. Follett 1869-)[3]極注意集團心理學,幷欲爲政治組織發現正當的團體基礎。威廉(J. M. Williams)[4]也視社會的過程爲一種經濟的和社會的團體衝突的複合。

1 見本書十三章第二節。

2 The Process of Government (1908)。

3 The New State (1918); The New State-Group Organization the Solution of Popular Government (1923)。

4 Principles of Social Psychology (1922)。

學者中最注意政治上非理性的要素,和公共意見的眞實性質,及左右公共意見的種種方法者,要推立普門(Walter Lippmann-1889)[1]爲最著名。立普門的著作,極受華拉士的影響。羅韋爾(A. J. Lowell 1856-)[2]最近的著作,亦從心理學的觀點研究政治生活的事實。包德溫(J. M. Baldwin 1861-)[3]在發生心理學和比較心學理方面探究個人在生長初期的心理發展,以解釋他的社會的性質及其參預的社會組織。麥利恩(C. E. Merriam 1874-)[4]對於美國政黨和政黨的種種方法的心理的背景,會作有價值的研究。韋伯倫(Thorstein Veblen)[5]的著作,對於心理學之應用於社會生活的經濟方面,有其獨創的意見。

參考書

W. Bagehot, Physics and Politics (New Yrok, 1876).

1 APreface to Politics (1913); Public Opinion (1922); Liberty and the News (1920)。

2 Public Opinion and Popular Government (1913); Public Opinion in War and Peace (1922)。

3 Social and Ethical Interpretation in Mental Development (1897); The Individual and Society (第三版,1906)。

4 The American Party system (1922)。

5 Theory of the Leisure Class (1899); Theory of Business Enterprise (1904); The Nature of Peace (1917)。

J. M. Baldwin, The Individual and Society (Boston, 1911).

J. M. Baldwin, Social and Ethical Interpretations in Mental Development (Rev. ed., New York, 1902).

E. Barker, Political Thought in England from Spencer to To-day, 148-159.

H. E. Barnes, "Émile Durkheim's Contributions to the Reconstruction of Political Theory," in Political Science Quarterly, XXXV; 236-254 (Jnne, 1920).

H. E. Barnes, "The Philosophy of the State in the Writings of Gabriel Tarde," in Philosophical Review, XXVII; 248-279, (May, 1919).

H. E. Barnes, "Some Typical Contributions of English Sociology to Political Theory," in American Journal of Sociology, XXVIII, 49-66 179-204. (July, Sept., 1922).

H. E. Barnes, "Contributions of American Psychological Sociology to Modern Political Theory," in English Sociology Review, XIV, 201-212; XV, 35-40 194 ff. (July, 1922, Jan., July, 1923).

H. E. Barnes, "Two Representative Contributions of Sociology to Political Theory: Part II, Lester F. Ward," in American Journal of Sociology, XXV, 150-170 (July, 1919).

H. E. Barnes, Sociology and Political Theory (New York, 1923).

F. A. Beecher, "National Politics in its Psychological Aspect," in Open Court, Nov., 1919.

A. F. Bentley, The Process of Government (Chicago

1908).

E. S. Bogardus, Essentials of Social Psychologys (Berkeley, 1917).

A. Christensen, Politics and Crowd Moralitys (London, 1913).

F, W, Coker, Organismic Theories of the State (New York, 1910), Ch. II.

M. M. Davis, "Psychological Interpretations of Society," in Columbia University Studlas, XXXIIIIC, No. 2 (New York, 1909).

É. Durkheim, Les régles de le methode sociologigue (6th ed. rev., Paris, 1912).

C. A. Ellwcoi, Sociology in its Psychological Aspects (New York and London, 1912).

E. Gehlke, "Émile Durkheim's Contributions to Sociological Theory," in Columbia University Studies, XVIII (New York, 1915).

M. Ginsberg, The Psychology of Society (London, 1921).

L. Gumplowicz, Geschichte der neueren Staatswissenschaft, 409–418.

J. P. Lichtenberger, Development of Social Theory (New York, 1923), Ch. XIVC.

W. Lippmann, A Preface to Politics (New York,1914).

W, Lippmann, Public Opinion (New York, 1922).

G. Le Bon, Psychology of Peoples (New York, 1898).

G. Le Bon, The Crowd (2d ed., London, 1898).

G. Le Bon, Psychology of Revolution, trans. by G.

Miall (New York, 1913).

G. Le Bon, Psychology of the Great War, trans. by E. Andrews (New York, 1916).

A. L. Lowell, Public Opinion and Popular Government (New York, 1913).

W. McDougall, The Group Mind (New York and London, 1920).

W. McDougall, Social Psychology (14th ed., Boston, 1921).

R. M. Maciver, Community (London, 1917).

R. M. Maciver, The Elements of Social Science (London, 1921).

G. E. Partridge, The Psychology of Nations (New York, 1919).

W. B. Pillsbury, Psychology of Nationalism and Internationalism (New Yark and London, 1919).

W. H. R. Rivers, Psychology and Politics (New York London, 1923).

E. A. Ross, Social Control (New York and London, 1901).

E. A. Ross, Social Psychology (New York, 1908).

G. Tarde, Laws of Imitation, trans. by E. C. Parsons, With introducton by F. H. Giddings (New York, 1903).

J. I. Taylor, Social Life and the Crowd (Boston, 1922).

W. Trotter, Instincts of the Herd in Peace and War (London, 1916).

G. Wallas, Human Nature in Politics (London, 1908).

G. Wallas, The Great Society (New York, 1914).

G. Wallas, Our Social Heritage (London 1921).

L. F. Mard, Psychic Factors in Civilization (2d ed., Boston and New York, 1906).

J. M. Williams, Principles of Social Psychology (New York, 1922).

第十五章

多元的主權論

(一) 多元的主權論之發展

在十九世紀的時候,有許多學說和勢力助成"行使大權的主權國家"的觀念。社會有機體的國家觀,以爲社會有機體是超越乎一切組成其本身的個別的有機體物之上,把國家視爲倫理的社會的目的之結晶體,並且抬高了國家的地位。法律的國家論視國家爲主權的法人,除國家自願的同意外,絕對不受任何限制;這種理論予國家以法律上的無限權力。公共意志說雖則是盧梭用來庇護自由的,但用在相反的方向,却也發生同樣的效力,因爲牠把國家和社會混爲一物,同時又把無限的權力放在立法掌理者的掌握中。社會主義的學說,始於理想的共產主義的形式,也採取了國家主權的觀念,竭力主張生產,分配,和交易諸手段之收歸國有。這樣便不出乎國家權力之空前的集中,使國家的活動大大地擴張到經濟利益的範圍中。邊沁派的樂觀理論,以為改革可由立法來完成,進而成為一種廣大的立法計劃,並注重於官吏的效能和治事的政府。總之,這些都是對於十九世紀前期的個人主義的一種強烈的反動,贊成中央集權的主權國家。

晚近有些政治學家對於統一的國家主權說已發生懷疑,他們把權力的分立是自由之基礎這種信仰,又重新恢復起來。他們否認國家的地位是處於一切其他基本團體之上,並且力論目前的趨勢是不斷地在收縮國家的權力.他們反對這個具有廣大威權的"新巨靈"(new Leviathan);他們深信牠為破壞民主主義和自由的。他們不贊成中央集權,力謂國家的行動是遲緩的,累贅的,浪費的。他們以為把國家與社會合為一物,與現世界的複雜的政治和經濟關係的實際事實是不相符合的。他們並不否認人類的社會性;但他們否認人類的社會性祇表現於這個叫做國家的單一的組織中。他們不信任國家,反對單一的統一的主權的理論,而謂其他各種的團體機關亦得分享統治權的大部份。

近代對於主權國家的攻擊,有許多來源。牠大部份是法理學說上某幾種趨勢的結果,和經濟學說上同樣傾向的產物;前者在德國和英國爲最著,後者在法國和英國爲尤甚。德國的法學家戚克(Otto Gierke 1841-1913)[1]復興了奧色斯(Althusius)[2]的觀念,和中世紀的國內法人團體的眞實人格說。他從歷史方面發揮這個概念,力言一個健全的政治學說必須把國內的基本團體看做不受國家行動的牽制的自然的和眞實的法人。在英國方面,發揮這種思想的有梅得蘭(F. W. Maitland 1850-1906)。[3] 他也主張國內的團體具有眞實的人格,獨立的起源,和固有的權利。他力言各種法人團體都和國家本身同樣是眞正的法人。從他那時以

1 Das Genossenschaftsrecht(1868); Die Genossenschaftstheoriel (1887)。

2 見本書原文第九章第四節。

3 見他譯 Gierke 的 Genossenschaftsrecht 的譯序,題名 Political theories of the Middle Age (1900)。

後,集團說在法理思想中大爲發展。

英國的教士們都熱心於政教的分立,覺得集團人格說對於宗教團體有很大的價值。把教會當做一個獨立的社會的觀念,[1]在費其斯(J. N. Figgis 1866-)[2]的著作裏又經復活和發揚起來,他力爲國內強有力的自決團體辯護。他謂各種團體都是自然地發生於人類的團結本能,國家决沒有侵犯其他團體的正當的活動的範圍的權利。在他看來,國家不是超出其一切個人和團體之上的統一的最高的主權者,而是一個諸團體之由下而上的權階制度。費其斯的著作,即在今日的政治學說中,也還表示着教會和國家關係之重要。在威克,海得蘭,和費其斯的著作中,他們都把國家視爲組成國家的諸團體間之調和的與整理的機關。他們雖然否認國家之絕對的主權,但他們仍承認其優越的法律地位。

在法國的狄驥(Leon Duguit 1859-)[3]的著作中

1 見本書第六章第四節。

2 The Divine Right of Kings (第二版,1914); From Gerson to Grotius (第二版, 1916); Churches in the Modern state (1913); The Will to Freedom (1917)。

3 Manuel du Droit Constitutionnel (第二版,1911); Transformations du Droit Public (1913), F. Laski 和 H. Laski 的英譯本名

和在英國及美國出版的拉士奇(H.J.Laski 1893-)[1]的著作中,現出一種更明顯的多元論的觀點。狄驥的政治學說很受法國二十世紀開始的實際情形的影響。其時杜里夫斯事件(Dreyfus Case)對於國家的威信下了一個重大的打擊。種種包括於教會與國家的分立和結社法(Law of Associations)中的問題,引起了許多關於主權的重要問題。國家公務員之傾向於職工組合主義,實爲國家自已的公僕向國家的主權挑戰。[2] 政府中的分權的運動,自然引起對統一國家的攻擊。工團主義的發達,其目的卽在使工人得於國家範圍以外發展一種完全的經濟生活和社會生活。在這種時代和潮流中,便產生了狄驥的多元的主權論。

從法理學說的觀點,他想反對法國愛士曼(Esmein)所主張的正統的憲法論,並且特別地攻擊德國格縈(Gerber),耶令(Ihering),和耶律芮克

Law in the Modern State (1919); F. J. de Sloovere 在 Harvard Law Review, XXXI, No. 1 的英譯本文名 The Law and the State (Nov., 1917); Souveraineté et liberté (1922) ;Traité de droit constitutionnel, T. II (1923)。

1 Studies in the Problem of Sovereignty (1917); Authority in the Modern State (1919); Foundations of Sovereignty (1911)。

2 見 P. Harmignie 的 L'Etate et ses agents (1911)。

(Jellinek)羅所倡導的國家的法律人格和絕對主權的形而上學的國家論。他否認與法律有區別的權利之存在,相信人類在社會上的地位和活動,完全是受社會的休戚相關的連帶性(Social Solidarity)所課定的責任所規定。[1]

狄驥否認國家的人格和主權。他以為國家的人格不過是一個臆說,唯一的真實的人乃是人類——由社會的相互依倚而結合的人類。他以為國家不是主權者,因為國家也須服從法律所課定的種種限制。他力言社會的連帶關係是法律的基礎,法律並不是由國家所創造,而是成立於國家之前,並且居於國家之上。法律之所以為必須者,並不是因其為國家的意志,而是因其為有助於社會的目的。因此,國家應服從法律的羈束。國家的工作是在處理社會意見的要求,舉辦某種公共的事務。所以其着重點不在於國家的權利,而在於國家的責任;國家的根本特性,與其說是主權,則毋寧說是公共事務。國家,也和一個公民私人一樣,應該在法律上對其行動負責。那種所謂權

1 團結運動注重社會的互依與一致,前二十五年中,在法國很流行。見 Léon Bourgeois 的 La Solidarité (1897); M. Bougle 的 Le Solidarisme (1907); G. Duprat 的 La Solidarité Sociale (1907)。

力的東西,在國家內是不存在的。[1]

狄驥承認如果國家的任務大部份是限於警察和國防,則主權爲最高權力的觀念是有價值的。但他以爲近代國家的主要職務是在於增進公共幸福,所以,由是項資格而論,則公共事務的觀念有替代主權的觀念的必要。在狄驥的學說的實際應用方面,他贊成地方的分權,和行政的與職業的聯合主義。他並不注意於國內社會團體的政治地位;他最注意的是在使行政的行動受法律的限制,幷發揮國家責任的學說。他相信法律的創制,並不是任何國家機關獨佔的特權;國家的每個機關,都是法律上有限制的機關。

狄驥的觀念被許多法國的法學家所採取,其中最重要的是盤得蘭美(N. Berthélemy)。[2] 歐利烏(Maurice Hauriou)[3]則從另一方面的探討,得到一個多元論的學說。他把政治的主權和法律的主

1 見 M. Artur 的 "Séparation des pouvoirs et séparation des fonctions," 發表於 Révue du droit public et de la science politique XIII (1900), XIV (1900), XVII (1902), XX (1903)。

2 "Le Fondement de l'L'Autorité Politique" 發表於 Revue du Droit Public, XXXII. 662-682 (1915); Tratié élémentaire de droit administratif (第十版, Paris, 1923)。

3 Principe's de Droit Public (第二版, 1916)。

權加以分別;前者係寓於政府的各機關內,後者則操諸人民之手,其表現即係人民對於國家命令之執行認爲不合時的否認或不合作的權力。他把國家的機關,任務,和權力正確地加以區別。他的學說代表法國現代批評孟德斯鳩正統的分權論的趨勢的一重要方面。[1]

有一種根本和狄驥的主張相似的法律說,出現於荷蘭的法學家葛拉布(Hugo Krabbe 1857-)[2]的著作中。他亦主張國家是法律的產物,法律代表社會利益之已有的估價,祇有法律才是主權者。國家是一個社團,由於其法律價值的建立,創出種種機關,辦理公務。葛拉布的主要志趣是在求得一種庇護法律的基礎。他反對分析法學派之唯理主義的觀點。他所得的結論和狄驥的相同,狄驥的主要論點是在於視法律爲一種社會事實,而不在於法律的道德基礎。西班牙學者梅慈都(Ramiro de Maeztu)[3]爲要使基爾特社會主義有一

1 G. P. Gooch 的 "Modern French Views on the Doctrine of the Separation of Powers," 發表於 Political Science Quarterly, XXXVIII, 578-601 (Dec., 1923)。

Die Lehre der Rechtssouveränität (1906); The Modern Idea of the State, 英譯者 G. H. Sabine 和 W. J. Shepard (1922)。

3 Authority, Liberty, and Function(1916)。

個法學基礎起見,也採取了狄驥的思想。在美國方面,以滂德(Roscoe Pound 1870-)[1]爲領袖的社會學派和實驗主義派的法學家,都信從"一種"有許多地方和狄驥及葛拉布的學說相同的法律的學說.他們的見解是一切生動的法律,都是社會的產物,爲社會利益所創造,只有在受公共意見贊助的時候,才普遍地爲大衆所服從.

拉士奇(Laski)的著作,很受梅得蘭之歷史的觀點,費其斯之教會的利益,狄驥之法律理論,和工團主義及基爾特社會主義之經濟運動的影響。[2]他竭力攻擊國家權力絕對超越乎國內各個體和各團體之上的學說,并反對國家在道德上享有最高地位的理論。他以爲國家的行動,實際上無非是那些握權者的行動,所以,這種行動並不能享有特殊的道德認可。而且,因爲國家的行動須由其

1 見他的"Scope and Purpose of Sociological Jurisprudence,"發表於 Harvard Law Review, XXIV, 591 ff. (June, 1911); XXV, 140 ff. 489 ff. (Dec., 1911 Apr., 1912); The Spirit of the Common Law (1921); Interpretations of Legal History (1923)。

2 拉士奇也承認得助於他先生 Ernest Barker 的思想。Barker 與其說是攻擊國家主權說,還不如說是攻擊專制政體的危險。並且,他在 The Discredited State 中所表示的思想已在他近來的著作中加以很多修正。見他的 Political Thought in England from Spencer to To-day, PP. 222-235, 248-251。

履行的目的來判斷,故牠們必須和其他與國家一樣眞實的團體的目的相競爭,以獲得其各個體的忠心。

拉士奇從實驗主義的立場,這樣地批評絕對主權的理論:他認這種理論爲一種法理的臆說,無稽的概念。他以爲有許多事情,國家是做不來的,並且也不能做的,因爲受着其有些成員的反對。他相信國內各團體,對於社會的目的,得和國家本身有同樣的重要,這種團體對於個人的忠心,也有同等要求的權利。教會和工會,在他們自已的範圍內,也得和國家爲同樣的主權者。主權必須爲許多團體所分有,非國家所獨有。拉士奇在近年的著作中,除了他早年所着重的法人人格和團體權利外,又採取了狄驥的着重社會連帶性和主權受法律的限制等的法律學說。實驗的哲學和實證的社會學便這樣地被匯合在一起,以貶低國家的地位. 個人主義和功能主義也這樣地被聯合在一起,以反對統一的權威的政治制度。

此外,還有許多學者主張多元的主權論,重視國家內部的各種團體的地位. 柯爾(G. D. H. Gole)[1]和霍布孫(S G. Hobson)[2]爲擁護基爾特社會主義而創立的思想,最爲醒目而特創。白樂克(H. Belloc)[1]倡導一種分配主義(distributivism),以合作的基爾特保護分配給各個人的私產。華拉士(Graham Wallas)[2]創議一種集產主義與修正的代表制——即承認各種團體——二者混合的制度。在美國方面則有福來德(M. P. Follett)[3]女士,她雖承認國家權力的超越,但也鼓吹國內各地方團體之自動的政治功用。本特力(A. F. Bentley)[4]力謂組成團體形式的各種利益的衝突,是解釋歷史的主要因子。意大利的社會學家和法學家范加羅(M. A. Vaccaro 1854-)[5]相信政治上的分權的歷程和適合於天然境界的利益和行政便利的小單位之發展,將來必可證實。斯泰涅(Rudolf Steiner)[6]建議把社會組織(Social Commonwealth)分做經濟制度,政治制度,和宗教制度三方面。

就大體而論,多元的主權論是主張民主政治

1 Social Theory (1920)。見以下第十六章第四節。

2 National Guilds (1913)。

1 The Servile State (1912)。

2 The Great Society (1914)。

3 The New State (1918)。

4 The Process of Government (1908)。

5 Les Bases Sociologiques du Droit et de l'État (1898)。

6 The Threefold Commonwealth (1992)。

的,並且帶着一種極濃厚的個人主義的色彩。然而它的目的並不在於各個人的權利,而在於代表人們眞實利益的各種團體和集團的權利。多元主義極着重功能,認國家內部之自然的組織與社團,都應掌理牠自已的事務。它反對中央集權的萬能國家,而主張依照功能的民主政治劃分權力.它不贊成以形式的和形而上的唯理主義爲根據的國民總意的心理學和絕對主權的概念,因爲牠們不合於實際的變動的政治實質.在這方面看來,它是多少與爲社會心理學及新經濟學的特徵的反知識主義互守同盟了。

除了上述諸學者在理論上攻擊主權國家外,還有各種的實際運動也都傾向於多元論。這些運動都反對中央集權的和根據地域的國家組織制度,而主張創立政治代表制之更多式的基礎他們又想把社會制裁分散於各團體,並欲褫奪國家管轄某種事業的威力。

工人階級的社會主義者,尤其是在英國和法國,從不一致要求國家社會主義.他們相信近代國家是由那些和他們實際利益相衝突的人所統治,他們的目的,不在於獲得國家的統治權,而在於分散國家的權力,把經濟事業的管轄歸於種種非政治的組織。工會的發達加強了這種態度的勢力。結果,法國的工團主義者[1]丟棄了馬克斯的理想而回到蒲魯東的學說,猛烈地攻擊國家主權。在英國,國民基爾特的觀念[2]吸引了青年社會主義者,而減弱了國家行動的學說。俄國布爾塞維克主義的理論[3]也是對於集權的主權的國家的一種反抗。晚近的經濟學說大都批評國家主權的政治學說。由世界大戰所發生的中央集權,引起了一個強烈的反動,反對經濟事業之受國家的統治,並反對和他相聯的軍國主義。

在法國[4]和英國[5],也有種種強烈的運動,要求國家地方分區的重新分配,把中央政府現在所掌握的對於社會的和經濟的生活的統治權的大部份,交給這些重新分配後的地方機關。這些改良的擁護者,都重視天然的地方的社會,和自願的合

1 見本書十六章第三節。

2 見本書十六章第四節。

3 見本書十六章第五節。

4 C. Brun 的 Le Régionalisme (1911); J. Hennessy 的 Reorganisation Administrative de la France (1919)。

5 H. Belloc 的 The Servile State (1912); P. Geddes 和 V. Branford 的 The Coming Polity (1917)。

作的價值,希望保存自治政府以抵抗疎遠的官僚的中央當局的越俎代庖。贊成比例代表制[1]的運動也是代表對於總意說與絕對多數支配說的一種反動。它贊成少數人的代表權,并主張國內基本團體以牠們實際投票力量爲比例的代表制。

對於現代以區域單位居民團體爲根據的代表制度已起了一種強烈的攻擊。這種制度的反對者以爲在現代情形之下,居住於某區域內的人民,並不代表一種眞實的單一體,也沒有共同的利益關係;以人民之自然的經濟,職業,和社會團體[2]爲根據的代表制度是比較合理的制度。他們和從前許多的學者一樣,深信國家的組織應符合財富和勢力的實際分配。他們所主張的是利益的代表制而不是區域的代表制,并建議以農業團體,商業團體,實業團體,政府雇員團體,以及種種職業團體,爲推選代表之正當的單位。這種觀點深受甘柏老維許(Gumplowicz),賴仁虎夫(Ratzenhofer),涂

1 T. Hare 的 The Election of Representatives, Parliamentary and Municipal (1859); J. S. Mill 的 Considerations on Representative Government (1859); J. R, Commons 的 Proportional Reprsentation (1907); J. H. Humphreys 的 Proportional Representation (1911)。

2 見 Ch. Benoist 的 L'Organisation de la Démocratic (1900); M.L eroy 的 Pour Gouverner (1918)。

爾幹(Durkheim),奧本海末爾(Oppenheimer),和本特力(Bentley)等社會學家的集團衝突說(group-conflict theory)的擁護。他們相信政府是國家的代理機關,其職能是在調劑各種利益不同的團體間之衝突,使是項衝突不超出和平的與法律的範圍之外。蘇維埃制的政制便是這種理論之實際應用的一種形式。

與此相似者則爲政府官吏之傾向於組合化——特別是在法國和英國方面——以及雇主與勞動者和其他各界各派代表組織種種政府機關的傾向。政府的權力一經擴張到經濟利益的範圍內,從前的民政組織便覺得不滿人意了。[1] 因之,行政官吏方面,便要求充分承認他們的權力,要求結社的權利,並要求各種經濟團體的代表參加他們的會議。

各種多元主權論所攻擊的,雖則大部是對於國內主權的學說,即國家對於其國內個體或團體的超優關係,然而國外主權的學說也受他們的責

1 見 H. J. Laski 的 Authority in the Modern State 第五章; M. Leroy 的 Syndicats et Services Publics (1909); J. Paul-Boncour 的 Syndicats des Fonctionnaires (1609); La fédéralisme economique (1900)。

難。[1] 國際法學家久已否認:國家,嚴格的說起來,在事實上是主權的,獨立的,或平等的。他們主張國外主權之相對的性質,并提出半主權國的名稱。因爲世界上既有中立國,保護國,附庸國,以及各種的世界組織,則所謂主權國家的世界的學說,便不適宜了。種種經濟的關係和知識的旨趣,都與政治的界限不相一致。所以國際主義者也攻擊國家主權的學說,并指出國家因不受國際法與國際裁判之束縛而產生的種種危險的結果。[2] 國際主義者要把"巨靈"(Leviathan)加以縲絏,而多元論者則在推翻牠對內的至尊地位。

(二)多元主權論之一般的性質

認絕對的不可分的政治主權爲國家之主要特徵的學說,自布丹和浩布思以降,尤其是到了奧斯丁以後,籠罩着政治思想。這個學說的主要點可以約略分述如下。國家乃社會之政治的組織。它具有社會之主要的實力,所以,它能夠在一切個

1 見 R. T. Crane 的"The State in Constitutional and International Law"收集於 J. H. U. studies in Historical and Political Science, Series XXV, Nos. 6, 7 (1907)。

2 見 Norman Angell 的 The Great Illusion (1910)。

體與團體之上,行使它的意志。這個取得他人服從的權力,便叫做主權。主權即指國家立法和執法的權利。國家有一個領土的基礎,除了它自願地讓出某種治外法權的特權外,它得在其領土內對一切個體及團體施行其權力。在一個領土以內,祇能有一個主權的權力。因此,統一是國家的特性,同時也是主權的特性。每個人的第一要務,便是在對於國家忠順。國家的主權是絕對的,無限的,至高無上的。個人除由國家法律所給予他的權利外,無其他權利可言。個人的自由係由國家所造成,由國家所保證。

這種一元的主權論的擁護者,並不說國家對於一切人,或在無論何時,或對於一切的問題,都是或應該行使其完全的權力。他們也承認聽任個人與團體在相當的範圍內自由行動,和准許其他的團體,行使相當程度的支配權,在事實上是很便利的。不過,他們以爲國家得隨時隨地任其自己的意思行使其權力,如果國家對於某種事件不行使其權力,則無非是因爲國家如是決定而已,並不是因爲受了別的權力的約制。他們更進一層地承認同意和武力是主權的要素,尤其是在現代國家裏面,幷謂祇有在不得已的情形之下,才有應用武力之必要。

絕對的不可分的主權論的擁護者承認他們的觀念是抽象的,法律的。絕對的不可分的主權論的目的並不是要在社會之法律組織的背面,找出其影響法律創制的各種勢力,或阻撓其完全執行的種種障礙。一元的主權論者,除了一小部份的人否認國家受道德責任之束縛外,大半都承認主權的實際的行使,應受道德責任的限制,幷須受實際的需要和便利的限制。不過,他們以爲從法律的立場而論,則國家的主權是絕對的,無上的。國家的意志超越乎國內一切團體的意志之上;加諸國家威權的種種限制,全是由國家本身自行課定的。他們指出那些加諸國家活動上的道德限制,與加諸國家主權上的實在的法律的限制,是全然不同的。

多元的主權論者則深覺現代社會組織的複雜,和種種非政治性質的團體的重要。他們力論有許多團體代表其成員的利益,比國家來得切實,其成員對他們所屬的團體的服從,比對國家更爲忠順。他們認國家是唯一無二的組織;他們以爲其他的種種團體是和國家一樣地眞實,一樣地自然;他們力言這種團體之爲其本身目的之主權者,也猶之國家之於其自身目的爲主權者一樣。他們力謂國家在實際上如遇到其內部某種團體的反抗,便不能行使其意志。他們不承認國家享有武力,便使國家享有何種超優的權利。他們主張一切團體都享有平等的權利,因爲各團體都能令其成員順服,在社會上都履行其有價值的功能。因此,主權是爲許多團體所共有的。它並不是一種不可分的單元;國家並不是至尊無上的,也不是無限的。

一元論的擁護者以爲多元論者把法律的觀念與道德的觀念混同在一起,而且沒有把國家與政府兩者加以正當的區別。他們謂多元論者把"權利"這個名詞,有時用作法律的意義,有時則用作倫理的意義;而且,當他們說起國家內部各團體的權利時,他們是在復活"自然權利"的非法律的觀念。他們承認對於國家的代理者——即政府各機關——得加以法律的限制,但這種限制並不毀滅國家本身的主權。正統派的政治學者相信多元論的學說分裂各個人的忠實於各團體中,必致造成混亂的無政府的狀態。他們深恐以自動的同意爲一切服從的基礎的理論,將破壞法律與秩序,搖動眞正自由的保證。他們對於多元的主權論,莫不視其爲向着中世紀的國家觀開倒車。

同時,多元論的學說,對於政治思想有不少有價值的貢獻。它所着重的一點是:國家雖然在法律上是萬能的,但亦應受道德上的限制。關於這一點,它可以說是對於把國家理想化的那種理論,和對於認國家本身爲一種目的,不受一切道德制裁的那種學說的一種很相宜的反動。

多元論者對於那固執的,武斷的,與奥斯丁派主權論相關聯的遵法論,也提出一種應時的抗議。他們竭力主張對於變遷迅速的社會制度中的政治生活的實際事實,有詳加研究的必要。關於這方面,他們指出非政治團體的地位之日趨重要,國家過度干涉這種團體的正當職能的危險,以及對於這種團體在政治制度中所佔的地位應給予更充分的承認的必要。他們所建議的政府之聯邦的組織和立法會議中的集團代表的原則,當然都是最有價值的政府計劃。

不過,接受多元論者的有價值的貢獻,並不一

定需要推翻國家主權的學說。國家一方面承認道德上的責任,限制牠的活動的範圍,依據地方分權和集團利益的代表制的原則,改組其內部的組織,而同時並不喪失其最終的法律主權,也是完全可能的事。在無論那個獨立的社會裏,必需要有一個最高法權的單一組織。健全的政治學說和現代社會生活的實際事實,都承認這種最高法權是在國家的掌握中。這並不是說,它必須寄寓於一個單一的或中央的機關中,也不是說牠應歸之現有政府制度的特殊形式中。

多元論是利益衝突與忠順衝突的時期自然發生的一種觀點。在中世紀,當教會與國家互相爭雄的時候,當各種團體獨立行使權力的時候,多元論的思想便盛極一時。[1] 到了現在,經濟利益的發達,各種經濟團體的勢力的增強,造成了經濟團體和現存政府機關的權力的衝突。國家並不能把其組織與法律,立刻和新興的環境相適應。在這樣的時候,認國家權力爲絕對的無限的學說,在許多人的心目中都以爲是非常危險,非常不合時

6 中世紀的影響對於諸作家如威克和費其斯是顯著的, William Morris 對於他的友誼和工匠的理想,也主同復到中世紀。

宜的。於是多元論的學說又重復出現了。等到各方面相互的衝突得到了調和,國家對於社會生活中的種種新勢力逐漸地給予法律上的承認,則多元論或許將歸於消滅。

美國憲法成立後,主權分割的學說爲一般人所主張者,經多年之久。那時各邦與聯邦政府的關係,還沒有確定。美國人經過了半世紀的政治經驗才發展了一種統一的精神,和一套可爲美國聯邦的一元的主權論之根據的法律原則。同樣地,國際法學家都否認主權的單一性和絕對性,因爲在他們所研究的政治關係的世界裏,還沒有一種單一的無上的立法權存在。如果各國都是主權者,則國與國間的關係,祇以一種道德的認可爲依據。各種條約無非是一種認諾,於國家的意志絲毫無損。如果視國際法爲法律,則各分立國家的絕對主權便爲有了。從國際法學家的觀點看來,則一元的主權,惟有在一個世界國家內,方得存在。

一元論是政治制度穩定時期的一種觀點,在穩定的政治制度之下,法律的標準已經確定,對於各種法權的衝突和責任的矛盾,已給予正當的解

決。多元論是新的情形不滿於固有的法律範疇的一種觀點,因為在這時候,固有的法律範疇對於新情形下所產生的各種衝突,不能有適當的和公認的解決的辦法。必得經過一番協商和整理,新的法律範疇才得成立,互相衝突的利益才得調和,多元論便是代表這種新舊交替時代的協商和整理的過程。把法律關係的發達過程,加以歷史的研究,便是多元主權論復活的一個重要因子。目前世界上國內的和國際的情形,對於多元論的發展,也是重要的因子,因為現在世界的情形是:就國內情形而言,各國還沒有把牠們的政府與法律,和其國內實際的勢力及權力的來源相適合,就國際的情形而言,則現在的世界制度的基礎,明明是建築在紊亂的無政府狀態上,而不是在法律上。一元論是一種守舊的政治學說;多元論是一種批評的政治學說。多元論之所以與工團主義,基爾特社會主義和國際主義發生密切的關係者,也並不是偶然的事。

參考書

E. Barker, Political Thought from Spencer to Today,

225-225.

E. Barker, "The Discredited State," in The Political Quarterly, V, 101-121 (Feb., 1915).

H. E. Barnes, "Durkheim's Contribution to the Reconstruction of Political Theory," in Political Science Quarterly, XXXV, 236-254 (June 1920).

I. Brown, English Political Theory, Ch. XII.

I. Brown, The Meaning of Democracy (Chicago, 1920).

W. J. Brown, "The Jurisprudence of M. Duguit," in Law Quarterly Review, XXXII, 168 ff. (April, 1916).

W. J. Brown, The Austinian Theory of Law.

G. D. H. Cole, Social Theory (London, 1920).

F. W. Coker, "The Technigue of the Pluralistic State," in Amierican Political Science Review, XV, 186 ff. (May, 1920).

H. Croly, "The Future of the State," in The New Republic, XII, 179-183 (Sept. 17, 1917).

P. H. Douglas, "Occupational versus Proportional Representation," in American Journal of Sociology, XXIX, No. 2 (Sept., 1923).

W. Y. Elliott, "The Metaphysics of Duguit's Pragmatic Conception of Law," in Political Science Quarterly, XXXVII, 639-654 (Dec., 1922).

E. D. Ellis, "The Pluralistic State," in American Political Science Review, XIV, 393-407 (Aug., 1920).

E. D. Ellis, "Guild Socialism and Pluralism," in American Political Science Review, XVII, 584-596

(N v., 1923).

J. N. Figgis, The Will to Freedom (New York, 1917).

M. P. Follett, The New State (New York, 1918), Chs. XXII-XXXIII.

M. P. Follett, The New State-Group Organization the Solution of Popular Government (New York, 1923).

G. P. Gooch, "Modern French Views on the Doctrine of the Seperation of Powers," in Political Science Quarterly, XXXVIII, 578-601 (Dec., 1923).

R. P. Haldane, "The Nature of the State," in Contemporary Review, CXVII, 761-773 June, 1920).

S. A. Korff, "The Problem of Sovereignty," in American Political Science Review, XVII, 404-414 (Aug., 1923).

H. J. Laski, "The Personality of Associations," in Harvard Law Review, XXIX, 404-426 (Feb., 1916).

H. J. Laski, "Literature of Politics," in New Republic (Nov. 17, 1917).

H. J. Laski, "The Problem of Administrative Areas," in Smith College Studies, IV, No. 1 (Northampton, Mass. 1918).

A. D. Lindsay, "The State in Recent Political Theory," in The Political Quarterly, I, 128-145 (Feb., 1914).

A. D. Lindsay, "The Political Theory of Norman Angell," in The Political Quarterly, I, No 4, 127-145 (Dec., 1914).

C. H. McIlwain, The High Court of Parliament (New

Haven, 1910).

W. Paul, The State, its Origin and Function (Glasgow, 1917).

A. J. Penty, Guilds and the Social Crisis (London, 1919).

R. Roberts, The Church in the Commonwealth (New York, 1918).

R. Roberts, The Unfinished Program of Democracy (London, 1919).

B. Russell, Political Ideals (New York, 1917).

G. H. Sabine, "Pluralism, a Point of View," in American Political Science Review, XVII, 34-50 (Feb., 1923).

G. H. Sabine, "The Concept of the State as Power," in The Philosophical Review (July, 1920).

G. Wallas, The Great Society (New York, 1914).

G. Wallas, Our Social Heritage, Chs V. VI.

N. Wilde, "The Attack on the State," in International Journal of Ethics, XXX, 349-371 (July, 1920).

W. F. Willoughby, "The National Government as a Holding Corporation," in Political Sceince Quarterly, XXXII, 505-571 (Dec., 1917).

V. S. Yarros, "What Shall We Do With the State," in American Journal of Sociology, XXV, 572-583; XXVI, 65-72 (March, June, 1920).

此外關於多元主權論，尤其是基爾特社會主義學說的參考書，見本書第十六章篇末所列之參考書目。

第十六章

近代無產階級政治思想

(一) 國家社會主義

自從十九世紀中葉以來,無產階級的運動(Proletarian Movement)採取了各種不同的形式,馬克斯和他的經濟史觀,他的勞動價值論,與他的以爲資本主義必致崩潰的信仰,對於所有這些無產階級運動的影響之大,是非常明顯的。馬克斯幷沒有提出社會改組的計劃大綱。他以爲每次革命都應當產生它自己的法律和制度。因之,各派無產階級的思想,都從他的著作中得到領悟;從他的著作中取得各種引證,有時甚至於衝突的引證,來辯護各種不同的計劃。

向着集團主義方面的主要發展,因國際社會主義運動的衰落,[1]而採取了國家社會主義黨的方式。這種運動,在十九世紀下半期的前二三十年中,非常有生氣,在德國和英國尤其是興旺,並且和當時在發達中的勞動組織的勢力,有密切的關係。選舉權的擴張於工人們,使他們覺到他們也是國家的一部份。所以,他們相信國家應取得產業的所有權。同時,他們希望由社會主義的政黨來統治國家。他們又主張以普及選舉制來達到進一層的國家的民主化,廢除階級的特權,和剷除政府中的貴族餘跡。

這種政策一經採用,對於暴力革命的信仰便減少了。大家都承認有採取和緩的與漸進的改革之必要,實際的改革便與自由的非社會主義者攜手了。起先,他們的信仰是中央政府應該據有和經營產業。稍後,他們才了解,爲避免官僚專權,地方政府應管轄經濟生活的某部份。或由於社會黨努力的結果,或由於對勢力強大的社會黨的讓步,世界上的幾個大國都已採用了許多產業的國有和國治的原則。此外,國家又通過了各種法

1 見以上本書第九章第四節。

律,以限止壟斷,免除競爭的浪費,防止財源的竭盡,和對勞働者的剝削,及爲大衆的利益而設備的各種非利潤的事業。這對於國家費用的支出,自然大爲增加;於是用遞進的所得稅和遺產稅的方法,以求一部分財富的平均。

在德國,這運動起始於一八六三年由拉塞爾(Ferdinand Lassall 1825-1864)組織的工人總會(General Workingmen's Associatian)。後來,由倍倍爾(Bebel)和李普克尼希(Liebknecht)在南德意志所組織的社會民主勞働黨(Social Democratic Workingmen's Party),也加入了這種運動。該黨起先雖頗受政府的高壓,可是其發展則非常迅速,而且牠的政策有許多爲政府所採取和實行了。德國的產業發達得較遲。職工組合與社會黨同時發生,並駕齊進,互相扶助。所以不像在英國那樣,職工組合與社會黨有互相仇視的情形;英國職工組合的成立早於近代的社會主義,在後者還未出現之前,前者的基礎已經穩固,所以兩者難免衝突。在德意志帝國社會主義者雖有相當的選舉勢力,可是在政府裏並不占有同樣的勢力,因爲下院(Reichstag)的議席,並沒有按照環境變更而重新分配,以致社會主義的大本營,即各大城市,在議會裏不能得到合比例的代表權。一九一八年的革命,使社會主義者得勢,新共和國的憲法裏便包含着許多他們的主義的應用。德國社會主義的先進的理論家便是考茨基(Karl Kautsky)。[1]

英國雖是第一個產業的國家,而第一個社會黨的興起却是比較的遲。"馬克斯的國際"運動太不適宜於英國人的心理,并且因爲這個國際組織和巴黎公社(Paris Commune)有通聲氣的嫌疑,遂更遭英人的懷疑。此外,勞働組合在英國已早佔勢力,它們也反對新興的社會主義運動。不過,到了一八八〇年,舊時的邊沁派的自由主義(Benthamite Liberalism)已告破產,而在一八六七年和一八八五年得到了選舉權的職工和勞働者,不能不需要種種新的理想。

那時一種贊成土地國有的強有力的運動,早已在進行活動中,這種運動開始於一七七五年斯賓士(Thomas Spence)的著作中。多甫(Patrick Dove)[2]曾主張不應在勞働者身上征稅,應以土地

1 The Class Struggle, 英譯者 W. E. Bohn (1910)。

2 Theory of Human Progression (1850); Elements of Political Science (1854)。

爲租稅的主要來源。斯賓塞(Herbert Spencer)反對土地私有。密爾(J. S. Mill)早已注意到土地之不勞的收穫(vnearned increment)。美人亨利喬治(Henry George 1839-1897)[1]的著作,和他對於土地單一稅的理論,給予了這趨勢以一個強烈的鼓動。喬治以爲根據自然權,土地是人類的公產。所以地代是不勞而獲的東西,應該歸之社會。他主張土地可以歸私人所有,但國家應以征稅的方法,實收一切地代。國家可把這個所得,依照公衆的福利,用來擴大它的各種事實。華勒斯(A. R. Wallace)[2]主張土地公有私耕制,把土地租給出最高價的租戶耕種。因爲英國的土地制度是土地集中於大產業之下的,所以一般社會改造者的對象是土地,而不是資本。

馬克斯的影響第一次及於英國,是在一八八一年海德曼(H. M. Hyndman)[3]創立社會民主同盟(Social Democratic Federation)的時候,莫理斯(William Morris)便是其中最顯著的人物。這個團體發展得很慢,因爲受有組織的工人和教會中的人反對。

1 Progress and Poverty (1879)。

2 Land Nationalization, its Necessity and its Aims (1882)。

3 England for all (1881)。

但是到了一八九三年的時候,牠和勞働組合有了諒解,獨立勞働黨便在那年成立。這個黨是公開地社會主義的,吸收了許多織工組合主義者,許多不滿意於自由黨的自由黨員,和一羣強有力的非國教派,這一羣非國教派的人把宗教熱忱的原素,攙入於這運動中。一八九九年著名的塔夫佛爾鐵道案件(Taff Vale Railway Case)判決以後,合作社,織工組合,和社會主義的團體,便互相結合起來,其目的便是在取得國會中的代表權。勞工代表委員會(Labor Representation Committee)成立於一九〇〇年。一九〇六年這個團體改名爲勞働黨(Labor Party)。這個集團把社會主義者和非社會主義的份子,都聯合起來,從事於政治上的競爭。

英國社會主義運動的一個重要的步驟,便是一八八四年費邊社(Fabian Society)的組織。蕭伯納(G. B. Shaw),韋白(Sidney Webb),樸特女士(Beatrice Potter便是後來的韋白夫人),和培成夫人(Mrs. Annie Besant),都是該社的領袖。這個會社有一部份社員是自由黨人,其目的並不在成爲一個政黨,牠也不是一個無產階級運動。其宗旨不過在從事於社會主義一方面的教育宣傳;牠刊行了一套著名的費邊論叢(Fabian Essays)和費邊文範(Fabian Tracts)。[1] 它的主要理論的來源是得自密爾的,雖則馬克斯和普魯東(Proudhon)對它也有相當的影響。費邊社派擯棄革命的精神,他們對於智識階級比對於勞働者更爲注力,希望引起知識階級的同情。他們的目的是要依照最高的道德可能性,來改造社會。他們實在是功利主義的急進派的智識繼承者,他們志在表示一種大的產業的民主主義的願望。勞動立法,地方社會主義,和合作社,便是他們所主張的實際社會主義的實例。

邊沁主義的最大目的,是法律和憲法的改造,費邊主義的最大目的則在社會的和經濟的改造。它希望有一個民主的政府,對於土地和資本行使極大的管理權。社會所創造的價值要由社會來支配,這便是它的主要原則。它也主張一種分權的國家,并且極看重政府裏專門人才的重要。它反對暴力的擾動,主張漸進的改造。它深受斯賓塞的政府有機體說,和一般以生物學方法來研究政治原理的影響。英國的自由主義所以放棄以

1 這觀點最好著作是 Sidney webb 和 Beatrice Webb 的 A Constitution for the Socialist Commonwealth of Great Britain (1920)。又見 G. B. Shaw 的 The Fabian Society (Fabian Tract, No. 41)。

前的個人主義的態度,所以贊成政府職能應有相當的擴充,以提高公衆的福利的原故,大部份是受了費邊主義的影響。[1]

十九世紀末葉,在歐洲各重要國家及美國,都有社會主義的政黨的組織。法,意,俄都是小產業的國家,和英,德,美等大規模的產業組織國家不同,所以集團主義的勢力很小,而普魯東和巴枯甯(Bakunin)的影響却比較的大。無政府主義和工團主義頗得牠們的工人的信仰。並且,這些國家裏的社會主義運動,又受二大派的衝突而分裂,一派主張利用現存的政府,逐漸地改造社會,另一派則主張實行急進的革命運動。前派主張羣衆取得政治權,運用政治權來逐步地完成社會革命;後派信仰純粹的經濟行動,忽略政治,目的在於社會主義制度的立刻完成。

美國的民主制度和廉價的土地,使它成為空想社會主義者的一個極好的共產主義的試驗場。這種運動都是外國輸入的,在政治上很少活動。馬克斯的社會主義在美國出現得很早,不過僅限於德國的僑民中。一八七三年的恐慌給予急進

1 見 J. A. Hobson 的 The Crisis of Liberalism (1909)。

思想以一個刺激,一八七七年便有社會勞働黨(Socialist Labor Party)的組織。單一稅,民衆黨(Populist),與綠背紙幣黨(Greenback)的運動,也都佔勢。社會主義在美國和在德國一樣,也因其和安那其派爭鬥而分裂。美國和在英國一樣,社會主義者曾想攫得勞働者的團體,而沒有成功。由於這次失敗的結果,社會勞働黨在事實上便消滅了。一八九八年社會民主黨(Socialist Democratic Party)在丹白(E. V. Debs)和柏爾琪(V. L. Berger)的領導之下,組織起來。這個團體對於中央大事雖不大過問,沒有什麽勢力,但對於各邦和地方政治,却有很大的影響。這黨有右派和左派之分,和在歐洲一樣。前派依從馬克斯的政策,和勞働組合謀親善的聯絡,主張漸進的政治行動。後派傾向於工團主義和世界產業工人組合(I. W. W.),贊成直接經濟行動,和總同盟罷工。

(二) 無政府主義

無政府主義初爲高德文[1]所提倡,後由普魯東[2]發揚光大,成爲十九世紀後半期的一個重要的政

1 見以上本書第四章第六節。

2 見以上本書第九章第三節。

治因子。牠的目的是在融和十九世紀社會改造的二大潮流,即自由主義和社會主義的理想。它從自由主義中取得反對國家和重視個人創造的觀念。它從社會主義中取得憎惡私有財產和相信勞働者是被剝削的觀念。它銳嚴地指出國家對於經濟上和行政上的無能,它以爲國家是"首惡"(arch-criminal),主張廢除國家。它以爲自由如無社會主義,結果便是特殊權利,社會主義如無自由,則必造成專制和奴隸制。

無政府主義的理論採取二個主要的形式,一爲個人主義的,一爲共產主義的。前者大半是哲學的和文學的。它把個人抬到極高的地位,把財產權放在個人的手裏。各人和別人連合與否,一聽各人之便。後者是比較的政治的和社會的。它想以自願的集合來替代國家,財產權應讓給這些自願集合的團體,而在這些團體間,再可進而組織更多的自由的組合。

個人主義的無政府主義在德國最爲興盛。它的最著名的代表是斯丁納(Max Stirner 1806-1856),[1]他接受黑格爾哲學的絕端形式,而以人類精

1 Der Einzige und sein Eigenthum (1844). 斯丁納(Stirner)的眞名爲 Kaspar Schmidt.

神的完全自由爲一種理想。他以爲個人才是惟一的眞實體;家庭,國家,和社會,祗是妨礙完全自由的抽象體。個人的惟一的法律就是他本身的利益。各個人在他力量之內,都有完全發展的權力。因爲人人有自由的權利,所以威權是應該推翻的;因爲人人有財產的權利,所以有取得財產的能力的人,便應該取得財產。於是強力變爲權利了。斯丁納的思想重見於尼采(Nietzsche)的著作中,在尼采的著作中最著名的就是對於超人的重視。

在美洲,個人主義的無政府主義的學說由華倫(Josiah Warren)[1]和屠克爾(Benjamin Tucker)[2]提倡發揮。華倫以爲"每人應爲他自己的政府,自已的法律,自已的教堂,一切制度具備於他自已。"屠克爾以爲各個人憑藉自願的社會契約,可以自由組織團體,也可以自由退出這種團體。這種自願的體團成立之後,其份子必得負付稅的義務,和担任調解一切糾紛的審判事務。塔克爾承認他得益於普魯東,斯丁納,和華倫的學說。他嚴厲地反對一個德國的放逐犯莫司脫(Johann Most),[3]因

1 Equitable Commerce (1852)。

2 Instead of a Book (1893)。

3 見他的 Science of Revolutionary War, 有一部份轉載於 New England Reporter 第十二號, 894 頁。

莫司脫把革命的無政府主義的宣傳帶到了美洲，並鼓吹暴力革命的方法。總之，無政府主義的政治學說在美洲很少進步。

無政府主義思想的主體承認社會結合是真實的，但它不相信國家和國家的強制及法律，而相信各種自願結合的團體。它採用了社會主義的共產思想，但反對他們的依賴政治的行動。它主張革命，而不主張由政黨來逐漸完成社會改造。這種運動的領袖乃是俄羅斯人巴枯甯(Michael Bakunin 1814-1876)，[1]他的勢力在南歐特別顯著。他早年是在黑格爾思想的勢力之下；後來又受到普魯東的影響。他主張由個人組成團體的一種自由聯盟主義，和由各團體組成世界同盟。而各個人仍有任意脫離其所屬團體的完全權利。巴枯甯的思想為別一個俄羅斯人克魯泡特金(Prince Peter Kropotkin 1842-1919)[2]所採取；他曾在英國住了很久。克魯泡特金是達爾文的信徒，相信生物的互助原則可以使社會團結起來。他以為法律和政府是保護特權階級的，所以他主張一種自

1 他的著作在法國印成四卷 (1895, 1907, 1908, 1909)。

2 Paroles d'un Revolté (1884); The State, its Part in History (1898); Memoirs of a Revolutionist (1900); Mutual Aid (1904)。

由團體的自由集合,來替代強制的國家。他贊成廢除私有財產,和保障衆人的最低限度的收入。在法國,邵可侶(Élisée Reclus)[1]與格拉物(Jean Grave)[2]發揚克魯泡特金的思想,並滲雜了普魯東和巴枯甯的思想。無政府主義與基督教社會主義的混合思想發現於託爾斯泰(Count Leo Tolstoy)[3]的著作中。他主張回到鄉村(return to the land),並回到原始基督教教義。他反對施用暴力,征收租稅,和強迫的軍事服務。他的理想是不拘形式的合作,來替代有組織的社會。

共產主義的無政府主義者也着重於個人權利,與人格之完全的發展。不過他們反對斯丁納的自我的個人主義,而以全人類的觀念爲前提。各人所應當想望的,不是他自己的自由,而是一切人的自由。互相親善和人類平等是一切的根本。在反對威權,尤其是反對國家的威權這一方面,他們和個人主義的無政府主義者的意見是相同的。

1 L'Évolution, la Révolution, et l'Idéal anarchique (1898)。

2 La Société future (1895)。

3 What to Do (1887); The Kingdom of God is Within You (1894); "Patriotism and Government," 包含於 Essays and Letters (1903)。

他們以為政府常是私利與腐敗的原動力。以前革命的錯誤在於祇換政府形式;惟一的眞正的革命乃是要消滅一切的政府。財產應該歸予勞働者的自由團體。普魯東自己雖嫌惡暴力,而其信徒則以為革命是一件不可免的事。他們相信被剝奪者如要達到他們的目的,唯一的方法祇有苦戰。他們相信流血與充公,雖則是可痛心的,却是推翻現制度的惟一道路。無政府主義者的許多觀念,重見於革命的工團主義的理論中。

（三）工團主義

工團主義是在法蘭西許多年的革命環境和政治覺悟的影響之下生長起來的。它在意大利也很有勢力;因為意大利和法蘭西一樣,小產業制盛行,而大產業的發展則比較遲緩。它的成功一部份是由於法國職工組合團體的制度,合併許多地方的組織為勞働大同盟（Confédération Générale du Travail)的結果;一部份是由於哲學理論的堅強的背景的結果。

法蘭西的勞働組合的力量比英國的來得薄弱,而且組織鬆弛,經濟的來源也小。就他們現在的實力而論,實不足以改善經濟的現狀,因之他們認爲有採用暴力與革命的方法的必要。法國人的嗜好理論,法國的革命的傳統,工人階級與智識界的互相仇視,以及法國人對於政客的不信任,都是造成工團主義的要素。工團主義採取了社會主義者的經濟理論,不信任國家而視國家爲資本主義的一種工具的政治學說,和職工組合的直接的非政治的方法。它匯合柏格遜(Bergson),馬克斯,克魯泡特金,與尼采的思想於一流。

工團主義的基礎建築於實驗主義的哲學上(pragmatic philosophy)。它以爲"組織"與"唯理的制裁"都是阻礙生長的,而主張提倡自由的活動。祇有自助可以使社會進步;直覺,情操,與熱情的指導,比之理智更爲妥當。它代表這時期批評的反理性的趨勢之絕端的形式。它重復採用了社會改造的無產階級的特性;生產者管理它自已事務的一種叫做"工團"(Syndicat)的組織,便是工團主義制度的基本單位。起初這運動主張地方組合來管理產業;後來牠主張組織一個總聯合會。工團主義的目的是一個由聯盟的自治的產業組織而成的社會。

工團主義亦重視階級爭鬥的哲理。它極信仰總同盟罷工的方法，認總罷工是產業革命的先導。怠工[1]也是它的一個利器：就是怠緩工作，以減少生產額，出品粗劣，或是毀壞機器和原料。工團主義不採用政治的壓力，而主張直接的經濟行動。工人可以利用總同盟罷工的方法，攫得主要產業的管理權，進而歸他們所佔有並由他們所經營了。

工團主義者相信國家是為保護優越階級的經濟利益而產生的，國家是擁護特權和造成階級的。它用軍力來抑制罷工。它用戰爭來保護它的資本家的經濟利益。所以，工團主義者反對軍役，常備的海陸軍和戰爭。工團主義者以為國家的對內的功用是在維護不義，和允許法定的剝削工人。他們相信政治威權的來源是經濟勢力，除非是無產階級得到了生產工具的完全管理權，人民主權決無實現的可能。他們也和無政府主義一樣，反對一切的政體，以為法治是消滅個人創造性的，所以拒絕參加政治活動。他們相信政府的逐漸崩潰是必然的事；並且當工人的階級意識成長時，接續的革命可以形成最後的總同盟罷工，毀

1 見 E. Pouget 的 Le sabotage (1910)。

滅國家。

工團主義的理論雖不是建設的而是破壞的,然它對於它所希望的社會組織的形式也曾有相當的注意。地方上每種同業的工人,應組成一個工團,來管理他們的職業;資本則歸所有的工團所公有,這些工團則依照其職業的性質組成全國的同盟。一地方上各工團聯合而成一個地方的勞働交換所(Local labor exchange),行使仲裁與警察的權力。全國大會是由地方勞働交換所與全國職業同盟的代表聯合組成之。在大會閉會日期中,各地方勞働交換所與各全國職業同盟各派一人,組織一個執行委員會,作爲總清理所(general clearing house)。

工團主義所提出的制度的特點,就是它的絕端的分權,和輕微的統治權。它的分權制是代表近代學說的多元的趨勢。它的忽視統治權是代表傾向無政府的個人主義的運動。它把經濟單位作爲組織的基礎,則和基爾特社會主義制和蘇維埃制極爲相像。它的理想是經濟的聯邦主義與工人的統治。

工團主義的理論最初是由一八九五年組織

勞働總同盟的工人們所創立,可是許多站在實際運動以外的智識階級却把它加以發揮和鼓吹。此派的領袖人物當推沙雷爾(Georges Sorel),[1]他的著作是站在倫理學的立場,把大革命不看作實際會有的事,而看作可貴的"神話";還有白絲(Edmuud Berth)[2]從經濟方面研究這個主義;路易(Paul Louis)[3]則最注重於工團主義所包含的政治問題;此外,還有拉格特爾(Hubert Lagardelle)。[4]

美國的工團主義運動採取"產業組合主義"的形式,不由行業而由產業組織之;世界產業工人組合(Industrial Workers of the World)便是它的代表。它對於理論與組織的建設,不及法意二國的那樣注意。它反對國家,主張直接的經濟革命,並企圖組織一種鬆弛的產業團體同盟。它最著名的領袖是海胡德(W. H. Haywood)。[5]它的主要的擁護者則爲殖民的工人與新來的僑民。

1 L'Avenir socialiste des syndicats (1908); Illusions du progrés (1911); Reflections on Violence, 英譯者 T. E. Hulme (1912)。

2 Les nouveaux aspects du Socialisme (1908)。

3 Le syndicalisme contre l'État (1910)。

4 Le Socialisme ouvrier (1911)。

5 The General Strike (1911)。

(四) 基爾特社會主義

基爾特社會主義代表工團主義與集產主義的一種調和,在英國勢力最大。它融合集產主義者的國家佔有制的概念,與工團主義所主張的生產者統治的觀念。工團主義祇顧到生產者的利益,基爾特社會主義則注意到生產者及消費者二方的利益。由工人所組成各種職業的組合或行會管理生產的事業;代表消費者的國家則據有生產的工具。在這個主張以外,再加上根據於職能的多元主權論。基爾特社會主義者相信產業,教堂,教育,和其他重要的活動應各有它自己的組織,各管理它自己的事務;國家,祇能到了萬不得已時才可出來干涉,國家應和其他的自然團體站在平等的地位,有仲裁糾紛的最後威權,但這種威權是寄託於一個代表一切重要利益的機關。

基爾特社會主義和無政府主義及工團主義一樣,對於國家,也表示激烈的反對,並且頗有一種反智識主義的傾向。它反對國家社會主義,以為由國家來管理產業,結果必致造成一種專權的與非民主的制度。它相信國家社會主義會造成一個自利的選民團,一方面被官僚的政府所統治,一方面則統治官僚的政府。因之,它主張建立一種聯邦式的制度,在這種制度之下,國家據有生產手段,管理公共行爲,國際關係,及提高教育與藝術等事務。由自治的和合作的職業團體來規定勞働的時間與待遇,工資與價格。有一個產業的組織來管理產業的事件,包括專門教育在內,並管理全國的收入,再從這筆收入中,付撥一規定數目的欵項給國家,使國家得以履行其責任。這樣便有了二個民主制度——一個是經濟的,一個是政治的。

國家社會主義者相信社會主義的制度可由托辣司蛻化而來。基爾特社會主義則相信社會主義的制度將由重新組織的和強有力的勞働組合發展而來。他們把腦力勞働者和體力勞動者一起包括在內,並且以根據生產同樣生產品而組成的產業組合來替代那根據同一工作而組成的行業組合。"工場單位"(Shop-Unit)成爲代表制的重要基礎。從一方面看來,基爾特社會主義實爲對於今日大規模機器產業和對於國家的一種反動。它遠溯中古時代的小規模的分散的手工業,這種手工業足以發展工人的人格,並使工人對於其工作俱有一種尊崇心。

基爾特社會主義的理論在十九世紀的中葉已爲蒲沙(P. J. Buchez)所預示,其一部份的理論爲英國基督教社會主義者所接受。到了十九世紀的末葉,德國和奥國的天主教社會主義者海慈(F. Hitze)和克脫拉(Von Ketteiler),法國的特孟(A. de Mun),把基爾特社會主義的理論更加以有系統的發揮。白樂克(H. Belloc)和雀斯脫頓(C. Chesterton)把這些觀念從歐洲大陸輸入英國。主張國家基爾特的運動於一九〇五年在英國開始;它的理論之最初的有系統的敍述是潘悌(A. J. Penty)[1]和奥拉旗(A. R. Crags)[2]的著作。新時代(New Age)是這個主義的主要的宣傳刊物。它的最能幹的提倡者是霍布孫(S. G. Hobson)[3]和柯爾(G. D. H. Cole 1889-)[4]。起初基爾特社會主義者的理論是向智識階級宣傳的。最近他們的努力才更趨向於實際方面。全國基爾特聯盟成立於一九一五年,它

1 The Restoration of the Guilds System (1920)。

2 "Politic for Craftsmen," 發表於 Contemporary Review, XCI, 782-794 (1907)。

3 National Guilds and the State (1920)。

4 Self Government in Industry (1918); Labor in the Commonwealth (1919); Social Theory (1920); Guild Socialism (1921)。

的思想宣傳於職工組合中,已有了相當的成功。

所有的基爾特社會主義者都一致主張生產的支配權應從國家手中取出,而交給經濟的團體。他們又一致主張國家應依照自然的地域區分,稍加改組,使國家仍爲各種重要制度之一,以履行某種職務。但他們對於國家和產業團體的關係的意見,彼此便不一致了。霍布孫(S.G. Hobson)所領導的一派,承認國家有超乎基爾特之上的最後主權。他們允許國家來仲裁生產者行業間彼此的衝突,並且在特殊情形之下,爲了公衆利益起見,國家可參與和干涉產業的事務。但他們希望國家用"精神的領導"(spiritual leadership),而不用強力來行使牠的職權。

還有比較更有勢力的一派,爲柯爾[1]所領導,相信國家是最高的地域的團體,牠是代表消費者的利益的;而全國基爾特大會是最高的職業的團體,則是代表生產者的利益。在這二者之間有一個聯合的仲裁,由生產者與消費者各派代表組織之,以解決糾紛。他們以爲國家不應享有產業的主

1 柯爾的政治學說大部採自 Maciver 的 Community。見以上十四章第二節。

權,政府的權力在理論上不能用部門來劃分,祗有根據所盡的職能來劃分政治的權力,才是合理的。這一派後來的著作對於生產者與消費者之間糾紛,有不主張國家仲裁而主張地方仲裁的趨勢,主張在國家之外,組織別種團體來代表消費者,贊成國內的每一種利益或職能各有其代表團,結果,便以一種自然團體的聯盟來替代了國家。這個趨勢的目的是想組成一個以職能團體做代表制的根據的全國的商業組織,希望任何主權的政治組織之完全的消滅。同時,他們無限地增大那委託給調劑的協連的團體之威權,結果,便是很明顯地回復到社會組織的單元論(monistic theory)上去了。

基爾特社會主義的辯護士,謂基爾特社會主義是融合手藝制度的尊重與莫理斯(William Morris)狂熱的民主精神,白樂克(H. Belloc)對於"奴隸國家"(Servile State)的危險的預警,法國工團主義對於生產者的辯護,馬克斯社會主義者的對於資本主義及工銀制度的批評,與夫如美國勞働組合主義所代表的產業組織的價值的承認。

基爾特社會主義者,當努力於摧毀國家之一元的主權時,雖不能很明白地區分出各種社會團體的各自地位,或很滿意地規劃出一個調劑各社會團體間衝突的最高的協連的權力,但他們却貢獻了許多很有價值的觀念。在一個政府對於產業的統治正在竭力擴張的時候,他們對於官僚統治的危險提出了一個警告,并且建議了產業自治的可能的方法。他們把國家主權的未決問題,又重新加以研究,并且對於代表制的基礎提出了許多有用的修正。他們注意於工人的創造力與人格,對於民主主義亦是非常重要的。

基爾特社會主義代表一種對於民治的個人主義的強固的信仰。它的目的是在對於專制與無政府給予一個穩健的調和。它希望分散萬能制度的權力,以免除個人受制度的桎梏。在這種過程中,它歡迎由自然的人類利益而組成的各團體和各社團的幫助。它企圖規劃出一個社會機體,能適當地代表現代的複雜社會中的人類的各種活動。至於它的計劃的結果會不會造成各種團體的無政府狀態,或這個大的產業基爾特會不會變成一個新式的有無上權力的主權者,和它所要替代的國家一樣的不受全民的統制,一樣的專制,這些確是切要的問題。在一個經濟的利益和國際的問題有這樣密切的關係的世界裏,想把國際事件歸國家辦理,而把經濟生產的管理交給各基爾特,似乎是一件不可能的事。

(五) 布爾塞維克主義

今日政治思想中最觸目的運動是農民無產階級學說的興起。歐洲中部與東部的大地主與田奴制的存在,引起了農人要求享有土地的所有權。歐洲大戰減削了封建貴族的勢力,使食物生產者的農夫的地位更爲重要,便給予了他們一個機會去進行這個要求。結果在俄國,中歐,和巴爾幹諸國家中,造成了農夫之民主的團結,和土地所有權的再分配。這種土地並沒有社會化,而是私有的。產業工人贊成社會主義的理論,農業工人則比較的傾向於分配主義的觀點。然他們在交易上則贊成合作的計劃。

產業最落後的俄羅斯却是第一個建立共產主義制度的國家。俄國在大戰中的失敗,與戰敗後政府的解體,使反對進化的社會主義的一個有嚴密組織的革命的都市團體取得了政權,建立了一個根據於布爾塞維克學說[1]的制度;這種主義是勞働階級反對資本制度的絕對形式。布爾塞維克主義學者的理論是採自馬克斯的階級鬥爭的觀念,他們尤其是注意和發揮馬克斯的預言,以爲資本家階級與勞働階級之間的鬥爭一經發生,勞働階級必將成爲社會的主人,建立一個無產階級的獨裁。

布爾塞維克主義和工團主義同一意見,以爲國家是受資本家支配的,資本家掌握經濟的勢力,在國內佔優勝的地位,並且握有轉移公衆輿論的工具;工人如想以政治行動來奪得國家統治權是沒有希望的。它主張用革命來奪取國家,並用革命的力量來殲毀資本主義。用強迫勞働來消滅"布爾喬亞西"的抵抗,和掃除一切階級的區別。無產階級的專制獨裁的目的是要創造一個最後的產業民主政體。布爾塞維克主義主張勞働階級的統治,擯絕資產階級參與一切政府的事務。用暴力來攫取國家的統治權和用暴力來防止一切恢復資本主義制度的企圖是正當的。因之言

1 布爾塞維克是俄國社會主義者多數派;他們所採取的土地政策,與持較溫和觀念的少數派孟塞維克 (Menshivists) 相反。

論自由和出版自由是不允許的;教育的目的是在教授布爾塞維克主義的理論。

布爾塞維克主義的經濟政策是主張工人支配產業的。起先工場委員會分別管理俄國的一切工廠;後來全國產業所有權都歸國有,受一個由各種委員會組成的聯合的制度的管理。土地收歸國有的企圖並未成功;雖則土地所有權得到了相當的平均,並且規定按期重新分配。個人主義在農業上得了勝利,兼有自治的合作制的私有制度極爲盛行。

布爾塞維克在政治學說方面是採取多元論者以職業做代表基礎的主張的。它的制度是建築在"蘇維埃"上,卽一種根據職業的基礎而選派的代表團體。由這些蘇維埃聯合成爲一個複雜的權階制度,這種制度使產業工人所得的利益遠超過於農業工人。布爾塞維克主義的理論見於列甯(N. Lenin),[1]布哈林(N. Bucharin),[2]托洛斯基(L. Trotzky),[3]和加孟納夫(L. Kameneff),[4]的著作中。

1 The State and Revolution (1919)。

2 Programme of the World Revolution (1920)。

3 The Defense of Terrorism (1921)。

4 The Dictatorship of the Proletariat (1920)。

參考書

E. Barker, Political Thought in England from Herbert Spencer to the Present Day, Ch. VIII.

M. Beer, History of British Socialism (Londin, 1919-1928).

H. N. Brailsford, The Russian Workers' Republic (London, 1921),

P. F. Brissenden, The I. W. W. (2d ed., New York, 1920).

J. G Brooks, American Syndicalism (New York, 1913).

I. Brown, English Political Theory, Chs. XI-XII.

N. Carpenter, Guild Socialism (New York, and London, 1922).

G. D. H. Cole, Labour in the Commonwealth (London, 1919).

G. D. H. Cole, Self-government in Iudutry (London, 1917).

G. D. H. Cole, Social Theory (New York, 1920).

G. D. H. Cole, Guild Socialism Restated (London, 1920).

E. Dimnet, "Syndicalism and its Philosophy," in Atlantic Monthly, CXI, 17-30 (January, 1913).

P. Eltzbacher, Anarchism, tran by S. T. Byington (New York, 1908).

R. C. K. Ensor, Modern Socialism 2d ed., London, 1907).

J. A. Estey, Revolutionary Syndicalism (London, 1913).

C. Gide and C. Rist, History of Economic Doctrines, Bk. V. Ch. IV.

H. George, Progress and Poverty (New York, 1899).

G. G. Groat, Organized Labor in America (New York, 1919), Chs. XXV-XXVIII.

J. H. Harley, Syndicalism (London and New York, 1912).

M. Hillquit, From Marx to Lenin (New York, 1921).

M. Hillquit, History of Socialism in the United States (5th ed. rev., New York, and London, 1910).

S. G. Hobson, National Guilds and the State (London, 1920).

S. G. Hobson, Guild Principles in War and Peace (London, 1917).

J. W. Hughan, American Socialism of the Present Day (New York, 1911).

E. Kelly, Twentieth Century Socialism (New York, 1910).

T. Kirkup, History of Socialism (4th ed., London, 1909).

L. Levine, "Syndicalism in France," in Columbia University Studies, XLVI, No. 3 (New York, 1914).

L. Levine, "Development of Syndicalism in America, in Political Science Quarterly. XXVIII, 451-479 (Sept., 1913).

A. D. Lewis, Syndicalism and the General Strike (London, 1912).

J. R. NacDonald, Socialism and Government (London,

1909).

J. R. Mac Donald, Syndicalism (London, 1912).

W. H. Mallock, Critical Examination of Socialism (New York, 1907).

C. E. Merriam, American Political Ideals, 1856-1917, Ch. XII.

P. T. Moon, The Labor Problem and the Catholic Social Movement in France (New York, 1921).

R. L. Mott, "The Political Theory of Syndicalism," in Political Science Quarterly, XXXVII 25-40 (March, 1922).

F. S. Nitti, Catholic Socialism, trans. by Killea (New ed., 1911).

A. R. Orage, [ed.], National Guilds (London, 1914).

H. L. Osgood, "Scientific Anarchism," in Political Science Quarterly, IV, 1 ff. (Feb., 1889).

C. H. Parker, "The I. W. W.," on Atlantic Monthly, CXX, 651-662 (Nov., 1917).

A. R. Parsons, Anarchism, its Philosophy and Scientific Basis (Chicags, 1887).

E. Patuad and E. Pouget, Syndicalism and the Coöperative Commonwealth, trans. by C. and F. Charles (Orford, 1913).

A. J. Penty, Old Worlds for New (London, 1917).

A. J. Penty, Guilds and the Social Crisis (London, 1919).

R.W. Postgate, The Bolshevik Theory (London, 1920).

M. B. Reckitt and C. E. Beckhofer, The Meaning of National Guilds (New York. 1918).

B. Russell, Proposed Roads to Freedom (New York, 1919).

B. Russell, The Practice and Theory of Bolshevism (London, 1921).

P. Snowden, Socialism ahd Syndicalism (London and Glasgow, 1913).

J. Spargo, Syndicalism, Industrial Unionism, and Socialism (New York, 1913).

J. Spargo, Bolshevism (New York, 1919).

J. Spargo, The Psychology of Bolshevism (New York, 1919).

V. St. John, The I. W. W. (Cleveland, 1913).

R. H. Tawney, The Sickness of an Acquisitive Society (Lonbon and New York, 1920).

G. R. S. Taylor, The Guild State (London, 1919).

A. Tridon, The New Unionism (New work, 1914).

B. R. Tucker, Instead of a Book (New York, 1893).

E. A. Vizetelly, The Anarchists (London and New York, 1911).

A. R. Wallace, Land Nationalization (London, 1882).

W. E. Walling, Socialism as it is (New York, 1912).

S. Webb, Socialism in England (2d ed., London and New York, 1901).

S. and B. Webb, The Decay of Capitalist Civilization, (London, 1923).

E. V. Zenker Anarchism (London, 1898).

M. B. Reckitt and C. E. Bechhofer, The Meaning of National Guilds (New York, 1918).
B. Russell, Proposed Roads to Freedom (New York, 1919).
B. Russell, The Practice and Theory of Bolshevism (London, 1921).
P. Snowden, Socialism and Syndicalism (London and Glasgow, 1913).
J. Spargo, Syndicalism, Industrial Unionism, and Socialism (New York, 1913).
J. Spargo, Bolshevism (New York, 1919).
J. Spargo, The Psychology of Bolshevism (New York, 1919).
V. St. John, The I. W. W. (Cleveland, 1913).
R. H. Tawney, The Sickness of an Acquisitive Society (London and New York, 1920).
G. R. S. Taylor, The Guild State (London, 1919).
A. Tridon, The New Unionism (New work, 1914).
B. R. Tucker, Instead of a Book (New York, 1893).
E. A. Vizetelly, The Anarchists (London and New York, 1911).
A. R. Wallace, Land Nationalization (London, 1882).
W. E. Walling, Socialism as it is (New York, 1912).
S. Webb, Socialism in England (2d ed., London and New York, 1901).
S. and B. Webb, The Decay of Capitalist Civilization, (London, 1923).
E. V. Zenker, Anarchism (London, 1898).

第十七章

政治思想之一般的趨勢

(一) 過去發展的趨勢

政治思想的材料,是從多方面吸取來的,同時代所發生的各種問題和同時代的各種思想,對於政治思想都有影響。在某幾個時代,政治思想和某種特殊思想及勢力的密切關係是特別地明顯。希臘人極注重政治學對於哲學和倫理學的關係。在羅馬時代,法律對於政治思想有極大的影響。到了基督教興起,教會的組織和勢力發達的時候,政治學說便和神學連在一起了。世界國家中教皇和國皇的關係,以及民族國家興起後教皇和各國君主的關係,都是主要的爭論問題中世紀的後半期,對於羅馬法的重復研究,恢復了政治學上的法律觀念,馬克維尼(Machiavelli)竭力想把政治學與神學分家。當時教會內部教皇與宗教會議的糾紛,一方面引起了絕對君主政體的學說,他方面又引起了有限君主政體,代議政治,天賦權利,和社會契約等學說。這些觀念,最初應用於十五世紀的"教會議會"的糾紛上,至十七和十八世紀,復出現於君主與人民間之政治糾紛中。

新教革命復興了教會與國家的關係,復活了君權神授的學說。其直接的效力,便是助長了統治者的權力。反對這個學說的,有英國法學派的法律主權說,與加耳文派(Calvinists)及耶私派(Jesuits)的自然權利說,社會契約說,和反抗暴君的權利說。新教主義又激起了個人主義,爲後來民主主義興起的張本。

近世的初年,哲學又起來支配着政治思想,集中其視線於自然法之法律的和神學的理論。當時中央集權的民族君主國的興起,促成了布丹(Bodin)的對內主權說;國際關係的開始,商業的發達,和殖民地的建立,則促成了格老秀士(Grotius)的對外主權說與國際公法論。後來政治學說終於丟棄了神學的根據。

十七世紀的時候,政治思想除了哲學的和法學的原素之外,又加上了歷史和經濟學說的影響。當時一般人對於過去的和當代的政治生活的實際事實特加注意。重商主義替君主政體與君父政策的主張添上了一支生力軍。自然科學對於社會學說開始發生影響,一般人竭力把自然科學的方法應用於國家的研究上。其主要的研究都集中於君主政體與民主政體之互爭雄長的問題。君王神權說並不受人歡迎;社會契約說,則經浩布思之曲解,以擁護專制政體,復經洛克和盧梭的發揚光大;洛克用以偏袒有限的君主政體,與人民的革命權利;盧梭則用以擁護純粹的民主政體。

跟着人民主權說而起的爲個人主義的學說。這個學說謂人人都應有政治的自由與公民的自由。重農主義派與亞丹斯密(Adam Smith)的信徒起而鼓吹放任政策與自由貿易。邊沁,密爾,和斯賓塞的信徒主張把國家的干涉縮減至最低限度。不過,美法兩大革命以後,又產生了一種守舊的反動;放任主義之經濟的弊病日益暴露,於是又主張國家管轄權之擴大。功利主義的學說,既可用以擁護國家的干涉,亦可用以左袒個人主義。當時德國唯心主義的哲學雖異了個人主義,而進於崇拜國家之途,主張強有力的父道政府。

產業革命把資本家和勞動者分成了二大對抗的階級,重復引起了早年共產主義的學說;於是產生了社會主義,起初表現於一種空想的形式中,後來乃表現於馬克斯的科學的和政治的理論中。生物科學與進化論之突起,使政治思想受了極大的影響,於是國家有機體的觀念,遍入人心。斯賓塞雖竭力想把有機說與個人主義打成一片,但這種理論之比較合理的應用,則在擁護強力的國家與政治權力之無限擴大的一方面。

在法學方面,十八世紀唯理主義的自然法概念,爲英國的奧斯丁(Austin)的形式的和分析的法學和德法兩國法學家的玄學的和歷史的學說所繼替。他們竭力設法使法律哲學與政治哲學分離。就一般而言,當時應用最廣的方法爲歷史的與比較的方法。十九世紀後半期,孔德的實證哲學和社會學的觀點很受一般人注意。孔德竭力想把各種社會的科學聯合而成爲一種統一的社會科學,應用更正確的觀察方法,並詳細考慮社會生活中一切繁複的因子。

地理的環境與氣候的不同影響於政治發展之說,首先在十六世紀時經布丹加以廣泛的討論,亦引起了一般人的注意,尤其是從孟德斯鳩與柏格爾以後。在十九世紀的初葉,利忒(Karl Ritter)創立人類地理學,在達爾文的學說廣播以後,復經賴實爾(Frederick Ratzel 1844-1904)[1]的發揮光大。自此以後,一般人遂都注意到地理的境界,要隘地勢的重要,以及地理的因素對於貿易路線與殖民地開拓的影響。氣候和天然富源對於政治的效果也經人明白指出[2]。

近年來心理學與政治學的接近,已開闢了一種有趣味的研究之新園地,哲學上的實用主義已應用到政治學說上,而政治學說與經濟學說的關聯也已更爲密切。各種修正的社會主義學說與

1 Anthropogeographie (1909-12); Der Staat und sein Boden (1897); Politische Geographie (1903)。

2 G. J. DeGreef 的 La Structure générale des sociétés 第二部 (1907-8); E. C. Semple 的 Influences of Geographic Environment (1911); E. Huntington 的 Climate and Civilization (1915); World Power and Evolution (1919); H. J. Mackinder 的 Democratic Ideals and Reality (1919); A. R. Cowan 的 Master Clues in World History (1914); J. Fairgrieve 的 Geography and World Power (1915); F. J. Turner 的 The Frontier in American History (1920); J. Brunhes 和 C. Vallaux 的 La géographie de l'histoire (1921)。

多元主權論都很佔勢力。對於萬能的國家的一種堅強的反動,日益顯著;一般人所要求的是分權制與代表制的新基礎;政治上的種種非理性的勢力亦受人注意而加以研究,就國際關係方面的學說而言,則關於民族主義,帝國主義,國際主義的各種突衝的學說,都各有其強有力的擁護者。

在目前,一般學者都注意政治學上有系統有組織的高深研究的工作,大率都以比較的和統計的研究爲根據。

從事於這種研究工作的,有立法的和市政的訪問機關,有各種委員會和各種行政機關,其所研究的,特別注重於教育,租稅,和行政的組織等問題。人類學,心理學,經濟學各方面之應用統計學,也多有關於政治問題的探討。這種研究法的日趨發展,實爲政治思想開了一個很有希望的門戶。

(二)現代思想的趨勢

過去二十五年間的政治學說最明顯的一種特色,即是牠的"創生的觀點",及其與政治現象之社會的,經濟的,和心理的背景的密切關係。各時代有名的學者,原本多少都灼見這種態度的必要。

亞里士多德注意政治上的心理因子與經濟因了。馬克維尼曾將領袖術作一種心理學的研究;奧色斯把團體看作社會生活與政治生活的基礎;赫林頓(Harrington)指出政治活動中財產與智力的重要。孟德斯鳩承認法律應與社會情形相符合。哈密爾敦(Hamilton)以爲政治學的原料不是腐朽的羊皮紙而是人類天性的事實。賈爾洪(Calhoun)分析財產爲決定人羣團結的勢力,力謂代議政府應重視各種基本的利益團體。

但是在十九世紀的時候,法律家對於政治的理論和實際實有無上的影響。一種抽象的形而上的和法理的探討,支配着當時的政治思想。黑格爾辯證法的觀念,奧斯丁派的分析法學以及絕對主權與法律人格的國家論,都很佔勢力。現代政治思想觀點之擴大,大率係浸潤於達爾文生物學,機能派心理學,與很多社會學家[1]學說的結果。

1 把社會的學的貢獻應用於政治學說的名著見:Ludwig Stein 的 Die soziale Frage im Lichte der Philosophie (新版本,1923); H. E. Barnes 的 Sociology and Political Theory (1923)。研究社會情形與政府形式的關係的見: F. H. Giddings 的 The Responsible State (1918). 研究人類進步情形的見: A. J. Todd 的 Theories of Social Progress (1918)。

狄驥(Duguit),葛拉布Krabbe),滂德(Pound),夫壘因德(Freund),戈德諾(Goodnow)等所代表的新派法學家,都現出新時代趨勢的影響,現代政治學家的主張,與法理政治說之以國家為警察集體者不同,他們以為建設的社會立法,是一種促進社會進步有價值的工具。[1]

現代政治思想表示一種極強的反知識主義的趨勢,這正是對於前世紀唯理主義與空論的樂觀主義的一種反動。這種趨勢在各種激烈的運動中,如工團主義等,都表示得很明白,他們不相信知識階級,而相信別的勢力儘能夠造成完美的國家。這也可說是守舊主義的觀點,不贊成理論與學說,而相信情感與古訓。

當代政治學說還有一種特色,就是攻擊國家并設法限制國家的活動。從一方面看來,這是對於十九世紀後半期政府的職能之無量擴大,與廣大的官僚行政之創立的一種反動,它又是反對黑格爾的國家神聖的觀念和馬克斯的國家社會

1 F. J. Goodnow 的 Social Reform and the Constitution (1911); E. Freund 的 Standards of American Legislation (1917); W. J. Brown 的 The Underlying Principles of Modern Legislation (1914),

主義學說的一種表象。但從其背面看來,牠實是從前天賦權利說的迴光反照。這種思想又受到國際主義者的擁護,國際主義者激烈地反對民族主義的,軍國主義的,和帝國主義的獨立的與對外主權的國家說。國際主義者主張創立世界組織的機關,掌管關於國際間共同利害的職務以限制國家。對於國家內部的攻擊,則有各種不同的形式,但均有把國家的權力縮小而把其他團體的地位抬高的傾向。歷史家如戚克(Gierke),梅得蘭(Maitland),費其斯(Figgis)等在政治制度和政治學說的發展中,找出一種反對國家的絕對主權的論據。社會主義者如柯爾(Cole),主張根據於職能的社會組織,和多元的主權的概念,心理學家,則重視人類的慾望與動機之複雜,也不信任單一組織的價值。其餘如法理學說,經濟學說,心理學說,大率都攻擊國家主權的概念而主張地方分權和國家內部非政治團體應維持其獨立生存的權利。

政治學說的本質是需要極大的調和的。其根本的問題是:國家應受何人統治與國家應舉辦何事。極端的民主政體與極端的專制政體,和極端的個人主義與極端的國家社會主義,兩者各趨極端,其間似乎應有一種調劑。現代的學說對於兩方面的問題却顯出相反的趨向。一方面是要求人民管理國家,這種要求表示於各種運動中,如要求擴大選舉權,改世襲制爲民選制,民選的代議的立法機關之權力日益擴大,以及用創制制複決制以達到民衆立法的目的。他方面則重視效能,要求專門的政治人才,這種趨向可見之於政府的添用專家,民政方面之互競的文官考試,行政上責任集中的趨勢,以及短期選舉制,市經理制,和行政委員,行政顧問之委任等運動中。直接統治的民主政治和行政上的效能合而爲一似乎是調和的一般方向了。不過,現代心理學的應用於政治學,遂使一般的注意都引向民主政治,政黨,和政治領袖的實際性質方面了。[1]

國家職能的學說也有種種歧異的傾向。在現代思想裏面,個人主義與社會主義的運動,兩者都很有勢力。在有幾方面,國家的權力是伸張了,但在另幾方面,國家的權力却是被減輕或竟完全

1 說明現代心理的政治思想之反民主趨向見: W. McDougall 的 Is America Safe for Democracy? (1921); G. Le Bon 的 The Crowd (1907); W. Lippmann 的 Public Opinion (1922)。

取消了。無政府主義與國家社會主義,即代表兩種相反的極端。在兩者之間,有各種不同的調和,與各種不同的意見,如國家應該怎樣組織,國家的職權應限於何種特殊的事業,都沒有一致的論調。學者如季定思(Giddings),華特(Ward),霍布浩(Hobhouse),司坦因(Ludwig Stein)輩,都把國家當作最高的社會制度,側重國家的權力,以爲國家是社會進步之首要的機關。在他方面則有涂爾幹(Durkheim),行政的工團主義者,和基爾特社會主義者,卻尋求國家以外的機關來救治現社會的弊病。調劑國家及國家內部有力團體間的職能似乎是對診服藥了。

在國際學說方面也有同樣的矛盾。一方面有一種側重民族精神與愛國主義的趨勢,希望同化外來民族,擴大國界,伸張帝國主義的主權以擴充經濟勢力於弱小民族的國土。他方面則承認政治疆域與人類實際利益的不相符合,而竭力要求國際的組織與國際的統轄。這個問題之唯一的解決似乎是祇有採取兩者的折衷,聯邦主義了。

政治思想上的根本問題,大半和兩千年前的問題沒有什麼差別。幾千年來,一般人所採取的政體分類法是大同小異的,卽把政體分作君主政體,貴族政體,和民主政體,再加上一種混合的政體。古代的世界,酷信貴族政體,中古及近代之初,歡迎君主政體;現代則贊成民主政體。階級區別的消滅,把國家與政府在理論上加以分別,代議制與聯邦制之創立,都是關於民主主義方面政治思想的發展的重要貢獻。現在對於代議制基礎的修正,國家領土單位的改組,民治與善政的聯合,在政治思想上都有開新紀元的重要。

對於政治權力的辯護和主權與自由的調劑,也都受到各時代思想家的注意。希臘人相信城市國家這一種社會是自然的與合理的單位,祇有在城市國家裏面,個人才能有充分的發展與自由。所以國家的權力是無限的,無可致疑的。後來,愛璧鳩魯派獨重個人;斯多亞派則重自然與自然法,重世界不重城市。羅馬採取世界大同的觀念與自然法的信仰,而又補充以來自羅馬人民的無限權力的理論。基督教與條頓民族重新恢復了個人主義的觀念;同時他們把自然法則與上帝意志合在一起,而又把強有力的神命加之於教會和國家的權力上。統治者以神權治國。及至中世紀時自然法之說又行恢復,於是重視人類之自然的自由與平等。於是神權說又復失勢;以理智爲解釋的自然,遂成了政府與權力的泉源。自然權利乃成爲十八世紀個人主義學說的基礎,其結果,便成了一種強大的無政府趨勢。十九世紀又丟棄了自然法的信仰而想找出一個統治的新基礎,想在專制權力與無限的個人自由的無政府之間尋求一個折衷的立場。理智,道德的必要,歷史的進化,民族的統一,和社會有機體的性質,都成爲相當地限制完全自由的合理的根據。

現代社會生活的複雜,使政治學說的事業更形困難。環境變更的飛速,常使政治的實際事實和政治制度所依據的理論發生差異。[1] 但是這種事實使政治學說比以前更有價值更切需要了。如果政治學說得到了絕對的眞理,完全合乎政治生活的一切事實的話,那末政治學說就得命歸陰曹了。"政治學說是隨着人事之不定而生長的;政治學說是隨着其本身不斷地解釋政治現象而不能得到圓滿的結果而生長的"。[2]

1 見 C. A. Beard 的 "Political Science in the Crucible," 發表於 The New Republic, Nov. 7, 1917.

2 E. Barker 的 Political Thought in England from Herbert Spencer to the Present Day, 251.

的自然法之說久行廢棄,於是重視人類之自然的自由與平等。於是神權說又復生,以法律為解釋的自然權成了政治中權力的來源。自然權利乃成為十八世紀個人主義學說的基礎,結果更成了一種強大的革命的勢力。十九世紀又丟了自然法的信仰而想找出一個統治的新基礎,想在專制權力與無組織的個人自由的無政府之間求一個折衷的立場。理智道德的必要,歷史的進化,民族的統一,和社會有機體的性質,都成為出現限制完全自由的合理的根據。

現代社會生活的複雜,使政治學說的講述更形困難。指摘變更的狀況,俾現政治的機關與其和政治制度所依據的理論發生矛盾[1]。但是這種複雜使政治學說比以前更有價值,更切需要了。如果政治學說得到了經驗的實證,完全符合政治生活的一切事實的話,那末政治學說就將會歸於無用了。"政治學說是隨着人事之不定而生長的;政治學說是隨着基本上不能適應於政治現象的不能得到圓滿的解答而生長的"[2]

1 見 C. A. Beard 著 "Political Science in the Crucible" 載於 The New Republic, Nov. 17, 1917.

2 E. Barker 著 Political Thought in England from Herbert Spencer to the Present Day, 251.

索　引

A

Adams, C. F., 亞當姆斯,330.
Adams, J., 約翰亞丹,70,86,89,144,146,147,209.
Adams, S., 撒母亞丹,89.
Ahrens, H., 阿棱斯,273.
Althusius, J., 奥色斯,15,88,270,385,447.
Aristotle 亞里士多德,7,13,27,114,130,333,447.
Arnold,M., 亞諾德,240.
Austin, J., 奥斯丁,72,167,170,176,177,178,179,180,187,195,197,209,253,261,262,398,402,444,447.

B

Bacon, F., 倍根,4.
Bagehot, W., 白芝浩,334,360,361,362,367.
Bain, A., 倍因,167.
Bakunin, M., 巴枯寧,236,245,416,420,421.
Baldwin, J. M., 包德溫,377.
Barlow, J., 白樓,203.
Bebel, A., 倍倍爾,411.
Beccaria, C., 白加烈,55,61,64,65,66,168,170,171,172,173,174,175,176,180,182,255.

Bechers, J. J., 白秀士,33.

Bellamy, E., 白拉米,232.

Belloc, H., 白樂克,393,429,431.

Bentham, J., 邊沁,45,61,65,67,72,74,1/1,117,143,167,168,169,234,262,341,415,416,443

Bentley, A. F., 本特力,336,376,393,397.

Berger, V. L., 柏爾琪,417.

Bergson, H., 柏格遜,423.

Bernhardi, 本哈策,332.

Berth, E., 白絲,426.

Behsthélemy, N., 盤得蘭美,389.

Besant, Mrs. A., 培成夫人,414.

Blackstone, Sir W., 布拉克斯登,64,67,69,70,71,72,89,111,169,252.

Blanc, L., 白朗,234,235,241.

Bland, R., 布蘭德,86.

Bluntschli, J. K., 伯倫智理,142,277,278,316,321.

Bodin, J., 布丹,3,7,12,13,19,177,185,251,209,398,445.

Boisguilbert, P., 布哇斯基伯 35.

Bolingbroke, Viscount, 包林布羅克,4,68,104.

Bonald, Marguis de, 波那爾 07,142,149,151,152.

Bosanguet, B., 鮑生葵,130,133.

Bossuet, J., 鮑煦,150.

Boucher, J., 部社,91.

Bradley, F. H., 布拉得烈,130,133.

Bright, J., 布萊特,45,167

Brougham, 布魯安,167.

Brown, J., 布朗,67,75.

Bryce, J., 蒲萊斯,264.

Bucharin, N., 布哈林,435.

Buchez, P. J., 蒲沙,238,429.

Buckle, H. T., 柏格爾,183,445.

Bülow, Prince von, 菩羅,333.

Burgess, J. W., 柏哲士,223,265,266,267,321,322.

Burke, E., 白克,67,70,76,103,104,105,106,107,108,110,117,141,142,164,165,209,252,260.

Butler, N. M., 白脫洛,223.

Butler, S., 蒲脫勒,232.

C

Cabet, E., 卡倍,231,232.

Calhoun, J. C., 賈爾洪,206,207,264,302,303,308,321,323,447.

Campanella, T., 康帕內拉,224.

Cantillon, R., 闞梯龍,35.

Carlyle, A. J., 卡萊爾,239,328.

Catherine II, 加塞林第二,38,54.

Cato, 加賓,59.

Cavour, 喀富爾,319.

Chalmers, T., 雀爾謀斯,156.

Charles II, 查理士第三,54.

Chastellux, Chavalier de, 薛佛萊,62.

Chesterton, C., 雀斯脫頓,429.

Chevalier, M., 瑟發雷,241.

Child, J., 蔡爾德,32,40.

Chipman, N., 契浦曼,300.

Cicero, 謝塞盧,269.

Clansewitz, 克勞則維次,332.

Clay, H., 克雷,206.

Cobbett, 科柏特,167.

Codben, R., 柯柏登,45,167,327.

Colbert, J., 柯爾貝,32,34.

Cole, G. D. H., 柯爾,366,392,429,430,449.

Coleridge, 哥爾利治,283.

Comte, A., 孔德,142,182,245,246,252,278,279,280,281,282,356,367,372,444.

Condorcet, Marguis de, 龔多瑟,48,63,94,99,100,101,279.

Constant, B., 孔斯通,197,198.

Conway, M., 昆威,366.

Cooley, C. H., 柯利,374,375.

Cousin, V., 柯常,169,197.

Cruce, E., 克路司,339.

Cumberland, R., 昆布蘭,163.

D

Dahlmann, F. C., 達爾曼,319,321.

Dante, 但丁,337.

D'Alembert, 達蘭貝耳,5.

D'Argenson, Marguis, 阿根生,4,63.

Daries, J. G., 達利士,34.

Darwin, C., 達爾文, 49, 181, 221, 244, 253, 286, 331, 445, 447.

Debs, E. V., 丹白, 417.

De Greef, G., 德格利夫, 360.

De Lolme, J. L., 得羅爾謨, 67, 72, 73.

Descartes, 笛卡兒, 35.

Dicey, A. V., 戴雪, 263.

Dickens, C., 狄更司, 239.

Dickinson, J., 笛肯生, 89.

Diderot, 狄德羅, 5, 41, 63.

Donisthorpe, W., 頓尼棱柏, 222.

Dove, P., 多甫, 412.

Duguit, L., 狄驥, 386, 388, 389, 390, 391, 392, 448.

Dumont, É., 杜寧, 173, 389.

Durkheim, É., 涂爾幹, 367, 369, 370, 397, 451.

E

Eichhorn, 愛喜渾, 256.

Ellwood, C. A., 愛爾烏德, 374, 376.

Esmein, J. P., 愛士曼, 200, 387.

F

Fénelon, 芳來倫, 3, 35, 168.

Ferguson, A., 費古生, 41, 68, 69, 116.

Fichte, J., 斐希特, 22, 23, 118, 121, 122, 123, 124, 127, 128, 141, 242, 272, 321, 322, 331.

Figgis, J. N., 費其斯, 263, 386, 391, 449.

Filangieri, G., 飛蘭哲里,55,65,66.
Filmer, Sir R., 非莫,91.
Fiske J., 費士克,330.
Follett, M. P., 福來德,376,393.
Ford, H. J., 福特,287.
Fouillée, A., 富伊也,278,289,290,360.
Fourier, C., 傅利葉,230,231,232.
Fox, C. J., 福克司,107.
Franklin, B., 傅蘭克林,38,94.
Frantz, C., 佛蘭芝,277,290.
Fredrick the Great, 腓特烈大帝,32,54,55,56.
Freeman, E. A., 佛禮門,263.
Freud. S., 弗洛特,359.
Freund, 夫曼因德,448.

G

George III, 喬治第三,40,51,66,67,73,79,103,104.
George, H., 亨利喬治,413.
Gerber, 格盤,387.
Giddings, F. H., 季定思,330,374,451.
Gierke, O., 戚克,263,360,385,386,449.
Gladstone, W. E., 格蘭斯頓,327.
Godwin, W., 高德文,47,107,109,110,111,165,230,417.
Goltz, von der, 哥爾支,332.
Goodnow, 戈德諾,448.
Görres, J. von, 革勒斯,274.
Gournay, J. de, 顧爾奈,327.

Grave, J., 格拉物, 421.

Green, T. H., 格林, 130, 132, 133.

Grègoire, P., 格里瓜, 82, 100.

Grote, G., 格老特, 167.

Grotius, 格老秀士, 15, 17, 41, 84, 270, 339, 442.

Guizot, F. P., 基佐, 196, 197.

Gumplowicz, L., 甘柏老維許, 335, 336, 376, 396.

Gustavus III, 巨思泰第三, 38.

H

Haenel, A., 海內爾, 307.

Haller, L. von, 哈勒, 142, 153, 154, 246.

Hamilton, A., 哈密爾敦, 144, 147, 209, 317, 447.

Hare, T., 哈爾.

Harrington, J., 赫林頓, 13, 27, 84, 224, 447.

Hauriou, M., 歐利烏, 389.

Haywood, W. H., 海胡特, 426.

Hegel, G. W. F., 黑格兒, 22, 107, 116, 118, 124, 125, 126, 127, 128, 131, 133, 141, 242, 245, 246, 253, 272, 322, 331, 356, 418, 420, 447, 448.

Helvetius, C., 赫威秀士, 59, 60, 61, 63, 168, 175.

Henry, P., 亨利, 86, 317.

Hitze, F., 海慈, 429.

Hobbes, T., 浩布思, 15, 17, 18, 19, 21, 22, 23, 60, 177, 197, 270, 356, 398, 443.

Hobhouse, L. T., 霍布浩, 167, 287, 328, 366, 451.

Hobson, J. A., 霍伯生, 327.

Hobson, S. G., 霍布孫,392,429,430.
Holbach, P. D., 虎而培,59,61,62,63,117.
Hopkins, S., 霍布金,86.
Hotman, F., 霍脫門,251.
Howard, J., 豪華德,65,172.
Howells, W. D., 豪惠爾,232.
Hugo, G. von, 于谷,177,256.
Huxley, T., 赫胥黎,286.
Humboldt, W. von, 洪保德,118,128,129,185,220.
Hume, D., 休謨,14,34,41,68,70,72,116,143.
Hutcheson, F., 哈其生,41,163.
Hyndman, H. M., 海德曼,413.

I

Ihering, R. von, 耶令,259,334,387.

J

Jackson, A., 傑克孫,205,206,207,222.
Jefferson, T., 哲斐孫,20,22,24,89,144,148,202,203,
204,222,302,317.
Jellinek, G., 耶律芮克,259,334,387.
John of Salisbury, 斉利斯布里的約翰,270.
Joseph II, 約瑟第二,38,54,55.
Jung, C. G., 容,359.
Justi, 尤士惕,34.

K

Kameneff, L., 加孟納夫,435.
Kant, I., 康德, 22,23,118,119,120,121,123,124,128,131,141,271,341.
Kautsky, K., 考茨基,412.
Keble, 凱勃爾,157.
Ketteiler, von, 克脫拉,429.
Kidd, B., 克德,286,328.
Kingsley, C., 金斯黎,236,239.
Kipling, R., 吉百令,328.
Kossuth, L., 噶蘇士,319,321.
Krabbe, H., 葛拉布,390,391,448.
Krause, K. C., 葛勞士,273.
Kropotkin, Prince, 克魯泡特金,236,420,421,423.

L

Laband, P., 拉龐德,307.
Laboulaye, 拉波雷,220.
Ladd, W., 拉德342.
Lafayette, 拉發夷脫,94,100.
Lagardelle, H., 拉格特爾,426.
Lamartine, 拉馬丁,319.
Lamernais, R. de, 拉梅內,149,152,238,252.
Lamprecht, K., 郎潑雷智,335.
Laski, H. J., 拉士奇,387,391,392.
Lassalle, F., 拉薩爾,241,242,243411.
Lazarus, 拉薩魯,357.
Lea, H., 李歐,335.

Le Bon, G., 黎朋,367,370.

Lenin, N., 列寧,435.

Le Play, F., 來柏婁,238.

Leroy-Beaulieu, 李拉波里歐,220.

Levellers, 尼微拉,184.

Levy-Bruhl, L., 萊維柏魯,371.

Lieber, F., 利伯,207,208,264,265,304,321.

Liebknecht, 李普克尼希,411.

Lilienfeld, P. von, 李林佛爾達,276,288.

Lippmann, W., 立普門, 377.

List, F., 李斯特,241,332.

Locke, J., 洛克,3,4,7,11,14,15,17,18,19,22,23,28,34-35,41,60,61,62,67,70,71,75,84,92,116,129,443.

Lorimer, J., 勞立麥,243.

Louis, P., 路易,426.

Louis, Philippe. 路易腓力,198,235.

Lowell, A. L., 羅威爾,266,377.

Lycurgus, 李克格士,59,66.

M

McDougall, W., 麥獨孤,363,364.

Mckechnie, W. S., 麥凱尼,287.

Mckinley, W., 麥堅尼,329.

Mably, G. de, 馬百里,58,59,63,94.

Machiavelli, N., 馬克維尼,10,13,27,57,59,214,316,-325,333,359,442,447.

Maciver, R. M., 麥闓佛,365, 366.

Mackenzie, J. S., 麥鑑齊,287.

Mackintosh, J., 瑪金叨斯,107.

Madison, J., 馬狄孫,24,173,302.

Maeztu, R. de, 梅慈都,390.

Maine, Sir H., 梅茵,252,253,255,259,260,261,262,-273,356,361,362.

Maistre, J. de, 麥斯特,107,142,149,150,151,152,153,-252.

Maitland, F. W., 梅得蘭,261,263,360,385,386,449.

Malouet, 馬洛伊,100.

Malthus, T. R., 馬爾薩斯,46,47,48,49.

Marshall, J., 馬錫爾,202.

Marsiglio, 馬獻僚,207.

Marx, K., 馬克思,225,243,244,245,395,409,412,-413,415,416,417,423,431,434,441,448.

Masaryk, 馬沙立克,320.

Maurenbrecher, R., 毛倫白利加,154.

Maurice, F. D., 摩里士,237.

Mazzini, 瑪志尼,235,319,321.

Merriam, C. E., 麥利恩,377.

Meyer, G., 邁葉,307.

Michel, 米霅爾,220.

Michels, R., 米昔思,371,372.

Mill, J., 密爾,45,129,143,167,175,176,177,241,415,-443.

Mill, J. S., 斯圖脫密爾,49,167,181,182,183,184,-1851,86,221,413.

Milton, J., 彌爾敦,84,129,202.

Mirabeau, 彌拉波,9,,100,173,185.

Monroe Doctrine, 孟祿主義,148.

Montesguieu, 孟德斯鳩,1,3,6,7,8,9,10,11,12,13,15,-16,19,20,22,24,42,47,54,56,57,61,63,65,66,67,-68,70,75,85,90,101,104,145,150,199,251,279,390,-445,447.

More, Sir T., 謨耳,110,224.

Morelly, 莫雷里,58,59,224.

Morris, W., 莫理斯,232,413,430.

Most, J., 莫司脫,419,420.

Mulford, E., 姆爾復,321,323.

Mun, A. de, 特孟,429.

Mun, T., 穆恩,31.

N

Necker, 芮克,81.

Nemours, D. de, 奈穆耳,37.

Newman, J, H., 牛曼,157,158.

Newton, I., 牛頓,4.

Niebuhr, 聶盤,256.

Nietzsche, 尼采,236,332,416,423.

North, D., 諾思 32,40.

O

O'Connell, 奧康納爾,321.

Oppenheimer, F., 奧本海末爾,336,397.

Orage, A. R., 奥拉旗, 4 9.
Otis, J., 奥替斯, 86, 68, 89.
Owen, R., 歐文, 226, 227, 228, 231, 233.

P

Paine, T., 佩因, 89, 90, 101, 107, 108, 110, 165, 317.
Palacky, 柏拉歧, 321.
Pearson, K., 皮爾孫, 335.
Penn, W., 威廉丕亨, 66, 339.
Penty, A. J., 潘梯, 429.
Petty, Sir W., 白退, 31, 68.
Pitt, W., 畢特, 44.
Plato, 柏拉圖, 7, 110, 114, 130, 224, 239, 269.
Pollock, F., 波洛克, 261.
Polybius, 鮑里貝士, 251.
Potter, B., 樸特, 414.
Pound, R., 滂德, 391, 448.
Price, R., 潑徠斯, 74, 75, 94.
Priestley, J., 普利斯特利, 74, 75, 168.
Proudhon, P. J., 蒲魯東, 235, 236, 242, 243, 395, 415, 416, 417, 419, 420, 421, 422.
Pufendorf, S., 蒲芬道夫, 14, 17, 41, 70, 84, 270.
Pusey, 卜賽, 157.

Q

Quesnay, F., 魁斯奈, 37, 41, 63.

R

Ranke, L. von, 蘭克, 258.

Ratzel, F., 賴竇爾, 445.

Ratzenhofer, G., 賴仁虎夫, 335, 336, 376, 396.

Reade, C., 里德, 239.

Reclus, É., 邵可侶, 236, 421.

Renan, E., 勒腦, 321, 323.

Rhodes, C., 羅德斯, 328.

Ricardo, D., 李嘉圖, 167, 243.

Ritchie, D. G., 立契, 287.

Ritter, K., 利試, 445.

Rivers, W. H. R., 立浮士, 336.

Riviere, M. de la, 厲佛爾, 37, 55, 63.

Rodbertus, J. K., 羅特伯特士, 225, 241, 242.

Rohrbach, P., 羅爾波, 333.

Romilly, 綸密力, 167.

Roscher, W., 羅協, 259.

Ross, E. A., 洛斯, 374, 375.

Rousseau, J. J., 盧梭, 1, 3, 5, 13, 15, 16, 17, 18, 19, 20, 21, 22, 23, 28, 35, 55, 57, 58, 59, 60, 61, 63, 67, 73, 74, 85, 98, 99, 101, 116, 117, 130, 177, 197, 209, 234, 255, 270, 340, 356, 383.

Royer-Collard, 路瓦野可拉, 196.

Ruskin, J, 羅斯金, 239.

S

St. Pierre, Abbé de, 聖皮耳, 4, 340.

Saint-Simon, H. de, 聖西門, 228, 229, 230, 231, 242, 246,-

252,279,281.

Savigny, F. K, von, 薩維尼,107,141,252,255,256,257,-
258,260,321,322.

Schäffle, A., 謝富勒,142,279,288,290.

Schelling, F. W. J., 色林,27.

Schmithenner, F. J., 斯密海納,273.

Schurz, C., 叔耳次,330.

Seeley, J. R., 席黎,263、328.

Serra, 塞拉,31.

Seydel, 賽達爾,308.

Shaw, G. B., 蕭伯納,414.

Shelley, 雪萊,110,111.

Sidgwick, H. 薛知微,222,263.

Siéyés, Abbé, 西耶士,97,68,100,101,102.

Sighele, S., 西葛,271.

Sismondi, J. de, 西斯孟迪,225,226,241,242.

Smith, A., 亞丹斯密,31,34,38,40,41,42,43,44,45,-
46,47,68,74,171,185,241,243,443.

Smith, B., 斯密司,222.

Solon, 梭倫,59,66.

Sombart, W., 桑巴德,332.

Sorel, G., 沙雷爾,426.

Sparta, 斯巴達,59,223.

Spence, T., 斯賓士,412,413.

Spencer, H., 斯賓塞,129,142,181,220,221,246,278,-
282,283,284,285,290,362,372,413,443,444.

Spengler, O., 斯賓格雷,334.

Stahl, F. J., 史推爾,142,155,316,323.
Stein, L. von, 司坦因,245,246,451.
Steiner, R., 斯泰湼,393.
Steinhal, 司太恩推,357.
Steinmetz, S. R., 斯泰因麥兹,335.
Stephen, L., 史梯芬,260,287.
Stirner, M., 斯丁納,236,418,419,421.
Story, J., 斯託立,207,304.
Sumner, W. G., 孫末楠,223,330,335,373.
Sydney, A., 西特尼,84 185,204.
Szechenyi, 塞海意,321.

T

Taine, H. A., 戴因,175,220.
Tarde, G., 閩德,367,368.
Taylor, J., 泰斐,203.
Thompson, W. 湯姆生,227,243.
Tocgueville, A. de, 杜格維,199,210,220,300,301,306.
Tolstoi, L., 託爾斯泰,236,421.
Treitschke, H. von, 脫雷斯克,333.
Trotter, W., 屈老忒,364.
Trotzky, L., 托洛斯基,435.
Tucker, B., 屠克爾,419.
Tucker, H. St. G., 脫加,203,302.
Tucker, J., 塔克爾,41,45,75.
Turgot, J., 杜爾閣,37,38,41,46,55,81,94.

V

Vaccaro, M. A., 范加羅,393.
Vauban,, 佛班,35.
Vattel, E. de, 華德爾,84.
Veblen, T., 韋伯倫,377.
Venizelos, 凡尼思羅斯,320.
Vico, G., 斐柯,251.
Volgraff, K., 伏爾格拉夫,276.
Voltaire, 福耳特耳,4,5,16,55,63,67,129.
von Horrig, 郝尼格,34.

W

Waitz, G., 瓦慈,306,316,319,334.
Wallace, A. R., 華勒斯,413.
Wallas, G., 華拉士,232,362,363 377,393.
Walpole, Sir R., 華頗,40,67,79.
Ward, L. F., 華德,372,373,375,451.
Warren, J., 華倫,419.
Webb, S., 韋白,414.
Webster, D., 韋白斯特,206,301.
Wells, H. G., 威爾士,232.
Wilkes, J., 尉爾克斯,73.
Williams, J. M., 威廉,376.
Willoughby, W. W., 韋羅貝,209.
Wilson, J., 詹姆斯威爾遜,86,89.
Wilson, W., 威爾遜,266,320.
Worms, R., 吳母斯,278,289.
Wundt, W., 馮德,357.

Z

Zacharia, K., 紥卡利,276,290.

漢英人名對照表

二

卜賽, Pusey.

三

凡尼思魯斯, Venizelos.

于谷, Hugo, G. von

四

孔德, Comte, A.

孔斯通, Constant, B.

牛曼, Newman, J. H.

牛頓, Newtou, I.

巴枯寧, Bakunin, M.

丹白, Debs, E. V.

夫壘因德, Freund.

戈濂諾, Goodnow.

尤士锡, Justi.

毛倫白利加, Maurenbrecher, R.

瓦慈, Waitz, G.

五

白芝浩, Bagehot, W.

白樓, Barlow, J.

白加烈, Beccaria, C.

白秀士, Bechers, J. J.

白拉米, Bellamy, E.

白樂克, Belloc, H.

白絲, Berth, E.

白朗, Blanc, L.

白克, Burke, E.

白脫洛, Butler, N. M.

白退, Petty, Sir W.

布拉克斯登, Blackstone, Sir W.

布蘭德, Bland, R.

布丹, Bodin, J.

布哇斯基伯, Boisguilbert, P.

布拉得烈, Bradley, F. H.

布萊特, Bright, J.

布魯安, Brougham.

布朗, Brown, J.

布哈林, Bucharin, N.
加塞林第二, Catherine II.
加孟納夫, Kameneff, L.
加圖, Cato.
本特力, Bentley, A. F.
本哈篤, Bernhardi.
卡倍, Cabet, E.
卡萊爾, Carlyle, A. J.
立普門, Lippmann, W.
立浮士, Rivers, W. H. R.
史梯芬, Stephen, L.
史推爾, Stahl, F. J.
尼采, Nietzsche.
尼微拉, Levellers.
司坦因, Stein, L. von.
司太恩推, Steinhal.
包林布羅克, Bolingbroke, Viscount.
包德溫, Baldwin, J. M.
皮爾孫, Pearson, K.
弗洛特, Freud, S.
甘柏老維許, Gumplowicz, L
巨思泰第三, Gustavus III.

六

西耶士, Siéyés, Abbé.
西葛, Sighele, S.
西斯孟迪, Sismondi, J. de.
西特尼, Sydney, A.
米雪爾, Michel.
米昔思, Michels, R.
休謨, Hume, D.
考茨基, Kautsky, K.
吉百令, Kipling, R.
列寧, Lenin, N.
色林, Schelling, F. W. J.
托洛斯基, Trotzky, L.
伏爾格拉夫, Volgraff, K.
多甫, DoveP.

七

克勞則維次, Clansewitz.
克雷, Clay, H.
克路司, Cruce, E.
克脫拉, Ketteiler, von.
克德, Kidd, B.
克魯泡特金, Kropotkin, Prince.
李歐, Lea, H..
李拉波里歐, Leroy-Beaulieu.
李嘉圖, Ricardo, D.
李普克尼希, Liebknecht.
李林佛爾達, Lilienfeld, P. von.
李斯特, List, F.

李克格士，Lycurgus,
狄更司，Dickens, C.
狄德羅，Diderot.
狄驥，Duguit, L.
杜寧，Dumont, É.
杜格維，Tocgueville, A de.
杜爾閣，Turgot, J.
里德，Reade, C.
利伯，Lieber, F.
利試，Ritter, K.
佛班，Vauban.
佛禮門，Freeman, E. A.
伯倫智理，Bluntschli, J. K.
但丁，Dante.
吳母斯，Worms, R.
邵可侶，Reclus, É.
沙雷爾，Sorel, G.

八

拉龐德，Laband, P.
拉波雷，Laboulaye.
拉德，Ladd, W.
拉發夷脫，Lafayette.
拉格特爾，Lagardelle, H.
拉馬丁，Lamartine.
拉梅內，Lamennais, R. de.
拉士奇，Laski, H. J.
拉薩爾，Lassalle, F.
拉薩魯，Lazarus.
亞丹斯密，Smith, A.
亞當姆斯，Adams, C.
亞里士多德，Aristotles.
亞諾德，Arnold, M.
阿梭斯，Ahrens, H.
阿根生，D'Argenson, M.
耶令，Ihering, R. von,
耶律芮克，Jellinek, G.
孟祿主義，Monroe Doctrine.
孟德斯鳩，Montesguieu.
波洛克，Pollock, F.
波那爾，Bonald, Marguis de. M.
芳來倫，Fénelon.
非莫，Filmer, Sir R.
季定思，Giddings, F. H.
亨利，Henry, P.
虎而培，Holbach, P. D.
金斯黎，Kingsley, C.
郎潑雷智，Lamprecht, K.
來柏婁，Le Play, F.
姆爾復，Mulford, E.
芮克，Necker.
奈穆耳，Nemours, D. de,

佩因，Paine，T.
屈老忒，Trotter，W.

九

柯柏登，Codben，R.
柯爾貝，Colbert，J.
柯爾，Cole，G. D. H.
柯利，Cooley，C. H.
柯常，Cousin，V.
柏拉圖，Plato.
柏拉歧，Palacky.
柏爾琪，Berger，V. L.
柏格遜，Bergson，H.
柏哲士，Burgess，J. W.
哈勒，Haller，L. von.
哈密爾敦，Hamilton，A.
哈爾，Hare，T.
哈其生，Hutchson，F.
威爾士，Wells，H. G.
威廉丕亨，Penn，W.
威廉，Williams，J. M.
威爾遜，Wilson，W.
約翰亞丹，Adams，J.
約翰 John of Salisbury.
約瑟第二，Joseph II.
科柏特，Cobbett.
洪保德，Humboldt，W. von.
昆布蘭，Cumberland，R.
飛蘭哲里，Filangieri，G.
革勒斯，Görres，J. von.
洛克，Locke，J.
郝尼格，von Hornig.
查理士第二，Charles II.
契浦曼，Chipman，N.

十

馬百里，Mably，G. de.
馬克維尼，Machiavelli，N.
馬狄孫，Madison，J.
馬洛伊，Malouet.
馬爾薩斯，Malthus，T. R.
馬鍚爾，Marshall，J.
馬獻僚，Marsiglio.
馬克思，Marx，K.
馬沙立克，Masaryk.
格拉物，Grave，J.
格林，Green，T. H.
格里瓜，Grègoire，P.
格老特，Grote，G.
格老秀士，Grotius，
格盤，Gerber.
格蘭斯頓，Gladstone，W. E.
海內爾，Haenel，A.
海胡特，Haywood，W. H.

海慈, Hitze, F.
海德曼, Hyndman, H. M.
韋伯倫, Veblen, T.
韋羅貝, Willoughby, W. W.
韋白, Webb, S.
韋白斯特, Webster, D.
倍根, Bacon, F.
倍因, Bain, A.
倍倍爾, Bebel, A.
哥爾支, Goltz, von der.
哥爾利治, Coleridge.
浩布思, Hobbes, T.
孫末楠, Sumnes, W. G.
託爾斯泰, Tolstoi, L.
范加羅, Vaccaro, M. A.
高德文, Godwin, W.
部社, Boucher, J.
涂爾幹, Durkheim, É.
特孟, Mun, A. de.
桑巴德, Sombart, W.
哲斐孫, Jefferson, T.
容, Jung, C. G.

十一

麥獨孤, McDongall, W.
麥凱尼, Mckechnie, W. S.
麥堅尼, Mckinley, W.
麥開佛, Maciver, R. M.
麥鑑齊, Mackenzie, J. S.
麥斯特, Maistre, J. de.
麥利恩, Merriam, C. E.
莫理斯, Morris, W.
莫雷里, Morelly.
莫司脫, Most, J.
梅慈都, Maeztu, R. de.
梅茵, Maine, Sir, H.
梅得蘭, Maitland, F. W.
費其斯, Figgis, J. N.
費士克, Fiske, J.
費古生, Ferguson, A.
笛卡兒, Descartes.
笛肯生, Dickinson, J.
雀斯脫頓, Chesterton, C.
雀爾謀斯, Chalmers, T.
脫雷斯克, Treitschke, H. von.
脫加, Tucker, H. St. G.
康帕內拉, Campanella, T.
康德, Kant, I.
得羅爾謨, De Lolme, J. L.
戚克, Gierke, O.
基佐, Guizot, F. P.
黑格兒, Hegel, G. W. F.
密爾, Mill, J.

畢特, Pitt, W.
勒脳, Renan, E.
雪萊, Shelley.
梭倫, Solon.
尉爾克斯, Wilks, J.
紫卡利, Zacharia, K.
屠克爾, Tucker, B.

十二

斯密海納, Schmithenner, F. J.
斯密司, Smith, B.
斯巴達, Sparta.
斯賓士, Spence, T.
斯賓塞, Spencer, H.
斯賓格雷, Spengler, O.
斯圖脫密爾, Mill, J. S.
斯泰湼, Steiner, R.
斯泰因麥茲, Steinmetz, S. R.
斯丁納, Stirner, M.
斯託立, Story, J.
華勒斯, Wallace, A. R.
華頗, Walpole, Sir R.
華德, Ward, L. F.
華倫, Warren, J.
華拉士, Wallas, G.
華德爾, Vattel, E. de.
達爾曼, Dahlmann, F. C.
達蘭貝耳, Dalembert.
達利士, Daries, J. G.
達爾文, Darwin, C.
傅利葉, Fourier, C.
傅蘭克林, Franklin, B.
菩羅, Bülow, Prince von.
賈爾洪, Calhoun, J. C.
斐希特, Fichte, J.
富伊也, Fouillée, A.
腓特烈大帝, Fredrick the Great.
喬治第三, George III,
傑克遜, Jackson, A.
凱勃爾, Keble.
萊維柏魯, Levy-Bruhl, L.
勞立麥, Lorimer, J.
普利斯特利, Priestley, J.
湯姆生, Thompson, W.
喀富爾, Cavour.
塔克爾, Tucker, J.
馮德, Wundt, W.

十三

奧康納爾, O'Connell.
奧本海末爾, Oppenheimer, F.
奧拉旗, Orage, A. R.
奧色斯, Althusius, J.

奥斯丁, Austin, J.
奥替斯, Otis, J.
福來德, Follett, M. P.
福耳特耳, Voltaire.
福特, Ford, H. J.
福克司, Fox, C. J.
愛喜渾, Eichhorn.
愛爾烏德, Ellwood, C. A.
愛士曼, Esmein, J. P.
路易, Louis, P.
路易腓力, Louis, Philippe.
路瓦野可拉, Royer-Collard.
葛拉布, Krabbe, H.
葛勞士, Krause, K. C.
聖西門, Saint-Simon, H. de.
聖皮耳, St. Pierre, Abbé de.
塞拉, Serra.
塞海章, Szechenyi.
瑟發雷, Chevalier, M.
頓尼梭柏, Donisthorpe, W.
詹姆斯威爾遜, Wilson, J.

十四

蒲萊斯, Bryce, J.
蒲沙, Buchez, P. J.
蒲芬道夫, Pufendorf, S.
蒲魯東, Proudhon, P.J.
蒲脫勒, Butler, S.
赫林頓, Harrington, J.
赫胥黎, Huxley, T.
赫威秀士, Helvetius, C.
豪華德, Howard, J.
豪惠爾, Howells, W. D.
瑪金叨斯, Mackintosh, J.
瑪志尼, Mazzini.
賴會爾, Ratzel, F.
賴仁虎夫, Ratzenhofer, G.
綸密力, Romilly.

十五

鮑生葵, Bosanguet, B.
鮑煦, Bossuet, J.
鮑里貝士, Polybius.
撒母亞丹, Adams, S.
盤得爾美, Behsthélemy, N.
德格利夫, De Greef, G.
黎朋, Le Bon, G.
摩里士, Maurice, F. D.
潘悌, Penty, A. J.
潑徠斯, Price, R.
滂德, Pound, R.
魁斯奈, Quesnay, F.
厲佛爾, Riviere, M. de la,

十六

霍布浩, Hobhouse, L. T.

霍伯生, Hobson, J. A.
霍布孫, Hobson, S. G.
霍布金, Hopkins, S.
霍脫門, Hotman, F.
歐利烏, Hauriou, M.
歐文, Owen, R.
穆恩, Mun, T.
諾思, North, D.
樸特, Potter, B.
邁葉, Meyer, G.
盧梭, Rousseau, J. J.
賽達爾, Seydel.

十七

薛佛萊, Chastellux, Chavalier de.
薛知微, Sidgwick, H.
彌爾敦, Milton, J.
彌拉波, Mirabeau.
謝富勒, Schäffle, A.
謝雪廬, Cicero.
戴雪, Dicey, A. V.
戴因, Taine, H. A.
薩維尼, Savigny, F. K, von.

十八

闕德, Tarde, G.
闕梯龍, Cantillon, R.
邊沁, Bentham, J.
謨耳, More, Sir T.
聶縻, Niebuhr.
蕭伯納, Shaw, G. B.

十九

羅韋爾, Lowell, A.L.
羅德斯, Rhodes, C.
羅特伯特士, Rodbertus, J. K.
羅爾波, Rohbach, P.
羅斯金, Ruskin, J.
羅協, Roscher, W.

二十

顧爾奈, Gournay, J. de.
蘭克, Ranke, L. von.

二三

龔多瑟, Condorcet, Marguis de.

刊誤表

頁數及行數	正	誤
18,7	盧梭相信	盧梭相
23,6	洛克以爲	洛克以爲
30,2	查理士第五	查理士第五
32,1	查理士第二	查理士第二
35,5	Cantillon	Cantellon
37,14	Nemours	Namours
41,2	這種原理	這原種理
46,7	勞動階級	勞動級階
48,19	馬爾薩斯的著作	馬爾薩斯的著作
88,17	說得最爲明白	說,得最爲明白
100,17	而且後來	而日來
128,8	Humboldt	Hamboldt
142,5	Bluntschli	Bluntschili
142,5	Schäffle	Shäffle
144,20	亞丹[1]與哈密爾敦[2]的著作	亞丹[6]與哈密爾敦[7]的着作
146,18	辯護人[1]。	辯護人[8]。
149,11	Lamennais	Leamennais
151,15	(一)主權,	(一)主權
157,7	Keble	Kebble
157,7	Pusey	Pusez
158,19	現代多元主權論	現代多代多元主權論
163,10	Hutcheson	Hutchson
167,12	柯柏登	哥布登
168,2	芳來倫	豈奈朗
170,9	倫理的基礎	理倫的基礎
173,11	Étienne Dumont	Etienne Dumond
183,19	Mid-Victorian	Mid-Victorian

頁數及行數	正	誤
205,8	傑克孫	傑克遜
209,14	約翰亞當	亞當約翰
227,18	Thompson	Tompson
236,14	邵可侶	呂可侶
236,15	Nietzsche	Nietzschke
238,9	組織聯合會	組織聯合會
242,18	唯心主義	唯心主義
243,14	亞丹斯密	亞旦斯密
256,13	于谷	於谷
264,19	1	9
266,20	Wilson	Wlison
273,2	Schmithenner	Schmitthenner
277,1	司法的執行	司法的行執
279,1	Schäffle	Sahäffle
298,8	發展[1]。	發展"[1]。
298,9	人民主權說	人民主權說,
300,2	聯邦論叢	聯邦論派
302,11	法學家脫加	法學家爾屠克
308,6	受法律上的限制	囪法律上的限制
323,21	姆爾復(Mulford)	Mulford
327,20	霍伯生	霍布孫
326,21	美國帝國主義	美國帝國主義
333,11	(Paul Rohrboch)	Paul Rohrboch
339,2	格老秀士	格老秀斯
390,15	狄驥	狄驥
419,17	屠克爾	塔克爾
442,13	加耳文派	加耳文派

敬啟

“民國專題史”叢書，乃民國時期出版的著名學者、專家在某一專題領域的學術成果。所收圖書絕大部分著作權已進入公有領域，但仍有極少圖書著作權還在保護期内，需按相關要求支付著作權人或繼承人報酬。因未能全部聯系到相關著作權人，請見到此説明者及時與河南人民出版社聯系。

聯系人 楊光

聯系電話 0371-65788063

2016年3月28日